NORME INTERNATIONALE COMPTABLE
IAS 41 : AGRICULTURE

W0205011

La norme IAS 41 sur l'agriculture ne figure pas dans le guide d'application de « l'International Accounting Standards » – 2e édition – publié par la Banque Mondiale et dont le présent guide constitue une traduction.

Cette norme est la dernière norme élaborée par l'IASC avant la restructuration de cet organisme.

Il nous a donc paru souhaitable dans le cadre de cette deuxième édition en français de présenter également un résumé de cette norme.

FIDEF

Les expressions suivies d'un astérisque font l'objet d'une définition en annexe du présent document.

NORME COMPTABLE INTERNATIONALE IAS 41 : AGRICULTURE

La Norme comptable internationale IAS 41 a été approuvée par le Conseil de l'IASC en décembre 2000 et est entrée en vigueur pour les états financiers des exercices ouverts à compter du 1er janvier 2003.

Elle prescrit le traitement comptable, la présentation des états financiers et les informations à fournir pour les éléments suivants, lorsqu'ils sont liés à une activité agricole* :

– les actifs biologiques*,

– les produits agricoles au moment de la récolte*,

– les subventions publiques*, soumises ou non à condition, liées à un actif biologique*.

Les produits qui résultent de la transformation après récolte* de produits agricoles ne sont pas couverts par cette norme.

COMPTABILISATION

Une entreprise doit comptabiliser un actif biologique* ou un produit agricole* si et seulement si les trois conditions suivantes sont remplies :

(a) l'entreprise a le contrôle de l'actif du fait d'événements passés ;

(b) il est probable que les avantages économiques futurs associés à cet actif iront à l'entreprise ;

(c) la juste valeur* ou le coût de cet actif peut être évalué de façon fiable.

ÉVALUATION

Principe d'évaluation

Un actif biologique* doit être évalué lors de sa comptabilisation initiale et à chaque date de clôture à sa juste valeur* diminuée des coûts estimés du point de vente*, sauf lorsque sa juste valeur* ne peut pas être évaluée de manière fiable.

Le produit agricole* récolté à partir des actifs biologiques d'une entreprise doit être évalué à sa juste valeur* diminuée des coûts estimés du point de vente* au moment de la récolte*.

Profits et pertes

Un profit ou une perte, résultant d'une variation de la juste valeur* diminuée des coûts du point de vente* estimés d'un actif biologique* ou d'un produit agricole*, doit être inclus dans le résultat net de l'exercice au cours duquel il se produit.

Incapacité à évaluer la juste valeur de façon fiable*

Dans le cas exceptionnel où la juste valeur* d'un actif biologique* ne peut pas être évaluée de manière fiable au moment de sa comptabili-

sation initiale, cet actif biologique* devra être évalué à son coût diminué du cumul des amortissements et du cumul des pertes de valeur.

Une fois que la juste valeur* dudit actif biologique* devient évaluable de manière fiable, l'entreprise doit l'évaluer à sa juste valeur* diminuée des coûts du point de vente* estimés.

SUBVENTIONS PUBLIQUES*

Une subvention publique* sans condition, liée à un actif biologique* évalué à sa juste valeur* diminuée des coûts du point de vente*, doit être comptabilisée comme un revenu uniquement lorsque la subvention publique* est libérée.

Si une subvention publique*, liée à un actif biologique* évalué à sa juste valeur* diminuée des coûts estimés du point de vente*, est soumise à condition, l'entreprise ne doit comptabiliser la subvention publique* comme un revenu que lorsque les conditions liées à cette subvention sont remplies.

PRÉSENTATION ET INFORMATIONS À FOURNIR

Présentation

Une entreprise doit présenter séparément au bilan la valeur comptable* de ses actifs biologiques.

Informations à fournir

Dispositions générales

Les informations suivantes doivent être communiquées :

- le résultat global provenant de la comptabilisation initiale des actifs biologiques et des produits agricoles ainsi que de la variation de la valeur de ces actifs estimée selon la présente norme ;
- une description de chaque groupe d'actifs biologiques ;
- la nature des activités correspondant à chacun des groupes d'actifs biologiques ;
- les évaluations ou estimations non financières des quantités physiques :
  - de chaque groupe d'actifs biologiques à la fin de l'exercice,
  - de la production de produits agricoles au cours de l'exercice,
- les méthodes et les hypothèses significatives appliquées pour déterminer la juste valeur* de chaque groupe de produits agricoles au moment de la récolte* et de chaque groupe d'actifs biologiques ;
- la juste valeur* diminuée des coûts estimés du point de vente* des produits agricoles récoltés pendant l'exercice (lorsqu'elle est déterminée au moment de la récolte*) ;
- l'existence et les valeurs comptables des actifs biologiques dont la propriété est soumise à restrictions et les valeurs comptables des actifs biologiques données en nantissement de dettes ;
- le montant des engagements liés au développement ou à l'acquisition d'actifs biologiques ;
- les stratégies de gestion des risques financiers liés à l'activité agricole* ;
- un tableau d'analyse des variations de la valeur comptable* des actifs biologiques entre le début et la fin de l'exercice. Cet état de rapprochement doit faire apparaître les éléments suivants :
  - le profit ou la perte provenant des variations de la juste valeur* diminuée des frais estimés de point de vente*,
  - les augmentations dues aux achats,
  - les diminutions dues aux ventes,
  - les diminutions dues aux récoltes*,
  - les augmentations résultant de regroupements d'entreprises,
  - les différences de change nettes résultant de la conversion d'états financiers d'une entité étrangère,
  - les autres variations éventuelles.

Informations complémentaires concernant les actifs biologiques dont la juste valeur* ne peut être évaluée de façon fiable

Comme indiqué précédemment, l'entreprise doit alors évaluer les actifs biologiques à leur coût diminué du cumul des amortissements et du cumul des pertes de valeur à la fin de l'exercice.

Elle doit, en outre, fournir les informations suivantes :

- une description des actifs biologiques concernés par ce mode d'évaluation ;
- une explication de la raison pour laquelle la juste valeur* ne peut être évaluée de façon fiable ;

– si possible, l'intervalle d'estimation à l'intérieur duquel il est hautement probable que la juste valeur* se situe ;

– le mode d'amortissement utilisé ;

– les durées d'utilité ou les taux d'amortissement utilisés ;

– la valeur brute comptable et le cumul des amortissements (regroupé avec le cumul des pertes de valeur) à l'ouverture et à la clôture de l'exercice ;

– tout profit ou perte comptabilisé lors de la cession de tels actifs biologiques.

Par ailleurs le tableau d'analyse des variations entre le début et la fin de l'exercice décrit précédemment devra indiquer séparément les montants associés à ces actifs biologiques ainsi que les montants suivants :

(a) les pertes de valeur ;

(b) les reprises de pertes de valeur ;

(c) les amortissements.

*Retour à une évaluation sur la base de la juste valeur**

Lorsqu'il devient possible d'évaluer sur la base de la juste valeur* des actifs biologiques antérieurement évalués à leur coût diminué du cumul des amortissements et du cumul des pertes de valeur, l'entreprise doit communiquer les informations suivantes :

– une description des actifs biologiques ;

– une explication de la raison pour laquelle la juste valeur* est devenue évaluable de façon fiable ; et

– les conséquences de ce changement de mode d'évaluation.

*Subventions publiques**

Une entreprise doit également communiquer les informations significatives portant sur les points suivants :

(a) la nature et l'étendue des subventions publiques* comptabilisées dans les états financiers ;

(b) les conditions non remplies et toute autre éventualité relative à des subventions publiques* ;

(c) les diminutions significatives du montant des subventions publiques*.

TERMINOLOGIE

DÉFINITIONS SPÉCIFIQUES

Activité agricole : *Gestion par une entreprise de la transformation biologique* d'actifs biologiques pour la vente, en produits agricoles ou en d'autres actifs biologiques.*

Actif biologique – groupe d'actifs biologiques : *Animal ou plante vivants (ou regroupement d'animaux ou de plantes vivants similaires).*

Produit agricole : *Produit récolté des actifs biologiques de l'entreprise.*

Actifs biologiques	Produits agricoles	Produits qui résultent de la transformation après récolte*
Moutons	Laine	Fil de tissage, tapis
Arbres dans une plantation forestière	Rondins	Bois
Plantes	Coton	Fil, vêtements
	Canne à sucre récoltée	Sucre
Bovins laitiers	Lait	Fromage
Porcs	Carcasses	Saucisses, jambons
Arbustes	Feuilles	Thé, tabac traité
Vignes	Raisins	Vin
Arbres fruitiers	Fruits récoltés	Fruits transformés

Coûts (frais) du point de vente :

Les coûts (ou frais) du point de vente comprennent les commissions aux intermédiaires et aux négociants, les montants prélevés par les agences réglementaires, les foires et les marchés ainsi que les droits et taxes de transfert. Les coûts du point de vente excluent les coûts de transport et les autres frais nécessaires à la mise des actifs sur le marché.

Transformation biologique : *processus de croissance, d'appauvrissement, de production et de procréation qui engendrent des changements qualitatifs ou quantitatifs dans l'actif biologique.*

Récolte : *détachement de produits d'un actif biologique ou l'arrêt des processus vitaux d'un actif biologique.*

DÉFINITIONS GÉNÉRALES

Marché actif :

Marché pour lequel les conditions ci-après sont réunies :

(a) les éléments négociés sur ce marché sont homogènes ;

(b) on peut normalement trouver à tout moment des acheteurs et des vendeurs consentants ; et

(c) les prix sont mis à la disposition du public.

Valeur comptable :

Montant pour lequel un actif est comptabilisé au bilan.

Juste valeur :

Montant pour lequel un actif pourrait être échangé, ou un passif réglé, entre des parties bien informées et consentantes dans le cadre d'une transaction effectuée dans des conditions de concurrence normale.

Subventions publiques :

Aides publiques prenant la forme de transfert de ressources à une entreprise, en échange du fait que celle-ci s'est conformée ou se conformera à certaines conditions liées à ses activités opérationnelles.

International Accounting Standards
a practical guide

Normes Comptables Internationales
guide pratique

Joëlle Le Vourc'h – Méouchy

Hennie Van Greuning
Marius Koen

THE WORLD BANK

FIDEF

NOUVELLE ÉDITION 2003
à jour à décembre 2002

International Accounting Standards:
A Practical Guide 2/e

Normes Comptables Internationales :
Guide Pratique 2/e

Première Édition 2000
Deuxième Édition 2003

This work was originally published by the World Bank in English as *International Accounting Standards: a Practical Guide 2/e* in 2001. The French translation was arranged by the Federation Internationale des Experts Comptables Francophones. The Federation Internationale des Experts Comptables Francophones is responsible for the accuracy of the translation. In case of any discrepancies, the original language will govern.

Cet ouvrage a été publié par la Banque Mondiale, à l'origine en anglais sous le titre *International Accounting Standards: A Practical Guide 2/e* en 2001. L'adaptation française a été organisée par la Fédération des Experts Comptables Francophones (FIDEF). La FIDEF est responsable de l'exactitude de la traduction. En cas de divergences, le texte en anglais prévaudra.

Auteurs

Hennie van Greuning
Advisor – Treasury Operations,
The World Bank.

Marius Koen
Senior Financial Management Specialist, Africa Region,
The World Bank.

Adaptation en langue française

Joëlle Le Vourc'h-Méouchy
Professor of International Accounting
ESCP-EAP
Former Division Chief
The World Bank
levourch@escp-eap.net
www.escp-eap.net

[redacted]

International Accounting Standards

A Practical Guide

Second Edition

Normes Comptables Internationales

Guide Pratique

Deuxième Édition

Contents

Sommaire

Préface

L'initiative prise en l'an 2000 de publier une édition bilingue (anglais-français) de ce guide pratique sur les normes comptables internationales était tout à fait opportune. Deux ans plus tard, la nécessité d'une réédition est plus pressante encore. L'IASB (International Accounting Standards Board), successeur de l'IASC (International Accounting Standards Committee), a déjà deux ans d'existence. La structure nouvelle a été créée pour faire face à des défis nouveaux, ceux de la mondialisation et de la montée en puissance des IFRS (International Financial Reporting Standards), puisque telle est la nouvelle désignation des normes.

C'est en effet à une véritable mondialisation que l'on assiste : l'Union Européenne a adopté en juin 2002 le règlement qui rend obligatoire les IFRS pour les comptes consolidés des sociétés cotées à partir de 2005. L'Australie et la Nouvelle Zélande en ont aussitôt tiré les leçons. De nombreux autres pays prennent des décisions dans ce sens ou envisagent de le faire. Par ailleurs, la situation vis à vis du seul concurrent mondial des IFRS, à savoir les normes des Etats Unis, ou US Gaap, a largement évolué. L'IASB a établi avec ses principaux partenaires, au premier rang desquels le normalisateur américain, le FASB (Federal Accounting Standards Board), un partenariat permanent et concret qui devrait conduire à terme à la convergence tant souhaitée.

On peut espérer que les scandales qui ont secoué le monde financier aux Etats Unis et, dans une moindre mesure ailleurs, ont suffisamment fait comprendre l'impérieuse exigence de transparence : de bonnes normes, fondées sur de sains principes, connues et reconnues partout, sont une condition nécessaire, bien que non suffisante. Encore faut-il que ces normes soient accessibles, traduites, et présentées avec une pédagogie qui démythifie leur difficulté, et le présent ouvrage est à cet égard remarquable.

L'application aux comptes « individuels » reste une option qui, en Europe comme ailleurs, n'a pas encore fait l'objet de décision. Une telle décision doit être mûrement réfléchie, en fonction du contexte. L'adaptation aux PME, les incidences fiscales, la formation des professionnels libéraux et en entreprises sont des problèmes redoutables. L'IASB commence à réfléchir au premier de ces problèmes et la solution des deux autres ne dépend pas de lui. Il n'en reste pas moins vrai que chacun doit, d'ores et déjà, apprendre ce nouveau langage.

Cet ouvrage est donc le bienvenu. Il explique simplement, mais pas de façon simpliste, des choses compliquées. Comme tout ouvrage, il a ses limites, mais il peut aider le plus grand nombre à comprendre et appliquer l'essentiel.

Gilbert Gélard
Membre de l'IASB

Georges Abou Mansour
Président de la FIDEF

FIDEF

www.fidef.org

The FIDEF (Fédération Internationale des Experts-Comptables Francophones) is an international institution created in 1981. It brings together accounting professional bodies from totally or partially French speaking countries (more than 25 countries). This currently covers nearly all of French speaking Africa, Canada, the French speaking countries of the European Union, Eastern Europe and the Middle East.

The FIDEF is affiliated to IFAC (International Federation of Accountants) and is an observer member of the ISAR (International Standards of Accounting and Reporting).

As an exchange and cooperation structure within the french speaking community, the FIDEF programs its action around three main themes:

- Accounting standardization: members' information of the reforms imposed by the development of the international environment;
- Organization of the Profession in order to guarantee both its recognition and authority at national and regional level;
- Technical assistance to professionals in their role in the economic development of their country.

Organization of forums, one-day research sessions or training seminars as well as the publication of books or manuals (in French or in dual language) are part of the FIDEF activities.

FIDEF

www.fidef.org

La FIDEF (Fédération Internationale des Experts-Comptables Francophones) est une institution internationale créée en 1981. Elle accueille les organisations professionnelles d'experts-comptable des pays totalement ou partiellement francophones (plus de 25 pays). A ce jour, elle regroupe la quasi totalité des pays de l'Afrique francophone, le Canada, les pays francophones de la Communauté Européenne, de l'Europe de l'Est et du Moyen-Orient.

Sur le plan international, la FIDEF est membre affilié de l'IFAC (International Federation of Accountants) et membre observateur du groupe de travail intergouvernemental d'experts des Normes internationales de comptabilité (ISAR) des Nations Unies.

En tant que structure d'échange et de coopération au sein de la communauté linguistique francophone, la FIDEF programme son action autour de trois thèmes principaux :

- la normalisation comptable : sensibilisation des membres aux réformes qu'imposent l'évolution de l'environnement international ;
- l'institutionnalisation de la profession afin de garantir la reconnaissance et l'autorité de la profession tant au niveau national que régional ;
- l'assistance technique aux professionnels dans leurs missions de participation au développement économique de leur pays.

L'organisation de forums, de journées d'études ou d'actions de formation ainsi que la publication d'ouvrages (en français ou en version bilingue) participent de l'activité de la FIDEF.

* *

*

Nous tenons à adresser nos plus vifs remerciements à tous ceux qui ont permis la réalisation de cette édition bilingue anglais-français et en particulier à :

Raphaël **GUALINO,** Délégué Général de la **FIDEF ;**

François **MECHIN,** Expert-Comptable et Commissaire aux Comptes ;

Caroline **CEINTRE** et Tago Jonas **AYERI,** étudiants au **CERAM** Sophia Antipolis, programme **ESC,** pour leur participation à la 2e édition,

et à

Claire **RAMEIX-SÉGUIN** et Pierre **SÉGUIN** pour l'aide apportée à la 1re édition lorsqu'ils étaient étudiants à **ESCP-EAP.**

INTRODUCTION

When this publication was developed, a conscious decision was made to focus on the needs of senior executives in the private and public sectors who do not have a strong accounting background. This publication summarizes each International Accounting Standard so that managers and executives can obtain a broad and basic understanding of the key issues within a minimum time frame.

In addition to the short summaries, each chapter contains a simple case study that emphasizes the practical application of some key concepts in a particular standard. The non-technical reader is therefore provided with the tools to participate in an informed manner in discussions relating to the appropriateness or application of a standard in a given situation. The reader can also evaluate the effect that the application of the principles of a given accoun-ting standard will have on the financial results and position of a division or an entire enterprise.

HOW TO USE THIS PUBLICATION

The authors have created a template to facilitate discussion of each standard.

1. **Problems addressed** identifies the main objectives and the key issues of the standard.
2. **Scope of the standard** identifies the specific transactions and events covered by a standard. In certain instances, compliance to the requirements of a standard is limited to a specified range of enterprises.
3. **Accounting treatment** lists the specific accounting principles, bases, conventions, rules, and practices that should be adopted by an enterprise for compliance with a particular standard.
4. **Disclosure** describes the manner in which the financial and non-financial items should be presented in the financial statements as well as aspects that should be disclosed in these financial statements.

The authors hope that managers in the client countries of the World Bank will find this format useful in establishing accounting terminology, especially where certain terms are still in the exploratory stage. Feedback in this regard is welcome.

CONTENT

All of the accounting standards issued by the International Accounting Standards Committee (IASC) as well as interpretations issued by the Standards Interpretations Committee (SIC) until 31 December 2000 are included in this publication.

INTRODUCTION

Cet ouvrage est volontairement orienté vers les besoins des cadres des secteurs privé et public qui ne disposent pas d'une solide formation en comptabilité. Cette publication résume chaque Norme Comptable Internationale (IAS) afin de permettre aux dirigeants et aux cadres d'obtenir une compréhension large te fondamentale des questions en un minimum de temps.

En plus d'un résumé, chaque chapitre contient une étude de cas simple qui insiste sur l'application pratique de certains concepts clés pour chaque Norme. Le lecteur non-spécialiste est ainsi en mesure de participer de manière active aux discussions relatives à l'opportunité ou à l'application d'une Norme dans une situation donnée. Le lecteur peut aussi évaluer l'effet de l'application de principes comptables sur les résultats financiers et la position d'une division ou de l'entreprise dans sa totalité.

COMMENT UTILISER CET OUVRAGE

Les auteurs ont voulu faciliter la discussion et l'appréhension de chaque Norme en adoptant un modèle de présentation.

1. **Objectifs** identifie l'objectif principal et les points importants de chaque Norme.
2. **Champ d'application** recouvre les opérations et les événements concernés par la Norme. Dans certains cas, la portée des exigences de la norme est limitée à un certain type d'entreprise.
3. **Traitement comptable** énumère les principes comptables spécifiques de prise en compte et d'évaluation, les assiettes, les conventions, les règles et les pratiques qui doivent être respectés par une entreprise pour être en conformité avec une norme particulière.
4. **Présentation et informations à fournir** décrit la manière selon laquelle les informations financières ou non financières doivent être présentées dans les états financiers ainsi que les informations qui doivent faire partie de ces états financiers.

Les auteurs et les traducteurs espèrent que les dirigeants des pays francophones dans lesquelles la Banque Mondiale est implantée trouveront ce format bilingue pratique pour aider à la diffusion des Normes Comptables Internationales. Des commentaires sont les bienvenus.

CONTENU

Toutes les normes comptables formulées par le Comité pour les Normes Comptables Internationales (IASC) ainsi que les interprétations faites par le Comité pour l'Interprétation des Normes (SIC) jusqu'au 31 décembre 2000 sont incluses dans cet ouvrage.

INTRODUCTION A L'ÉDITION FRANÇAIS-ANGLAIS

Afin d'assurer l'homogénéité des termes techniques utilisés, nous avons choisi de ne pas nous écarter de la terminologie retenue par la traduction officielle en français du texte intégral des Normes Comptables Internationales, traduction publiée par le Conseil Supérieur de l'Ordre des Experts-Comptables

CHAPTER 1

TRANSPARENCY IN FINANCIAL STATEMENTS

The provision of transparent and useful information on market participants and their transactions is essential for an orderly and efficient market, and it is one of the most important preconditions for imposing market discipline. Left to themselves, markets may not generate sufficient levels of disclosure. Market forces would normally balance the marginal benefits and marginal costs of additional information disclosure and the end result may not be what the market participants really need.

Financial and capital market liberalization trends of the 1980s, which brought increasing volatility in financial markets, increased the need for information as a means to ensure financial stability. In the 1990s, as financial and capital market liberalization increased, there has been mounting pressure for the provision of useful information in both the financial and private sectors; minimum disclosure requirements now dictate the quality and quantity of information that must be provided to the market participants and to the general public. Because the provision of information is essential to promote the stability of the markets, regulatory authorities also view the **quality of information** as a high priority. Once the quality of information required by market participants and regulatory authorities is improved, entities would do well to improve their own internal information systems so as to develop a reputation for providing good quality information.

The public disclosure of information is predicated on the existence of good accounting standards and adequate disclosure methodology. This public disclosure normally involves publication of relevant qualitative and quantitative information in annual financial reports, which are often supplemented by interim financial statements and other relevant information. The provision of information involves cost; therefore, when determining disclosure requirements, its usefulness for the public must be evaluated against the cost to be borne by the enterprise.

The timing of disclosure is also important. Disclosure of negative information to a public not yet sufficiently sophisticated to interpret the information may damage the enterprise in question. When information is of inadequate quality and/or the users are not deemed capable to properly interpret the information, public disclosure requirements should be carefully phased in and progressively tightened. In the long run, a full disclosure regime is beneficial, even if some problems are experienced in the short term, because the cost to the financial system of not being transparent is ultimately higher than the cost of being transparent.

TRANSPARENCY AND ACCOUNTABILITY

Transparency refers to the principle of creating an environment where information on existing conditions, decisions, and actions are made accessible, visible, and understandable to all market participants. **Disclosure** refers to the process and methodology of providing the information and making policy decisions known through timely dissemination and openness. **Accountability** refers to the need for market participants, including the authorities, to justify their actions and policies and accept responsibility for their decisions and results.

Chapitre 1

La transparence dans les États Financiers

La fourniture d'une information transparente et utile sur les acteurs du marché et leurs opérations est essentielle à l'existence d'un marché discipliné et efficient. Cela constitue en outre un préalable indispensable à l'imposition d'une discipline au marché. Livrés à eux-mêmes, les marchés ne divulgueraient peut-être pas l'information à un niveau suffisant. Normalement, les forces de marchés devraient mettre en équilibre les bénéfices et les coûts marginaux relatifs à la divulgation d'information supplémentaire ; cependant, le résultat pourrait ne pas être conforme aux besoins des acteurs du marché.

La tendance à la libéralisation des marchés financiers et des capitaux des années 1980 a entraîné une augmentation de la volatilité des marchés financiers et a accru le besoin d'information comme moyen d'assurer la stabilité financière. Dans les années 1990, alors que la libéralisation des marchés financiers et de capitaux s'est accrue, il y a eu une pression croissante en faveur de la fourniture d'une information utile dans les secteurs tant financiers que privés. Des exigences minimales dictent désormais la qualité et la quantité de l'information qui doit être fournie aux acteurs du marché et au grand public. C'est parce que le fait de fournir de l'information est essentiel pour promouvoir la stabilité des marchés, que les autorités de régulation ont placé **la qualité de l'information** dans leurs principales priorités. Dès lors que la qualité de l'information exigée par les acteurs du marché et les autorités de régulation est améliorée, les entreprises devront revoir leurs propres systèmes de reporting international afin de se construire une image de fournisseur d'information de bonne qualité.

La divulgation de l'information est fondée sur l'existence de bonnes Normes comptables et d'une méthodologie adéquate de diffusion de l'information. Cette divulgation de l'information implique normalement la publication d'information pertinente tant sur le plan qualitatif que quantitatif dans des rapports financiers annuels, souvent complétés par des états financiers intermédiaires et par la publication d'autres informations pertinentes. La fourniture de l'information a un coût. Lorsque l'on détermine les obligations de publication, l'utilité de l'information pour le public doit être rapportée au coût engendré par l'entreprise.

La période de publication est aussi importante. La divulgation d'une information négative à un public qui n'est pas en mesure de l'interpréter convenablement peut causer un préjudice à l'entreprise. Lorsque l'information est de qualité insuffisante et/ou les destinataires de cette information ne sont pas à même de l'interpréter correctement, les exigences en matière de publication d'information doivent être introduites avec précaution et renforcées progressivement. Sur le long terme, un système de bonne information est utile même si cela pose à court terme certains problèmes car le coût engendré par un système opaque est finalement toujours supérieur à celui d'un système transparent.

TRANSPARENCE ET OBLIGATION DE RENDRE DES COMPTES

La **transparence** correspond à la création d'un environnement dans lequel l'information sur les conditions, les décisions et les actions est rendue accessible, visible et compréhensible pour tous les acteurs du marché. La **divulgation de l'information** renvoie aux procédés et méthodes de diffusion de l'information et des décisions grâce à une publication transparente au bon moment. **La responsabilisation** fait référence à l'obligation pour les acteurs du marché y compris les autorités de justifier leurs actions et leurs politiques et d'accepter la responsabilité de leurs décisions et de leurs résultats.

Transparency is necessary for the concept of accountability to take hold amongst the three major groups of market participants: borrowers and lenders, issuers and investors, as well as national authorities and international financial institutions.

Transparency and accountability have become strongly debated topics in discussions of economic policy over the past decade. Policymakers had become accustomed to secrecy. Secrecy was viewed as a necessary ingredient for the exercise of power, with an added benefit of hiding the incompetence of policymakers. However, secrecy also prevents policies from having their desired effects. The changed world economy and financial flows, which brought the increasing internationalization and interdependence, have put the openness issue at the forefront of economic policy making. There is a growing recognition of national governments, including central banks, that transparency (i.e., the openness of policy) improves the predictability and, hence, the efficiency of policy decisions. Transparency forces institutions to face up to the reality of a situation and makes officials more responsible, especially if they know they will have to justify their views, decisions, and actions afterwards. Timely policy adjustments are therefore encouraged.

In part, the case for greater transparency and accountability rests on the need for private sector agents to understand and accept policy decisions that will affect their behavior. Greater transparency improves the economic decisions made by other agents in the economy. Transparency is also a means of fostering accountability, internal discipline, and better governance. Transparency and accountability improve the quality of decision making in policy-making institutions (whose activities should normally be required to be transparent) as well as in institutions whose own decisions depend on understanding and predicting the future decisions of policy-making institutions. If actions and decisions are visible and understandable, monitoring costs are lowered. The general public will be better able to monitor public sector institutions; shareholders and employees to monitor corporate management; creditors to monitor borrowers, and depositors to monitor banks. Therefore, poor decisions will not go unnoticed or unquestioned.

Transparency and accountability are mutually reinforcing. Transparency enhances accountability by facilitating monitoring, and accountability enhances transparency by providing an incentive for agents to ensure that the reasons for their actions are properly disseminated and understood. Together, transparency and accountability will:

- impose a discipline that improves the quality of decision making in the public sector, and
- lead to more efficient policy by improving the private sector's understanding of how policymakers may react to various events in the future.

WHAT TRANSPARENCY CANNOT ENSURE

Transparency and accountability are not ends in themselves. They are designed to assist in increasing economic performance and may improve the working of the international financial markets by enhancing the quality of decision-making and risk management of all market participants, including official authorities. But they are not a panacea. In particular, transparency does not change the nature or risks inherent in financial systems. It may not prevent financial crises, but may moderate market participants' response to bad news. Transparency then helps market participants to anticipate and qualify bad news and thereby lessens the probability of panic and contagion.

CONSTRAINTS ON TRANSPARENCY

One must also note that there is a dichotomy between transparency and confidentiality. The release of proprietary information may give competitors an unfair advantage, a fact that deters market participants from full disclosure. Similarly, monitoring bodies frequently obtain confidential infor-

La transparence est nécessaire pour la mise en place de la responsabilisation des principaux groupes d'acteurs du marché : les emprunteurs et les prêteurs, les sociétés émettrices et les investisseurs, ainsi que les autorités nationales et les institutions financières internationales.

La transparence et la responsabilisation sont devenues des sujets de politique économique fortement débattus lors des dernières décennies. Les décideurs politiques s'étaient habitués au secret. Le secret était perçu comme un ingrédient nécessaire à l'exercice du pouvoir qui permettait en plus de masquer l'incompétence de certains dirigeants. Mais la politique du secret empêche également les projets politiques d'avoir les effets escomptés. Les changements de l'économie mondiale et des flux financiers – responsables d'une internationalisation et d'une interdépendance croissantes – ont placé la question de l'ouverture au premier plan de l'établissement d'une politique économique. Les gouvernements ainsi que les banques centrales reconnaissent de plus en plus que la transparence (c'est-à-dire la politique d'ouverture) augmente la prévisibilité et ainsi l'efficacité des décisions politiques. La transparence force les institutions à affronter la réalité d'une situation et rend les fonctionnaires plus responsables, en particulier s'ils savent qu'ils devront justifier leurs points de vue, leurs décisions et leurs actions a posteriori. C'est pourquoi des ajustements des principes directeurs, au bon moment, sont conseillés.

L'enjeu de la transparence repose en partie sur la nécessité pour les agents du secteur privé de comprendre et d'accepter les décisions contraignantes qui affecteront leur comportement. Plus de transparence améliore les décisions économiques prises par les autres agents économiques. La transparence est aussi un moyen d'encourager la responsabilisation, la discipline interne et une meilleure gestion. La transparence et la responsabilisation accroissent la qualité des décisions prises par les institutions qui ont la charge de conduire la politique – dont les activités devraient normalement être transparentes – ainsi que celles des entités dont les propres décisions dépendent de l'interprétation de la prévision de ces décisions. Si leurs actions sont visibles et compréhensibles, les coûts de contrôle diminuent. Le grand public sera mieux à même de comprendre et surveiller les institutions publiques ; les actionnaires et les employés seront mieux à même de comprendre les dirigeants de l'entreprise, les prêteurs pourront mieux comprendre les emprunteurs et les déposants leurs banques. Par conséquent les mauvaises décisions ne passeront pas inaperçues et pourront être remises en cause.

La transparence et la responsabilisation se renforcent mutuellement. La transparence augmente la responsabilisation en facilitant la surveillance et la responsabilisation renforce la transparence en fournissant aux agents une incitation à s'assurer que les raisons de leurs actes sont l'objet d'une diffusion et d'une compréhension convenables. La conjonction de la transparence et de la responsabilisation permet :

- d'imposer une discipline qui améliore la qualité de la prise de décision dans le secteur public et
- de conduire à des principes directeurs plus efficaces en améliorant la compréhension par le secteur privé de la façon dont les décideurs peuvent réagir à des événements dans le futur.

CE QUE LA TRANSPARENCE NE PEUT PAS GARANTIR :

La transparence et la responsabilisation ne sont pas des fins en elles-mêmes. Elles sont destinées à accompagner l'accroissement de la performance économique et peuvent améliorer le fonctionnement des marchés financiers internationaux en contribuant à une meilleure appréhension de la prise de décision et de la gestion du risque de tous les acteurs du marché y compris les autorités publiques. Mais elles ne sont pas la panacée. En particulier, la transparence ne change pas la nature des risques inhérents aux systèmes financiers. Elle ne pourra pas empêcher les crises financières mais pourra modérer la réponse des acteurs du marché à l'annonce de mauvaises nouvelles. La transparence permet ensuite aux acteurs du marché d'anticiper et de tempérer l'annonce de cette nouvelle et ainsi de réduire la probabilité de panique et de contagion.

LES CONTRAINTES LIÉES À LA TRANSPARENCE :

Il convient également de remarquer qu'il existe une antinomie entre transparence et confidentialité. La divulgation d'informations spécifiques par une seule entreprise peut donner aux concurrents un avantage tel qu'il dissuade les acteurs du marché de donner une information complète.

mation from entities. The release of such information may have significant market implications. Under such circumstances, enterprises may be reluctant to provide sensitive information without the condition of client confidentiality. However, unilateral transparency and full disclosure contributes to a regime of transparency, which will ultimately benefits all market participants, even if in the short-term, a transition to such a regime creates discomfort for individual entities.

TRANSPARENCY IN FINANCIAL STATEMENTS

The objective of financial statements is to provide information about the financial position **(balance sheet),** performance **(income statement),** and changes in financial position **(cash flow statement)** of an entity. The transparency of financial statements is secured through full disclosure and by providing fair presentation of useful information necessary for making economic decisions to a wide range of users. In the context of public disclosure, financial statements should be easy to interpret. While more information is better than less, the provision of information is costly. Therefore, the net benefits of providing more transparency should be carefully evaluated.

The adoption of internationally accepted accounting standards is a necessary measure to facilitate transparency and proper interpretation of financial statements. The International Accounting Standards Committee (IASC) developed a *Framework for the Preparation and Presentation of Financial Statements,* published in 1989. This framework:

- **Lists concepts** underlying the preparation and presentation of financial statements to external users;
- **Guides** standards-setters in developing accounting standards, and
- **Assists** preparers, auditors, and users in interpreting International Accounting Standards (IAS) and dealing with issues not yet covered by such standards.

According to the international standards, financial statements are normally prepared assuming that the enterprise will continue to operate as **a going concern** and that events are recorded on an **accrual basis,** that is, the effects of transactions and other events are recognized when they occur. They are then reported in the financial statements of the periods to which they relate.

Qualitative characteristics are those attributes that make the information provided in financial statements **useful** to its users. If comprehensive useful information is absent, even managers may not be aware of the true financial condition of their enterprise, other key players may be misled, and this may prevent market disciplines from working. The application of the principal qualitative characteristics and of appropriate accounting standards normally results in financial statements that give a true and fair presentation.

The key qualitative characteristics are:

- **Relevance:** Information is relevant when it influences the economic decisions of users by helping them evaluate past, present, and future events or to confirm/correct their past evaluations. The relevance of information is affected by its nature and materiality (which is always the threshold for relevance). Information overload, on the other hand, can obfuscate information, making it hard to sift through the relevant nuggets and making interpretation difficult.

- **Reliability:** Information should be free from material errors and bias. The key aspects of reliability are faithful representation, priority of substance over form, neutrality, prudence, and completeness.

- **La comparabilité :** l'information doit être présentée de façon cohérente et constante dans le temps et entre les entreprises pour permettre aux utilisateurs d'effectuer des comparaisons significatives.
- **L'intelligibilité :** l'information doit être facilement compréhensible par les utilisateurs dont on attend un niveau raisonnable en gestion, en économie et en comptabilité ainsi que la volonté d'étudier l'information relativement consciencieusement.

La démarche qui permet de produire une information utile nécessite qu'un certain nombre de décisions soient prises. Certaines d'entre elles peuvent limiter la quantité d'information révélée. Cela concerne :

- **La célérité :** différer le reporting peut améliorer la fiabilité au détriment de la pertinence.
- **Le rapport coût / avantage :** les avantages résultant de l'information doivent excéder les coûts liés à son obtention ;
- **L'équilibre entre les caractéristiques qualitatives :** pour atteindre les objectifs des états financiers et les adapter à leur environnement, ceux qui diffusent l'information doivent réaliser un équilibre adéquat entre les caractéristiques qualitatives.

Dans ce contexte d'image fidèle, il est préférable de s'abstenir de publier une information plutôt que de divulguer une information trompeuse. Il n'est alors pas surprenant que, lorsqu'une entreprise ne se conforme pas à une ou plusieurs exigences spécifiques, les Normes Comptables Internationales requièrent une information complète sur les faits et les raisons de cette non-conformité. Le schéma 1 met en évidence la façon dont la transparence est garantie dans le cadre des Normes Comptables Internationales.

FIGURE 1

TRANSPARENCY IN FINANCIAL STATEMENTS

OBJECTIVE OF FINANCIAL STATEMENTS

To provide a fair presentation of:

- Financial position
- Financial performance
- Cash flows

TRANSPARENCY AND FAIR PRESENTATION

- Fair presentation achieved through providing useful information (full disclosure) which would secure transparency
- Fair presentation equates Transparency

SECONDARY OBJECTIVE OF FINANCIAL STATEMENTS

To secure **transparency** through a fair presentation of **useful** information (full disclosure) for decision making purposes

ATTRIBUTES OF **USEFUL** INFORMATION

Attributes	Constraints
• Relevance	
= Nature	
= Materiality	
• Reliability	
= Faithful representation	Timeliness
= Substance over form	
= Neutrality	Benefit vs. Cost
= Prudence	
= Completeness	Balancing the qualitative characteristics
• Comparability	
• Understandability	

UNDERLYING ASSUMPTIONS

Accrual basis   Going concern

FIGURE 1

La Transparence dans les États Financiers

L'OBJECTIF DES ÉTATS FINANCIERS

Fournir une image fidèle de(s) :

- la situation financière ;
- la performance financière ;
- flux de trésorerie.

LA TRANSPARENCE ET L'IMAGE FIDÈLE

- L'image fidèle est atteinte en fournissant une information utile (principe de bonne information) qui garantit la transparence.
- Une image fidèle équivaut à la transparence.

LES OBJECTIFS SECONDAIRES DES ÉTATS FINANCIERS

Garantir la **transparence** par la présentation fidèle des informations **utiles** (principe de bonne information) à la prise de décision.

LES ATTRIBUTS DE L'INFORMATION **UTILE**

Attributs	Contraintes
• Pertinence	
= Nature	
= Importance relative	
• Fiabilité	
= Image fidèle	Célérité
= Prééminence de la substance sur la forme	
= Neutralité	Rapport coût / avantage
= Prudence	
= Exhaustivité	Équilibre entre les caractéristiques qualitatives
• Comparabilité	
• Intelligibilité	

HYPOTHÈSES SOUS-JACENTES

Comptabilité d'engagement — Continuité d'exploitation

CHAPTER 2

FRAMEWORK FOR THE PREPARATION AND PRESENTATION OF FINANCIAL STATEMENTS

2.1 PROBLEMS ADDRESSED

Accounting standards should be prepared within an acceptable coherent framework of fundamental principles. The IASC's *Framework for the Preparation and Presentation of Financial Statements* was published in 1989. This framework:

- Introduces concepts underlying the preparation and presentation of financial statements.
- Guides standard-setters in developing accounting standards.
- Assists preparers, auditors, and users in interpreting the IAS and in dealing with issues not yet covered by the IAS.

2.2 SCOPE OF THE FRAMEWORK

The framework is **not** a standard. The framework incorporates:

- Objectives of financial statements (see paragraph 2.3.1).
- Qualitative characteristics of financial statements (see paragraph 2.3.4).
- Elements of financial statements (see paragraphs 2.3.6 & 2.3.7).
- Concepts of capital and capital maintenance (see paragraph 2.3.10).

2.3 ACCOUNTING CONCEPTS

2.3.1 The objective of financial statements is to provide information about the **financial position** (balance sheet), **performance** (income statement), and **changes in financial position** (cash flow statement) of an enterprise that is useful to a wide range of users in making economic decisions.

2.3.2 Fair presentation is achieved through the provision of useful information (full disclosure) in the financial statements, whereby **transparency** is secured. If one assumes that fair presentation is equivalent to transparency, a secondary objective of financial statements can be developed: **to secure transparency through full disclosure and provide a fair presentation of useful information for decision making purposes.**

2.3.3 The following are the underlying assumptions to financial statements:

- **Accrual basis:** Effects of transactions and other events are recognized when they occur (not when the cash flows). These are recorded and reported in the financial statements of the periods to which they relate.
- **Going concern concept:** It is assumed that the entity will continue to operate for the foreseeable future.

2.3.4 Qualitative characteristics are the attributes that make the information provided in financial statements **useful** to users.

Chapitre 2

Cadre pour la Préparation et la Présentation des États Financiers

2.1 OBJECTIFS

Les Normes Comptables doivent être préparées dans un cadre cohérent et acceptable de principes fondamentaux. Le *Cadre pour la Préparation et la Présentation des États Financiers* (on utilise parfois le terme cadre conceptuel) a été publié en 1989. Ce Cadre :

- Introduit les concepts qui sont à la base de la préparation et la présentation des états financiers ;
- Guide les organismes nationaux de normalisation à développer des Normes comptables nationales.
- Aide les préparateurs, les auditeurs et les utilisateurs dans l'interprétation des Normes Comptables Internationales et dans l'appréhension des difficultés non encore résolues par les Normes IAS.

2.2 CHAMP D'APPLICATION

Ce cadre n'est **pas** une Norme. Il traite des questions suivantes :

- Les objectifs des états financiers (voir paragraphe 2.3.1) ;
- Les caractéristiques qualitatives des états financiers (voir paragraphe 2.3.4) ;
- Les éléments des états financiers (voir paragraphes 2.3.6 & 2.3.7) ;
- Les concepts de capital et de maintien du capital (voir paragraphe 2.3.10).

2.3 TRAITEMENT COMPTABLE

2.3.1 L'objectif des états financiers est de fournir des informations sur **la situation financière** (bilan), la **performance** (compte de résultat) et les **variations de la situation financière** (tableau des flux de trésorerie) d'une entreprise qui soient utiles à un large éventail d'utilisateurs pour prendre des décisions économiques.

2.3.2 La présentation fidèle est obtenue par la fourniture d'une information utile (principe de bonne information) dans les états financiers au sein desquels la transparence est assurée. Si l'on suppose que la représentation fidèle équivaut à la transparence, alors un deuxième objectif peut être assigné aux états financiers : **garantir la transparence à travers une information complète et fournir une présentation fidèle de l'information utile pour les besoins de la prise de décision.**

2.3.3 Les principes suivants sont, par hypothèse, sous-jacents dans les états financiers :

- **Comptabilité d'engagement :** les effets des transactions et autres événements sont comptabilisés quand ils surviennent (et non quand interviennent les flux monétaires correspondants). Ils sont enregistrés et sont présentés dans les états financiers de l'exercice auxquels ils se rattachent ;
- **Continuité d'exploitation :** on présume que l'entreprise poursuivra ses activités dans un avenir prévisible.

2.3.4 Les caractéristiques qualitatives sont les attributs qui rendent **utiles** pour l'utilisateur les informations présentées dans les états financiers.

- **Relevance:** Relevant information influences the economic decisions of users, helping them to evaluate past, present, and future events or to confirm/correct their past evaluations. The relevance of information is affected by its nature and materiality.

- **Reliability:** Reliable information is free from material error and bias and it is guided by:

  – Faithful representation.

  – Substance over form.

  – Neutrality.

  – Prudence.

  – Completeness.
- **Comparability:** Information should be presented consistently over time and consistently between enterprises so that users can make significant comparisons.

- **Understandability:** Information should be readily understandable by users who have a basic knowledge of business, economics, and accounting, and a willingness to study.

2.3.5 The following are constraints on providing relevant and reliable information:

- **Timeliness:** Undue delay in reporting may result in loss of relevance but improve reliability.
- **Benefit vs. Cost:** Benefits derived from information should exceed the cost of providing it.
- **Balancing qualitative characteristics:** The aim is to achieve a balance among characteristics in order to meet the objective of financial statements.

The application of the principal qualitative characteristics and the appropriate accounting standards normally results in financial statements that give **a true and fair view/fair presentation.**

2.3.6 The following elements of financial statements are directly related to the measurement of the **financial position:**

- **Assets:** Resources controlled by the enterprise as a result of past events and from which future economic benefits are expected to flow to the enterprise.
- **Liabilities:** Present obligations of an enterprise arising from past events, the settlement of which is expected to result in an outflow from the enterprise of economic benefits.
- **Equity:** Assets less liabilities (commonly known as shareholders' funds).

2.3.7 The following elements of financial statements are directly related to the measurement of **performance:**

- **Income:** Increases in economic benefits in the form of inflows or enhancements of assets, or decreases of liabilities that result in an increase in equity (other than increases resulting from contributions by owners). Income embraces revenue and gains.

- **Expenses:** Decreases in economic benefits in the form of outflows or depletion of assets, or incurrences of liabilities that result in decreases in equity (other than decreases because of distributions to owners).

2.3.8 An element should be recognized in the financial statements if:

- It is **probable** that any future economic benefit associated with the item will flow to or from the enterprise; and
- The item has a cost or value that can be **measured with reliability.**

- **La pertinence :** les informations pertinentes influencent les utilisateurs dans leurs décisions économiques en les aidant à évaluer les événements passés, présents et futurs ou en confirmant / corrigeant leurs évaluations passées. La pertinence d'une information est affectée par sa nature et son importance relative.
- **La fiabilité :** une information fiable est exempte d'erreurs et de préjugés significatifs et elle est guidée par :
  - une image fidèle ;
  - la prééminence de la substance sur la forme ;
  - la neutralité ;
  - la prudence ;
  - l'exhaustivité.
- **La comparabilité :** l'information doit être présentée de manière cohérente dans le temps et entre les entreprises pour permettre aux utilisateurs de faire des comparaisons significatives.
- **L'intelligibilité :** l'information doit être facilement compréhensible par les utilisateurs ayant des bases en gestion, en économie et en comptabilité et la volonté d'étudier l'information.

2.3.5 Une information pertinente et fiable suppose le respect des contraintes suivantes :

- **la célérité :** des délais excessifs dans la fourniture de l'information peuvent nuire à sa pertinence, mais augmentent sa fiabilité ;
- **le rapport coût / avantage :** les avantages découlant de l'information doivent excéder les coûts liés à sa fourniture ;
- **l'équilibre entre les caractéristiques qualitatives :** le but est de parvenir à un équilibre entre ces caractéristiques afin de réaliser l'objectif des états financiers.

L'application des principales caractéristiques qualitatives et des Normes comptables appropriées a normalement pour effet que les états financiers donnent **une image fidèle / une présentation fidèle.**

2.3.6 Les éléments suivants sont directement liés à l'évaluation de la **situation financière :**

- **les actifs :** ressources contrôlées par l'entreprise du fait d'événements passés et dont les avantages économiques futurs sont attendus par l'entreprise ;
- **les passifs :** obligations actuelles de l'entreprise résultant d'événements passés et dont l'extinction devrait se traduire pour l'entreprise par une sortie de ressources représentatives d'avantages économiques ;
- **les capitaux propres :** actifs – passifs (communément appelés les fonds propres).

2.3.7 Les éléments suivants sont directement liés à l'évaluation de la **performance :**

- **les produits :** ce sont des accroissements d'avantages économiques au cours de l'exercice, sous forme d'entrées ou d'augmentations d'actifs ou de diminutions de passifs, qui ont pour résultat l'augmentation des capitaux propres (autrement que par un nouvel apport de capitaux par les propriétaires). Les produits recouvrent les revenus et les plus-values ;
- **les charges :** ce sont des diminutions d'avantages économiques au cours de l'exercice sous forme de sorties ou de diminutions d'actifs, ou de survenance de passifs qui ont pour résultat de diminuer les capitaux propres (autrement que par des distributions aux associés ou actionnaires).

2.3.8 Un élément doit être comptabilisé dans les états financiers dès lors que :

- il est **probable** que tout avantage économique futur qui lui est lié ira à l'entreprise ou en proviendra ;
- l'élément a un coût ou une valeur qui peut être **évalué de façon fiable.**

2.3.9 The following bases are used to measure elements of financial statements:

- Historical cost.
- Current cost.
- Realizable (settlement) value.
- Present value.

2.3.10 Concepts of capital and capital maintenance include:

- **Financial capital:** Capital is synonymous with net assets/equity; it is defined in terms of nominal monetary units. Profit represents the increase in nominal money capital over the period.
- **Physical capital:** Capital is regarded as the operating capability; it is defined in terms of the productive capacity. Profit represents the increase in productive capacity over the period.

2.3.9 L'évaluation des éléments des états financiers s'effectue suivant les méthodes suivantes :

- coût historique ;
- coût actuel ;
- valeur de réalisation (de règlement) ;
- valeur actualisée.

2.3.10 Les concepts de capital et de maintien du capital recouvrent :

- **le capital financier :** est synonyme d'actif net ou de capitaux propres de l'entreprise. Il est défini en unités monétaires nominales. Le bénéfice représente l'augmentation du montant financier (ou en argent) de l'actif net pendant l'exercice ;
- **le capital physique :** le capital est considéré comme la capacité opérationnelle. Il est défini comme la capacité productive de l'entreprise. Le bénéfice représente l'augmentation de la capacité productive de l'entreprise pendant l'exercice.

CASE STUDY

FRAMEWORK FOR THE PREPARATION AND PRESENTATION OF FINANCIAL STATEMENTS

Chemco Inc. is engaged in the production of chemical products and selling them locally. The corporation wishes to extend its market and export some of its products to overseas countries.

It has come to the attention of the financial director that compliance with international environmental requirements is a significant precondition if it wishes to sell products overseas. Although the corporation has, during the past, put in place a series of environmental policies, it is clear that it is also common practice to have an environmental audit done from time to time which will cost approximately $120,000. The audit will encompass the following:

- Full review of all environmental policy directives.
- Detailed analysis of compliance with these directives.
- Report containing in-depth recommendations of those physical and policy changes that would be necessary to meet international requirements.

The financial director of Chemco Inc. has suggested that the $120,000 be capitalized as an asset and then written off against the revenues generated from export activities so that the matching of income and expense will occur.

The costs associated with the environmental audit can possibly be deferred according to **the matching concept.** The application of the matching concept in terms of the Framework, however, does not allow the recognition of items in the balance sheet that do not conform to the definition of elements of the financial statements.

In order to recognize the costs of the audit as an asset, it should meet both the:

- definition of an asset, and
- recognition criteria for an asset

In order for the costs associated with the environmental audit to comply with the **definition of an asset** (see paragraph 2.3.6), the following should be valid:

(i) The costs must be a resource under the control of Chemco Inc., being the actual costs incurred.

(ii) The asset must arise from a past transaction or event, namely the audit.

(iii) The asset must be expected to give rise to a probable future economic benefit which will flow to the corporation, namely the revenue from export sales.

The requirements in terms of (i) and (ii) are being met. However, there are problems regarding requirement (iii). Chemco Inc. wishes to export their products. The wish only is not sufficient evidence to satisfy this requirement. The corporation cannot capitalize these costs due to the absence of fixed orders and detailed analyses of expected economic benefits.

In order to **recognize** the costs as an asset in the balance sheet, it has to comply with the recognition criteria (see paragraph 2.3.8), namely:

- The asset should have a cost that can be measured reliably.
- The expected inflow of future economic benefits must be probable.

In order to properly measure the carrying value of the asset, the corporation must be able to demonstrate that further costs will be incurred that would give rise to future benefits. However, the second requirement poses a problem because of insufficient evidence of the probable inflow of economic benefits and would therefore disqualify the costs a second time for capitalization as an asset.

ÉTUDE DE CAS

Cadre pour la Préparation et la Présentation des États Financiers

La société Chemco Inc. fabrique des produits chimiques qu'elle vend localement. La société souhaite étendre son marché et exporter certains de ses produits vers l'étranger.

L'attention du directeur financier a été attirée sur le fait que la conformité avec les exigences internationales en matière d'environnement est une condition primordiale à l'exportation des produits. Bien que la société ait par le passé déjà mis en place une série de politiques environnementales, il est aujourd'hui clair que les usages imposent dorénavant de procéder à un audit sur l'environnement de temps en temps. On estime que cet audit coûtera environ $ 120 000. Il portera sur les points suivants :

- la revue complète de toutes les directives de politiques environnementales ;
- l'analyse détaillée de la conformité à ces directives ;
- un rapport contenant des recommandations approfondies sur toutes les modifications physiques et politiques nécessaires au respect des exigences internationales.

Le directeur financier de Chemco Inc. a suggéré que les $ 120 000 soient comptabilisés à l'actif, amortis de façon à compenser les produits tirés des activités d'exportation.

En application du **principe de rattachement des produits et charges,** les coûts associés à l'audit sur l'environnement peuvent être différés. Cependant, l'application de ce principe dans l'optique du Cadre conceptuel ne permet pas de comptabiliser au bilan des articles qui ne rentrent pas dans la définition des éléments des états financiers. Pour que les coûts soient comptabilisés à l'actif, ils doivent à la fois :

- correspondre à la définition d'un actif et,
- satisfaire aux critères de comptabilisation des actifs.

Afin que ces coûts rentrent dans la **définition d'un actif** (voir paragraphe 2.3.6), les conditions suivantes doivent être réunies :

(i) les coûts doivent constituer une ressource contrôlée par Chemco Inc., comptabilisée à son coût réel ;

(ii) l'actif doit être né d'une transaction passée ou d'un événement passé, en l'espèce l'audit ;

(iii) un profit économique futur et probable doit normalement résulter de l'actif, en l'occurrence le revenu des ventes à l'exportation.

Les exigences (i) et (ii) sont d'ores et déjà remplies. Néanmoins, il existe des problèmes à l'égard de l'exigence (iii). En effet, Chemco Inc. souhaite exporter ses produits mais ce souhait à lui seul ne permet pas de satisfaire cette exigence. L'entreprise ne peut pas comptabiliser ces coûts en actif en raison de l'absence non seulement de commandes fermes mais aussi d'analyse détaillée des bénéfices économiques attendus.

Afin que ces coûts puissent être **comptabilisés** à l'actif du bilan, les critères de **comptabilisation** suivants doivent être satisfaits (voir paragraphe 2.3.8) :

- l'actif doit avoir un coût qui peut être évalué de façon fiable ;
- le bénéfice économique futur doit être probable.

Pour pouvoir évaluer la valeur de cet actif, la société doit être à même de démontrer que les dépenses qui seront engagées par la suite donneront lieu à de futurs bénéfices économiques. Cependant, la seconde exigence pose problème car le caractère profitable des bénéfices économiques futurs n'est pas établi avec suffisamment de certitude. Cela constitue un second obstacle à la comptabilisation comme actif des coûts liés à l'audit.

CHAPTER 3

PRESENTATION OF FINANCIAL STATEMENTS (IAS 1)

3.1 PROBLEMS ADDRESSED

The objective of the standard is to prescribe the basis for presentation of general purpose financial statements to ensure comparability. It outlines:

- Overall considerations for presentation.
- Guidelines for their structure.
- Minimum content requirements.
- Guidance on compliance with the IAS.
- Guidance on departures from the IAS.

3.2 SCOPE OF THE STANDARD

This standard deals with the presentation of all **general purpose financial statements** prepared and presented in accordance with the IAS and which are not tailored to meet specific information needs of users. *SIC–2 provides guidance on the first time application of IASs.*

3.3 ACCOUNTING CONCEPTS

3.3.1 Financial statements should provide information about an enterprise's financial position, performance, and cash flows that is useful for economic decision making.

3.3.2 The board of directors and/or other governing body is responsible for the preparation and presentation of financial statements.

3.3.3 A complete set of financial statements includes:

- Balance Sheet.
- Income Statement.
- Changes in Equity Statement.
- Cash Flow Statement.
- Accounting Policies & Notes.

Entities are encouraged to furnish other related financial and nonfinancial information in addition to the financial statements.

3.3.4 Management should consider all of the following **overall considerations** regarding the presentation of financial statements:

- **Fair presentation**

  This is normally achieved by applying the IAS. Departure is allowed only if the application of an accounting standard would result in misleading financial statements.

- **Compliance with the IAS**

  The following aspects should be addressed:

Chapitre 3

Présentation des États Financiers (IAS 1)

3.1 OBJECTIFS

L'objectif de la Norme est de prescrire la base de présentation des états financiers à usage général afin d'assurer leur comparabilité. Elle établit :

- les considérations générales de présentation des états financiers ;
- des directives pour leur structure ;
- le contenu minimum requis ;
- des indications sur la conformité aux IAS ;
- des indications sur les entorses aux IAS.

3.2 CHAMP D'APPLICATION

La présente Norme doit s'appliquer à la présentation de tous les **états financiers à usage général** établis et présentés conformément aux Normes Comptables Internationales et qui n'ont pas pour objet de répondre aux besoins d'informations spécifiques de certains utilisateurs.

L'interprétation n° 2 du Comité d'Interprétation des Normes (SIC-2) fournit des indications sur l'application des Normes Comptables Internationales quand il s'agit de la première fois qu'elles sont appliquées.

3.3 TRAITEMENT COMPTABLE

3.3.1 Les états financiers doivent fournir des informations sur la situation financière, la performance et les flux de trésorerie qui sont utiles à la prise de décisions économiques.

3.3.2 Le conseil d'administration et/ou tout autre organe de direction de l'entreprise est responsable de la préparation et de la présentation des états financiers.

3.3.3 Un jeu complet d'états financiers comprend :

- un bilan ;
- un compte de résultat ;
- un état de variations des capitaux propres ;
- un tableau des flux de trésorerie ;
- les méthodes comptables et notes explicatives.

Les entreprises sont encouragées à présenter d'autres informations de nature financière et non financière en complément des états financiers.

3.3.4 Pour la présentation des états financiers, toutes les **considérations d'ordre général** suivantes doivent être prises en compte :

- **image fidèle**

  Elle découle en principe de l'application des Normes IAS. Des dérogations sont autorisées uniquement si le fait de se conformer à l'une des dispositions d'une Norme conduirait à des états financiers trompeurs.

- **conformité aux IAS**

  Les aspects suivants doivent être notés :

– Compliance with the IAS should be disclosed.

– Compliance with **all** requirements of each standard is compulsory.

– Disclosure is no excuse for inappropriate accounting treatments.

– Premature compliance with an IAS is to be mentioned.

– Any departure from an IAS that is necessary to achieve fair presentation should be disclosed in detail.

- **Accounting policies**

  Accounting policies that are applied should be those required by the IAS. An enterprise would develop its own **relevant** and **reliable** policies if no IAS exist *(SIC–18).*

The following two considerations are the underlying assumptions of financial statements; for more information, see chapter 2.

- **Going concern**

  Financial statements should be presented on a going concern basis unless it is probable that an entity will be liquidated or cease trading. If not presented on going concern basis, disclose the fact and rationale for not using it. Uncertainties regarding going concern should be disclosed.

- **Accrual basis**

  Use the accrual basis for presentation except for the cash flow statement.

- **Consistency of presentation**

  The presentation and classification of items should be retained from one period to another unless a change would result in a more appropriate presentation, or a change was required by the IAS.

- **Materiality and Aggregation**

  Aggregation of immaterial items of a similar nature and function is allowed. Material items should not be aggregated.

- **Offsetting**

  Assets and liabilities should not be offset unless allowed by the IAS. However, immaterial gains, losses, and related expenses arising from similar transactions and events may be offset.

- **Comparative information**

  The following aspects are relevant:

  – Disclosure required for numerical information in respect of the previous period.

  – Relevant narrative and descriptive information to be included.

  – Reclassify comparatives when classification of items is amended; that is, disclose nature, amounts, and reason(s).

3.4 DISCLOSURE

3.4.1 Identification and period

- Financial statements should be distinguished from other information.
- Each component should be clearly identified.

– la conformité aux IAS doit être indiquée ;

– le respect de **toutes** les dispositions de chaque Norme est obligatoire ;

– les traitements comptables inappropriés ne sont pas corrigés par l'indication des méthodes comptables utilisées ;

– la conformité antérieure aux IAS doit être indiquée ;

– toute dérogation aux IAS nécessaire à la présentation d'une image fidèle doit être expliquée en détail.

• **méthodes comptables**

Les principes comptables appliqués doivent être ceux requis par les IAS. En l'absence d'IAS spécifique, l'entreprise développe ses propres méthodes **pertinentes et fiables.** *(Interprétation SIC–18).*

Les deux considérations suivantes sont les hypothèses de base des états financiers ; pour plus d'informations, voir le chapitre 2.

• **continuité d'exploitation**

Les états financiers doivent être établis sur une base de continuité d'exploitation à moins que la liquidation ou la cessation d'activité prochaine de l'entreprise ne soit probable. Lorsque les états financiers ne sont pas établis sur cette base, ce fait doit être indiqué et justifié. Les incertitudes quant à la continuité de l'exploitation doivent être indiquées.

• **méthode de la comptabilité d'engagement**

Une entreprise doit établir ses états financiers selon la méthode de la comptabilité d'engagement, sauf pour les informations relatives aux flux de trésorerie.

• **cohérence de la présentation**

La présentation et la classification des postes doivent être conservées d'un exercice à l'autre à moins qu'un changement ne permette une présentation plus appropriée ou qu'il soit imposé par une Norme IAS.

• **importance relative et regroupement**

Tout élément significatif doit faire l'objet d'une présentation séparée. Les montants non significatifs peuvent être regroupés avec des montants correspondant à des éléments de nature ou de fonction similaires.

• **compensation**

Les actifs et passifs ne doivent pas être compensés sauf si la compensation est autorisée par une Norme IAS. Cependant les profits, les pertes et charges liées résultant de transactions et d'événements similaires qui ne sont pas significatifs peuvent être compensés.

• **informations comparatives**

Les aspects suivants sont à retenir :

– présenter des informations comparatives au titre de l'exercice précédent pour toutes les informations chiffrées ;

– inclure des informations comparatives sous forme narrative et descriptive ;

– lorsque la classification d'éléments des états financiers est modifiée, les montants comparatifs correspondant doivent être reclassés ; indiquer la nature, le montant et la raison de tout reclassement.

3.4 PRÉSENTATION ET INFORMATIONS A FOURNIR

3.4.1 Identification et exercice

• Les états financiers doivent être distingués des autres informations.

• Chacune des composantes doit être clairement identifiée.

- Prominently display:
  - Name of reporting enterprise.
  - Own or group statements.
  - Reporting date or period.
  - Reporting currency.
  - Level of precision.
- Report annually, at the very least.
- Statements to be issued timely (within 6 months of reporting date).

3.4.2 Balance sheet

Provide information about the financial position.

Current/non-current distinction

- Enterprise may choose this classification for assets and liabilities.
- If not chosen, assets and liabilities should be presented in broad order of liquidity.
- Split amounts to be recovered or settled within and after 12 months.

Current assets

- Current assets include:
  - Assets expected to be realized – or held for sale or consumption – in the normal operating cycle.
  - Assets held primarily for trading or over the short-term and expected to be realized within 12 months.
  - Cash or cash equivalents not restricted in use.

Current liabilities

- Current liabilities include:
  - Liabilities expected to be settled in the normal operating cycle.
  - Liabilities due to be settled within 12 months.
- Long-term interest-bearing liabilities to be settled within 12 months may be classified as non-current if:
  - Original term greater than 12 months.
  - Intention to refinance obligation.
  - Intention supported by agreement.

Minimum information on the face of the balance sheet

Property, plant, and equipment
Intangible assets
Financial assets
Investments accounted for by the equity method
Inventories
Minority interest
Cash and cash equivalents
Trade and other payables
Tax liabilities
Tax assets
Provisions
Non-current interest-bearing liabilities
Trade and other receivables
Issued capital
Reserves

- Informations à mettre en évidence :
  - nom de l'entreprise présentant les états financiers ;
  - fait qu'ils concernent l'entreprise seule ou un groupe d'entreprises ;
  - date de clôture de l'exercice ou exercice couvert ;
  - monnaie de présentation des états financiers ;
  - niveau d'arrondi.
- Les états financiers doivent être présentés au minimum une fois par an.
- Ils doivent être émis dans les six mois suivant la date de clôture de l'exercice.

3.4.2 Bilan

Fournit des informations sur la situation financière.

Distinction éléments courants et non-courants

- L'entreprise peut décider de choisir cette distinction pour présenter ses actifs et ses passifs.
- Si tel n'est pas le cas, elle doit présenter ses actifs et ses passifs en fonction de leur liquidité.
- Elle doit séparer les montants à recouvrer ou à régler dans les douze mois et au-delà des douze mois.

Actifs courants

- Ils comprennent :
  - les actifs que l'entreprise s'attend à pouvoir réaliser – ou vendre ou consommer – dans le cadre du cycle d'exploitation normal ;
  - les actifs détenus essentiellement à des fins de transactions ou pour une durée courte et que l'entreprise s'attend à réaliser dans les douze mois ;
  - la trésorerie ou un équivalent de trésorerie dont l'utilisation n'est pas soumise à des restrictions.

Passifs courants

- Ils comprennent :
  - les passifs que l'entreprise s'attend à régler dans le cadre du cycle d'exploitation normal ;
  - les passifs devant être réglés dans les douze mois.
- Une entreprise peut classer en passifs non-courants ses passifs à long terme portant intérêt même s'ils doivent être réglés dans les douze mois si :
  - l'échéance d'origine était fixée à plus de douze mois ;
  - l'entreprise a l'intention de refinancer l'obligation ;
  - cette intention est confirmée par un accord.

Informations minimales à présenter au bilan

Immobilisations corporelles
Immobilisations incorporelles
Actifs financiers
Participations comptabilisées selon la méthode de la mise en équivalence
Stocks
Intérêts minoritaires
Trésorerie et équivalents de trésorerie
Fournisseurs et autres créditeurs
Passifs d'impôt
Actifs d'impôt
Provisions
Passifs non-courants portant intérêt
Clients et autres débiteurs
Capital émis
Réserves

Other information on the face or in notes

- Appropriate additional subclassifications.
- Amounts payable to and from:
  - Parent enterprise.
  - Fellow subsidiaries.
  - Associates.
  - Related parties.
- For each class of share capital:
  - Number of shares authorized.
  - Number of shares issued and fully paid.
  - Number of shares issued and not fully paid.
  - Par value per share, or that it has no par value.
  - Reconciliation of shares at beginning and end of year.
  - Rights, preferences, and restrictions.
  - Held by enterprise, subsidiaries, or associates.
  - Reserved for issue under options and sales contracts.
- Nature and purpose of each reserve.
- Shareholders for dividend not formally approved for payment.
- Amount of cumulative preference dividend not recognized.

3.4.3 Income statement

Provide information about performance.

Minimum information on the face of the income statement

Revenue	Tax expense
Results of operating activities	Profit or loss from ordinary activities
Finance costs	Extraordinary items
Share of profits/losses of associates and joint ventures, being equity accounted	Minority interest
	Net profit or loss for the period

Other information on the face or in notes

- Analysis of expenses based on **nature** or their **function** (see case study).
- If classified by function, disclose:
  - Depreciation charges for tangible assets.
  - Amortization charges for intangible assets.
  - Staff costs.
- Dividends per share declared or proposed.

3.4.4 Changes in equity statement

Reflect information about the increase/decrease in net assets or wealth.

Minimum information on the face of the changes in equity statement

- Net profit/loss for the period.
- Income, expense, gain, or loss taken **directly** to equity.

Autres informations à présenter soit au bilan soit dans les notes annexes

- Subdivisions complémentaires appropriées.
- Montants à payer et à recevoir :
  - de la société mère ;
  - des filiales ;
  - des entreprises associées au groupe ;
  - des autres parties liées.
- Pour chaque catégorie d'action :
  - nombre d'actions autorisées ;
  - nombre d'actions émises et entièrement libérées ;
  - nombre d'actions émises et non entièrement libérées ;
  - valeur nominale des actions ou le fait que les actions n'ont pas de valeur nominale ;
  - rapprochement entre le nombre d'actions en circulation au début et en fin d'exercice ;
  - droits, privilèges et restrictions ;
  - actions détenues par l'entreprise ou ses filiales ou les entreprises associées ;
  - actions réservées pour une émission dans le cadre d'options et de contrats de vente.
- Description de la nature et de l'objet de chacune des réserves.
- Montant des dividendes proposés mais non encore officiellement approuvés.
- Montant des dividendes privilégiés cumulatifs non comptabilisés.

3.4.3 Compte de résultat

Fournit des informations sur la performance.

Informations minimales à présenter au compte de résultat

Produits des activités ordinaires	Charges d'impôt sur le résultat
Résultat opérationnel	Résultat des activités ordinaires
Charges financières	Éléments extraordinaires
Quote-part dans le résultat net des entreprises associées et des coentreprises comptabilisées selon la méthode de la mise en équivalence	Intérêts minoritaires
	Résultat net de l'exercice

Autres informations à présenter soit au compte de résultat soit dans les notes annexes

- Analyse des charges classifiées par **nature** ou par **fonction** (cf. cas)
- Si les charges sont classées par fonction, il faut préciser :
  - les dotations aux amortissements et aux provisions pour les immobilisations corporelles ;
  - les dotations aux amortissements et aux provisions pour les immobilisations incorporelles ;
  - les frais de personnel ;
- Le montant des dividendes par action votés ou proposés.

3.4.4 État de variations des capitaux propres

Reflète les informations sur l'augmentation ou la diminution de l'actif net ou de la richesse de l'entreprise.

Informations minimales à présenter dans l'état de variations des capitaux propres

- Le résultat net de l'exercice.
- Les produits, charges, profits et pertes comptabilisés **directement** dans les capitaux propres.

- Effects of changes in accounting policy.
- Effects of correction of fundamental errors.

Other information on the face or in notes

- Capital transactions with owners and distributions to owners.
- Reconciliation of the balance of accumulated profit or loss at beginning and end of the year.
- Reconciliation of the carrying amount of each class of equity capital, share premium, and each reserve at beginning and end of the period.

3.4.5 Cash flow statement Refer to IAS 7 (Chapter 5).

3.4.6 Accounting Policies and Notes

Information about the following is provided:

- Basis of preparation and selected accounting policies.
- Information required by the IAS that is not on the face of financial statements.
- Additional information required for fair presentation.

Structure

- Presented in a systematic manner.
- Cross-reference items from the face of financial statements to the notes.

Presentation of accounting policies

- Measurement bases used in preparing financial statements.
- Each accounting policy used even if it is not covered by the existing IAS.

Other disclosures

- Domicile of the enterprise.
- Legal form of the enterprise.
- Country of incorporation.
- Registered office/business address.
- Nature of operations/principal activities.
- Name of the parent and ultimate parent.
- Average number of employees.

- Les effets des changements de méthodes comptables.
- Les effets des corrections d'erreurs fondamentales.

Autres informations à présenter soit dans l'état de variations des capitaux propres soit dans les notes annexes

- Les transactions sur le capital avec les propriétaires et les distributions aux propriétaires.
- Le solde des résultats accumulés en début et en fin d'exercice.
- Le rapprochement entre la valeur comptable en début et en fin d'exercice de chaque catégorie de capital, de chaque prime d'émission et de chaque réserve.

3.4.5 Tableau des flux de trésorerie cf. Norme IAS 7 (chapitre 5)

3.4.6 Méthodes comptables et notes annexes

Les notes annexes doivent :

- Présenter des informations sur la base d'établissement des états financiers et sur les méthodes comptables choisies.
- Indiquer les informations imposées par les IAS qui ne sont pas présentées ailleurs dans les états financiers.
- Fournir les informations supplémentaires nécessaires à une image fidèle.

Structure

- Organisation des notes de façon systématique.
- Renvois des éléments des états financiers aux notes.

Présentation des méthodes comptables

- Description des bases d'évaluation utilisées pour l'établissement des états financiers.
- Description de chacune des méthodes comptables utilisées même lorsqu'elle n'est pas couverte par les IAS existantes.

Autres informations à fournir

- Adresse de l'entreprise.
- Forme juridique de l'entreprise.
- Pays dans lequel elle est enregistrée.
- Adresse de son siège social (ou de son établissement principal).
- Nature des opérations, des principales activités de l'entreprise.
- Nom de la société mère et de la société tête de groupe.
- Nombre moyen d'employés.

CASE STUDY

PRESENTATION OF FINANCIAL STATEMENTS

Elrali Inc. is a manufacturing enterprise. The following is a summary of the income and expenses for the year ending 31 March 20x7:

	$
Gross turnover	7,500,000
Cost of sales of finished goods	3,995,100
Materials used	910,100
Labor	1,200,000
Variable production overhead costs allocated	800,000
Fixed production overhead costs allocated	845,000
Packing material	310,000
Cost of finished goods manufactured	4,065,100
Opening inventories finished goods	70,000
Closing inventories finished goods	(140,000)
Distribution costs	718,800
Administrative expenses	929,100
Other operating expenses	587,100
Investment income	124,800
Rental income	17,000
Finance costs	234,000
Write-down of cost of materials to net realizable value	25,000
Over-recovery of fixed production overhead costs	41,000
Abnormal spillage of materials	15,000
Income tax expense	319,700
Extraordinary profit	43,100

Depreciation and amortization charges included in the fixed production overheads amounted to $418,000, and those included in administrative expenses amounted to $205,000. Total salaries and other staff costs included in administrative expenses amount to $689,300.

The following income statements could be prepared based on the two alternative classifications of income and expenses allowed by IAS 1 (see paragraph 3.4.3):

ÉTUDE DE CAS

Présentation des États Financiers

La société Elrali Inc. est une entreprise industrielle. Ses produits et charges de l'exercice clôturant au 31 mars 20x7 sont les suivants :

	$
Chiffre d'affaires	7 500 000
Coûts des ventes des produits finis	3 995 100
Matières premières	910 100
Main-d'œuvre	1 200 000
Coûts variables de production	800 000
Coûts fixes de production	845 000
Coûts des matériels de conditionnement	310 000
Coûts des produits finis	4 065 100
Stock initial de produits finis	70 000
Stock final de produits finis	(140 000)
Coûts de distribution	718 800
Charges administratives	929 100
Autres charges opérationnelles	587 100
Produits financiers	124 800
Revenus locatifs	17 000
Frais financiers	234 000
Provision pour dépréciation des matières premières	25 000
Frais fixes de production liés à la sous-activité	41 000
Pertes anormales sur matières premières	15 000
Charge d'impôt sur le résultat	319 400
Produits extraordinaires	43 100

Les dotations aux amortissements et aux provisions sont comprises dans les coûts fixes de production pour un montant de $ 418 000 et dans les charges administratives pour $ 205 000. Le total des salaires et des autres frais de personnel compris dans les charges administratives s'élève à $ 689 300.

Le compte de résultat suivant peut être préparé selon l'une ou l'autre des méthodes autorisées par l'IAS 1 (voir paragraphe 3.4.3) :

CASE STUDY

PRESENTATION OF FINANCIAL STATEMENTS

CONTINUED

ELRALI INC.
INCOME STATEMENT FOR THE YEAR ENDING 31 MARCH 20x7
Classification of expenses by function

	$
Revenue	7,500,000
Cost of sales **(Calculation a)**	(3,994,100)
Gross profit	3,505,900
Other operating income **(Calculation b)**	141,800
Distribution costs	(718,800)
Administrative expenses	(929,100)
Other operating expenses	(587,100)
Profit from operations	1,412,700
Finance costs	(234,000)
Profit before tax	1,178,700
Income tax expense	(319,700)
Profit after tax from ordinary activities	859,000
Extraordinary item	43,100
Net profit for the period	902,100

ELRALI INC.
INCOME STATEMENT FOR THE YEAR ENDING 31 MARCH 20x7
Classification of expenses by nature

	$
Revenue	7,500,000
Other operating income **(Calculation b)**	141,800
Changes in inventories of finished goods and work in progress	70,000
Work performed by the enterprise and capitalized **(Calculation c)**	(1,186,000)
Raw material and consumables used **(Calculation d)**	(1,260,100)
Staff costs **(Calculation e)**	(1,889,300)
Depreciation and amortization expenses (418 + 205)	(623,000)
Other operating expenses **(Calculation f)**	(1,340,700)
Profit from operations	1,412,700
Finance costs	(234,000)
Profit before tax	1,178,700
Income tax expense	(319,700)
Profit after tax from ordinary activities	859,000
Extraordinary item	43,100
Net profit for the period	902,100

ÉTUDE DE CAS

Présentation des États Financiers

Suite

ELRALI INC
COMPTE DE RÉSULTAT DE L'EXERCICE CLOTURANT LE 31 MARS 20x7
Classification des charges par fonction

	$
Produits des activités ordinaires	7 500 000
Coût des ventes **(calcul a)**	(3 994 100)
Marge brute	3 505 900
Autres produits opérationnels **(calcul b)**	141 800
Coûts commerciaux	(718 800)
Charges administratives	(929 100)
Autres charges opérationnelles	(587 100)
Résultat opérationnel	1 412 700
Charges financières	(234 000)
Résultat avant impôt	1 178 700
Charge d'impôt sur le résultat	(319 700)
Résultat net des activités ordinaires	859 000
Éléments extraordinaires	43 100
Résultat net de l'exercice	902 100

ELRALI INC
COMPTE DE RÉSULTAT DE L'EXERCICE CLOTURANT LE 31 MARS 20x7
Classification des charges par nature

	$
Produits des activités ordinaires	7 500 000
Autres produits opérationnels **(calcul b)**	141 800
Variations des stocks de produits finis et des travaux en cours	70 000
Production immobilisée **(calcul c)**	(1 186 000)
Marchandises et matières consommées **(calcul d)**	(1 260 100)
Frais de personnel **(calcul e)**	(1 889 300)
Dotations aux amortissements (418 + 205)	(623 000)
Autres charges opérationnelles **(calcul f)**	(1 340 700)
Résultat opérationnel	1 412 700
Charges financières	(234 000)
Résultat avant impôt	1 178 700
Charge d'impôt sur le résultat	(319 700)
Résultat net des activités ordinaires	859 000
Éléments extraordinaires	43 100
Résultat net de l'exercice	902 100

CASE STUDY

PRESENTATION OF FINANCIAL STATEMENTS

CONTINUED

CALCULATIONS

a. Cost of sales

Amount given	3,995,100
Write-down to net realizable value	25,000
Over-recovery of fixed production overheads	(41,000)
Abnormal materials spillage	15,000
	3,994,100

b. Other operating income

Investment income	124,800
Rental income	17,000
	141,800

c. Work performed and capitalized

Variable production overheads	800,000
Fixed production overheads (845 – 41)	804,000
Depreciation separately disclosed	(418,000)
	1,186,000

d. Raw materials consumed

Materials used	910,100
Packing material	310,000
Write-down to net realizable value	25,000
Abnormal spillage	15,000
	1,260,100

e. Staff costs

Labor	1,200,000
Other staff costs	689,300
	1,889,300

f. Other operating expenses

Distribution costs given	718,800
Administrative costs given	929,100
Operating costs given	587,100
Staff costs shown in **calculation e**	(689,300)
Depreciation separately shown	(205,000)
	1,340,700

ÉTUDE DE CAS

PRÉSENTATION DES ÉTATS FINANCIERS

SUITE

CALCULS

a. Coût des ventes

Montant	3 995 100
Provision pour dépréciation des matières premières	25 000
Frais fixes de production liés à la sous-activité	(41 000)
Pertes anormales sur matières premières	15 000
	3 994 100

b. Autres produits opérationnels

Produits financiers	124 800
Revenus locatifs	17 000
	141 800

c. Production immobilisée

Coûts variables de production	800 000
Coûts fixes de production (845 – 41)	804 000
Provision pour amortissements présentée séparément	(418 000)
	1 186 000

d. Matières premières consommées

Matières premières	910 100
Matériels de conditionnement	310 000
Provision pour dépréciation des matières premières	25 000
Pertes anormales	15 000
	1 260 100

e. Frais de personnel

Main-d'œuvre	1 200 000
Autres frais de personnel	689 300
	1 889 300

f. Autres charges opérationnelles

Coûts de distribution	718 800
Coûts administratifs	929 100
Coûts opérationnels	587 100
Frais de personnel **(calcul e)**	(689 300)
Provision pour amortissements présentée séparément	(205 000)
	1 340 700

Chapter 4

Inventories (IAS 2)

4.1 PROBLEMS ADDRESSED

The accounting treatment of inventories under the historical cost system is prescribed. The primary issue is the calculation of the cost of inventory, which is to be recognized as an asset and carried forward until the related revenues are realized – the matching concept.

4.2 SCOPE OF THE STANDARD

The standard deals with all inventories that are assets:

- held for sale in the ordinary course of business, or
- in the process of production for sale, or
- in the form of materials or supplies to be consumed in the production process or in the rendering of services.

In the case of a service provider, inventories include the costs of the service for which the related revenue has not yet been recognized (e.g., work in progress of auditors, architects, and lawyers).

4.3 ACCOUNTING TREATMENT

4.3.1 Inventories should be measured at the lower of cost or net realizable value in accordance with the prudence concept.

4.3.2 **Cost of goods** comprise all costs of purchase, costs of conversion, and other costs incurred in bringing the inventories to their **present location and condition:**

- Purchase costs, such as the purchase price and import charges.
- Costs of conversion, being:
  - Direct labor.
  - Production overheads.
    - Variable overheads.
    - Fixed overheads allocated at normal production capacity.
- Other costs, such as design, borrowing costs, etc.

4.3.3 **Cost of services** comprise all costs directly engaged in providing the services, for example:

- Consumable goods.
- Labor and other staff costs.
- Attributable overheads.

4.3.4 The following **techniques** may be used to measure the cost of inventories:

- **Actual costs**
- **Standard cost**

CHAPITRE 4

LES STOCKS (IAS 2)

4.1 OBJECTIFS

L'objectif de la présente Norme est de prescrire le traitement comptable applicable aux stocks dans le système du coût historique. Une des questions fondamentales de la comptabilisation des stocks est celle du montant des coûts à comptabiliser en tant qu'actif et à différer jusqu'à la comptabilisation des produits correspondants – principe de rattachement à l'exercice.

4.2 CHAMP D'APPLICATION

Cette Norme traite de tous les stocks qui sont des actifs :

- détenus pour être vendus dans le cours normal de l'activité ;
- en cours de production en vue d'une telle vente ;
- des matières premières ou fournitures devant être consommées au cours du processus de production ou de prestation de services.

Dans le cas d'un prestataire de services, les stocks incluent le coût du service pour lequel l'entreprise n'a pas encore comptabilisé les produits correspondants (par exemple travail en cours des auditeurs, des architectes, des avocats).

4.3 TRAITEMENT COMPTABLE

4.3.1 Les stocks doivent être évalués au plus faible de leur coût et de la valeur nette de réalisation, conformément au principe de prudence.

4.3.2 Le **coût des stocks** comprend tous les coûts d'acquisition, coûts de transformation et autres coûts encourus pour amener les stocks **à l'endroit et dans l'état où ils se trouvent :**

- les coûts d'acquisition, comme par exemple le prix d'achat et les charges liées à l'importation ;
- les coûts de transformation, soit :
  - la main-d'œuvre directe ;
  - les charges indirectes de production :
    - · les charges variables ;
    - · les charges fixes liées à une capacité de production normale ;
- les autres coûts comme le design, les coûts d'emprunt, etc.

4.3.3 Le **coût des stocks d'un prestataire de service** comprend tous les coûts directement liés à la prestation de services comme par exemple :

- les matières consommables ;
- la main-d'œuvre et les autres charges de personnel ;
- les frais généraux attribuables.

4.3.4 Les **méthodes** suivantes peuvent être utilisées pour évaluer les coûts des stocks :

- **la méthode des coûts réels ;**
- **la méthode des coûts standards :**

– Take into account normal levels of materials, labor and capacity.

– Review regularly in order to approximate actual costs.

- **Retail method**
  - Apply when it is impractical to use actual costs.
  - Reduce sales value by gross margin to calculate 'cost.'
  - Average percentage is used for each homogeneous group of items.
  - Take into consideration marked down prices.

4.3.5 The actual cost of inventories may be assigned by using the following **cost formulas:**

- Specific identification.
- Weighted average cost.
- First-in, first-out (FIFO).
- Last-in, first-out (LIFO, Allowed alternative).

SIC-1 allows application of different cost formulas if the nature of groups of items differs from others.

4.3.6 **Net realizable value (NRV)** is the estimated selling price less the estimated costs of completion and costs necessary to make the sale. These estimates are based on the most reliable evidence at the time the estimates are made. The purpose for which the inventory is held should be taken into account at the time of the estimate. Inventories are usually written down to NRV based on the following principles:

- On an item-by-item basis.
- Similar items are normally grouped together.
- Each service is treated as a separate item.

4.3.7 The following items should be recognized as expenses in the income statement:

- Cost of inventories sold.
- Write-downs to NRV.
- Stock losses.
- Abnormal wastage.
- Non-allocated production overheads.

4.4 DISCLOSURE

The financial statements should disclose the following:

- Accounting policies, including the cost formulas used.
- Total carrying amount of inventories and amount per category.
- Amount of inventories carried at NRV.
- Amount of any reversal of any write-down.
- Circumstances/events that led to the reversal of a write-down.
- Inventories pledged as security for liabilities.
- Carrying amount of a write-down to NRV if significant in size, incidence, or nature.

- Costs of inventories recognized as an expense,

or

Operating costs, applicable to revenues, recognized as an expense, classified by their nature.

– elle retient les niveaux normaux d'utilisation des matières premières et de fournitures, de main-d'œuvre, d'efficience et de capacité ;
– elle exige des révisions régulières afin de s'approcher des coûts réels ;

• **la méthode du prix de détail :**
– applicable quand l'utilisation de la méthode des coûts réels est impossible ;
– on déduit du montant des ventes la marge brute pour faire ressortir le coût ;
– un pourcentage moyen est utilisé pour chaque groupe homogène de produits ;
– prend en considération les démarques opérées.

4.3.5 Le coût réel des stocks peut être calculé en utilisant les **méthodes de calcul** suivantes :

• l'identification spécifique ;
• le coût moyen pondéré ;
• premier entré – premier sorti (PEPS) ;
• dernier entré – premier sorti (DEPS) ; alternative possible.

L'interprétation SIC-1 permet l'application de méthodes de détermination différentes si la nature du bien ou du groupe de biens diffère des autres biens.

4.3.6 La **valeur nette de réalisation (VNR)** est le prix de vente estimé moins les coûts estimés d'achèvement et de vente. Ces estimations sont fondées sur les sources les plus fiables au moment où elles sont faites. L'objectif pour lequel l'inventaire des stocks est fait doit être pris en compte au moment de l'estimation. La dépréciation des stocks à la valeur nette de réalisation s'effectue habituellement suivant :

• une base individuelle ;
• le regroupement des éléments similaires ;
• chacun des services est traité comme un élément séparé.

4.3.7 Les éléments suivants doivent être comptabilisés en charges dans le compte de résultat :

• les coûts des stocks vendus ;
• la dépréciation des stocks pour les ramener à leur valeur nette de réalisation ;
• les pertes de stocks ;
• les pertes exceptionnelles ;
• les frais généraux de production non imputés.

4.4 PRÉSENTATION ET INFORMATIONS A FOURNIR

Les états financiers doivent indiquer :

• les méthodes comptables adoptées, y compris la méthode de détermination du coût utilisée ;
• la valeur comptable totale des stocks et le montant par catégorie ;
• la valeur comptable des stocks comptabilisés à la valeur nette de réalisation ;
• le montant de toute reprise de dépréciation comptabilisée en produit ;
• les circonstances ou événements ayant conduit à la reprise de dépréciation des stocks ;
• la valeur comptable des stocks donnés en nantissement de passifs ;
• la valeur comptable d'une dépréciation pour ramener à la valeur nette de réalisation si elle est importante en terme de taille, de conséquence ou de nature ;
• le coût des stocks comptabilisés en charges au cours de l'exercice,

ou

les coûts opérationnels, applicables aux produits comptabilisés en charges au cours de l'exercice, classés selon leur nature ;

- When LIFO is used, show the difference between balance sheet amount and either:
  - lower of cost calculated on FIFO or weighted average and NRV, or
  - lower of current cost at year-end and NRV.

- lorsque le coût des stocks est déterminé en utilisant la méthode DEPS (Dernier Entré – Premier Sorti), les états financiers doivent indiquer la différence entre le montant des stocks apparaissant au bilan et :

– soit le plus faible du montant obtenu par les méthodes PEPS (Premier Entré – Premier Sorti) ou coût moyen pondéré et de la valeur nette de réalisation ;

– soit le plus faible du coût actuel à la date de clôture et de la valeur de réalisation.

CASE STUDY

INVENTORIES

Arco Inc. is a manufacturing corporation in the food industry. The following matters relate to inventories of the corporation:

A. In recent years the corporation utilized a standard costing system as an aid to management. The standard cost variances had been insignificant to date and were written off directly in the published annual financial statements. However, the following **two** problems were experienced during the year ending 31 March 20x3:

- Variances were of a far greater size as a result of a sharp increase in material and labor costs as well as a decrease in production.
- A large number of the units produced were unsold at year-end. This is partially attributable to the fact that the products of the company are "over-priced."

The management of the company intends, as in the past, to write off these variances directly as term costs, **and** to also write off a portion of the cost of surplus unsold inventories.

B. Chocolate raw material inventories on hand at the end of the year represent eight months of usage. Inventory levels normally represent only two months' usage. The current replacement value of the inventories is less than the initial cost.

The above matters are treated as follows in the annual financial statements:

A. Both proposed treatments are unacceptable.

- The write-offs of the large variances result in the standard values not approximating cost according to IAS 2 (see paragraph 4.3.4). Standard costs should be reviewed regularly and revised in the light of current conditions. The labor and material variances should be allocated to the standard cost of inventories. The production overhead variance resulting from idle capacity should be recognized as an expense in the current period.
- The term "over priced" is arbitrary and any write-down should be done only if the net realizable values of the products are lower than its cost (see paragraph 4.3.6).

B. The abnormal portion of raw material on hand (representing six months of production) should be written down to a net realizable value. The other raw materials (representing two months of production) should only be written down to a net realizable value if the estimated cost of the **finished products** will be more than the net realizable value (see paragraph 4.3.6).

ÉTUDE DE CAS

Les Stocks

La société Arco Inc. est une entreprise de production dans l'agroalimentaire. Les problèmes suivants se réfèrent aux stocks de la société :

A. Dans un passé récent, la société utilisait un système de coût standard pour les besoins de sa direction. Les écarts sur coûts standards ont été importants et ont été comptabilisés directement dans les états financiers publiés. Cependant, les **deux** problèmes suivants se sont posés pendant l'exercice clos le 31 mars 20x3 :

- les écarts sur coûts standards étaient beaucoup plus importants en raison d'une forte augmentation des matières premières et du coût de la main-d'œuvre, le tout combiné à une baisse de la production ;
- une grande quantité d'unités produites n'était pas vendue à la fin de l'année. Ce problème s'est posé parce que les produits étaient trop chers.

Le management envisage, comme par le passé, d'importer directement ces écarts en coûts **et** d'éliminer une partie des coûts des stocks non vendus excédentaires.

B. Les matières premières de chocolat en stocks à la fin de l'année représentent huit mois de stock. Normalement, le niveau de stocks représente seulement deux mois. La valeur de remplacement actuelle des stocks est moindre que le coût initial.

Les problèmes mentionnés ci-dessus sont traités de la façon suivante dans les états financiers annuels :

A. Les deux traitements proposés ne sont pas acceptables.

- La comptabilisation en charges des écarts importants a pour conséquence que les coûts standards ne correspondent pas au coût selon la Norme IAS 2 (voir paragraphe 4.3.4). Les coûts standards doivent être étudiés régulièrement et révisés en fonction des conditions actuelles. Les écarts sur main-d'œuvre et matières premières doivent être imputés aux coûts standards des stocks. Les écarts sur les frais généraux de production résultant de l'inactivité d'une partie de la capacité de production (sous-activité) doivent être considérés comme des dépenses de la période courante.
- Le terme « trop chers » est arbitraire et une dépréciation ne doit être faite que si la valeur nette de réalisation des produits est inférieure aux coûts (voir paragraphe 4.3.6.).

B. La part anormale de matières premières stockées (représentant six mois de production) doit être ramenée à la valeur nette de réalisation. Les autres matières premières (représentant deux mois de production) ne doivent être ramenées à leur valeur nette de réalisation que si le coût estimé des **produits finis** est supérieur à la valeur nette de réalisation (voir paragraphe 4.3.6).

CHAPTER 5

CASH FLOW STATEMENTS (IAS 7)

5.1 PROBLEMS ADDRESSED

Information about the historical changes in cash and cash equivalents of an enterprise is required in the form of a cash flow statement classifying cash flows during the reporting period from the **operating, investing,** and **financing activities.** Users require this information in order to form an opinion on:

- Changes in net assets.
- Financial structure of the enterprise.
- Solvency and liquidity of the enterprise.
- Ability of the enterprise to influence the amounts and timing of cash flows.

- Ability of the enterprise to generate cash.
- Present value of future cash flows of different enterprises (through models).

5.2 SCOPE OF THE STANDARD

All enterprises are required to present a cash flow statement that reports cash flows during the reporting period, classified as follows:

- **Operating activities:** Principal revenue-producing activities and other activities that do not include investing or financing activities.
- **Investing activities:** Acquisition and disposal of long-term assets and other investments not included in cash equivalents.
- **Financial activities:** Activities that change the size and composition of the equity capital and borrowings.

5.3 ACCOUNTING TREATMENT

5.3.1 Cash flows are inflows and outflows of both cash and cash equivalents.

5.3.2 **Cash** comprises:

- Cash on hand.
- Demand deposits (including bank overdrafts repayable on demand).

5.3.3 **Cash equivalents** are held for the purpose of meeting short-term cash commitments. They are short-term, highly liquid investments that readily convert to cash and that are subject to an insignificant risk of changes in value.

5.3.4 Cash flows from **operating activities** are reported directly or indirectly (the direct method is preferred by IAS 7):

- **Direct method**
  - Major classes of gross cash receipts and gross cash payments are disclosed.
  - A reconciliation between profit-before-tax and cash-generated-from-operations is given in a note to the cash flow statement.

CHAPITRE 5

LES TABLEAUX DES FLUX DE TRÉSORERIE (IAS 7)

5.1 OBJECTIFS

Les informations sur l'historique des évolutions de la trésorerie et des équivalents de trésorerie pendant l'exercice comptable sont exigées sous la forme d'un tableau des flux de trésorerie qui classe les flux de trésorerie provenant des **activités opérationnelles,** d'**investissement** et de **financement.** Les utilisateurs ont besoin de ces informations pour se faire une opinion sur :

- les variations des actifs nets ;
- la structure financière de l'entreprise ;
- la solvabilité et la liquidité de l'entreprise ;
- la capacité de l'entreprise à exercer une influence sur le montant et le rythme des flux de trésorerie ;
- la capacité de l'entreprise à générer de la trésorerie ;
- la valeur actuelle des flux de trésorerie futurs de différentes entreprises (par le biais de modèles).

5.2 CHAMP D'APPLICATION

Toutes les entreprises doivent présenter un tableau des flux de trésorerie qui rend compte des flux de trésorerie intervenus pendant l'exercice en les classant suivant :

- **les activités opérationnelles :** les principales activités qui génèrent des revenus et les autres activités que celles liées à l'investissement et au financement ;
- **les activités d'investissement :** acquisition et cession d'actifs à long terme ainsi que les autres placements qui ne sont pas compris dans les équivalents de trésorerie ;
- **les activités de financement :** activités qui modifient la taille et la structure des capitaux propres et des emprunts.

5.3 TRAITEMENT COMPTABLE

5.3.1 Les flux de trésorerie sont les entrées et les sorties de trésorerie et d'équivalents de trésorerie.

5.3.2 **La trésorerie** comprend :

- les fonds en caisse ;
- les dépôts à vue (y compris le découvert bancaire remboursable à la demande).

5.3.3 **Les équivalents de trésorerie** sont détenus afin de satisfaire les engagements à court terme. Ce sont des placements à court terme très liquides qui sont facilement convertibles en trésorerie et qui sont soumis à un risque négligeable de changement de valeur.

5.3.4 Les flux de trésorerie provenant des **activités opérationnelles** sont présentés directement ou indirectement (la méthode directe est recommandée par la Norme IAS 7) :

- **la méthode directe :**
  - les principales catégories d'entrées et de sorties de trésorerie brute sont présentées ;
  - un rapprochement est réalisé entre le résultat avant impôt et les flux de trésorerie générés par les opérations, il est indiqué en note annexe au tableau des flux de trésorerie ;

- **Indirect method**
  - Profit/loss for the period is adjusted for:
    - · Effects of non-cash transactions.
    - · Deferrals or accruals.
    - · Investing or financing cash flows.

5.3.5 Cash flows from **investing activities** are reported as follows:

- Major classes of **gross** cash receipts and **gross** cash payments are reported separately.
- The aggregate cash flows from acquisitions or disposals of subsidiaries and other business units are classified as investing.

5.3.6 Cash flows from **financing activities** are reported by separately listing major classes of **gross** cash receipts and **gross** cash payments.

5.3.7 The following cash flows are allowed to be reported on a **net** basis:

- Cash flows on behalf of customers.
- Items for which the turnover is quick, the amounts large, and maturities short (e.g. purchase and sale of investments).

5.3.8 The following cash flows of a financial institution may be reported on a **net** basis:

- Cash flows on behalf of customers.
- Items for which the turnover is quick, amounts large and maturities short.

5.3.9 The following aspects relate to the **presentation** of cash flow statements:

- The classification of interest and dividends received and paid is flexible. It should be treated consistently as either operating, investing, or financing activities.
- Cash flows from taxes on income are normally classified as operating.
- A forex transaction is recorded on the date of the cash flow.
- Foreign operations' cash flows are translated at exchange rates on dates of cash flows.
- An extraordinary item's cash flow should be classified according to the activity to which it belongs.
- When entities are equity- or cost-accounted, only actual cash flows from them are shown in the cash flow statement (e.g. dividends received).
- Cash flows from joint ventures are proportionately included in the cash flow statement.

5.4 DISCLOSURE

- Show in aggregate in respect of both the purchase or sale of a subsidiary or business unit:
  - – Total purchase or disposal consideration.
  - – Purchase or disposal consideration paid in cash and equivalents.
  - – Amount of cash and equivalents in the entity acquired or disposed of.
  - – Amount of assets and liabilities other than cash and equivalents in the entity acquired/disposed of.

- **la méthode indirecte :**
  - le résultat net de l'exercice est ajusté en tenant compte :
    - des effets des transactions sans effet de trésorerie ;
    - des décalages ou des régularisations ;
    - des flux de trésorerie liés aux activités d'investissement ou de financement.

5.3.5 Les flux de trésorerie provenant des **activités d'investissement** sont présentés comme suit :

- les principales catégories d'entrées et de sorties de trésorerie **brutes** sont présentées séparément ;
- l'ensemble des flux générés par l'acquisition ou la cession de filiales et d'autres centres de profits sont classés dans les activités d'investissements.

5.3.6 Les flux de trésorerie liés aux **activités de financement** sont présentés en séparant les principales catégories d'entrées et de sorties de trésorerie **brute.**

5.3.7 Les flux de trésorerie suivants peuvent être présentés pour un montant **net :**

- la trésorerie détenue pour le compte de clients ;
- les éléments dont le rythme de rotation est rapide, les montants élevés et les échéances courtes.

5.3.8 Les flux de trésorerie suivants des institutions financières doivent être présentés pour un montant **net :**

- la trésorerie détenue pour le compte de clients ;
- les éléments dont le rythme de rotation est rapide, les montants élevés et les échéances courtes.

5.3.9 Les points suivants sont relatifs à la **présentation** des tableaux de flux de trésorerie :

- la classification des intérêts et des dividendes reçus ou payés est flexible. Elle doit être traitée de façon permanente d'un exercice à l'autre soit en activités opérationnelles, soit en activités d'investissement, soit en activités de financement ;
- les flux de trésorerie provenant de l'impôt sur le résultat sont normalement classés dans les activités opérationnelles ;
- une transaction en monnaie étrangère est enregistrée à la date du flux de trésorerie ;
- les flux de trésorerie provenant de transactions en monnaie étrangère sont convertis au taux de change en vigueur à la date du flux de trésorerie ;
- les flux de trésorerie liés à des éléments extraordinaires doivent être classés selon la nature de l'activité à laquelle ils se rattachent ;
- lorsque des participations dans des entreprises sont comptabilisées au coût ou selon la méthode de la mise en équivalence, seuls les flux de trésorerie provenant de ces entreprises figurent au tableau des flux de trésorerie (par exemple : les dividendes perçus) ;
- les flux de trésorerie provenant des coentreprises sont présentés dans le tableau des flux de trésorerie proportionnellement à la participation.

5.4 PRÉSENTATION ET INFORMATIONS A FOURNIR

- L'achat ou la vente d'une filiale ou d'un centre de profit doit être présenté comme suit :
  - le montant total de l'achat ou de la cession ;
  - la portion du prix d'achat ou de cession payée en trésorerie ou en équivalents de trésorerie ;
  - le montant de la trésorerie ou des équivalents de trésorerie dont dispose l'entité acquise ou sortie ;
  - le montant de l'actif et du passif autre que la trésorerie et les équivalents de trésorerie appartenant à l'entité acquise ou détenue ;

- Cash and cash equivalents in the cash flow statement and a reconciliation with the equivalent items in the balance sheet.
- Details about non-cash investing and financing transactions (e.g. conversion of debt to equity).
- Amount of cash and equivalents that are not available for use by the group.
- Amount of undrawn borrowing facilities available for future operating activities and to settle capital commitments (indicating any restrictions).
- Aggregate amount of cash flows from each of the three activities related to interest in joint ventures.
- Amount of cash flows arising from each of the three activities regarding each reported business and geographical segment.
- Distinguish between the cash flows that represent an increase in operating capacity and those that represent the maintenance of it.

- La trésorerie et les équivalents de trésorerie figurant au tableau des flux de trésorerie et un rapprochement avec les éléments correspondants au bilan.
- Le détail des transactions d'investissement ou de financement n'ayant pas généré de flux de trésorerie (par exemple : la conversion des dettes en capitaux propres).
- Le montant de la trésorerie et d'équivalents de trésorerie qui ne sont pas disponibles pour une utilisation par le groupe.
- Le montant des facilités de crédit non utilisées qui pourraient être disponibles pour les activités opérationnelles futures et pour le règlement d'engagements relatifs à des dépenses en capital (il faut indiquer toutes les restrictions d'utilisation).
- Le montant global des flux de trésorerie relatifs aux participations détenues dans des coentreprises provenant de chacune des trois activités (opérationnelles, d'investissement et de financement).
- Le montant des flux de trésorerie générés par chacune des trois activités pour chaque secteur d'activité et pour chaque secteur géographique.
- La distinction entre les flux de trésorerie qui représentent une augmentation de la capacité de production et ceux qui sont nécessaires au maintien de la capacité de production.

CASE STUDY

CASH FLOW STATEMENTS

The following are the abridged annual financial statements of Linco Inc.

INCOME STATEMENT FOR THE YEAR ENDING 30 SEPTEMBER 20x4

	$
Revenue	850,000
Cost of sales	(637,500)
Gross profit	212,500
Administrative expenses	(28,100)
Operating expenses	(73,600)
Profit from operations	110,800
Finance cost	(15,800)
Profit before tax	95,000
Income tax expense	(44,000)
Net profit for the period	51,000

STATEMENT OF CHANGES IN EQUITY
FOR THE YEAR ENDING 30 SEPTEMBER 20x4

	Share capital	Revaluation reserve	Accumulated profit	Total
	$	$	$	$
Balance – beginning of the	120,000		121,000	241,000
Revaluation of buildings		20,000		20,000
Net profit for the period			51,000	51,000
Dividends paid			(25,000)	(25,000)
Repayment of share capital	(20,000)			(20,000)
Balance – end of the year	100,000	20,000	147,000	267,000

BALANCE SHEET AT 30 SEPTEMBER 20x4

	20x4	20x3
	$	$
ASSETS		
Non-current assets		
Property, plant and equipment		
Office buildings	250,000	220,000
Machinery	35,000	20,000
Motor vehicles	6,000	4,000
Long-term loans to directors	64,000	60,000
	355,000	304,000

ÉTUDE DE CAS

Les tableaux des Flux de Trésorerie

États financiers annuels abrégés de la société Linco Inc.

COMPTE DE RÉSULTAT DE L'EXERCICE CLOS LE 30 SEPTEMBRE 20x4

	$
Chiffre d'affaires	850 000
Coût des ventes	(637 500)
Marge brute	212 500
Charges administratives	(28 100)
Charges opérationnelles	(73 600)
Résultat opérationnel	110 800
Charges financières	(15 800)
Résultat avant impôt	95 000
Impôts sur les bénéfices	(44 000)
Résultat net de l'exercice	51 000

TABLEAU DE VARIATION DES CAPITAUX PROPRES DE L'EXERCICE CLOS LE 30 SEPTEMBRE 20x4

	Capital Social $	Écart de réévaluation $	Réserves et Résultat $	Total $
Solde en début d'exercice	120 000		121 000	241 000
Réévaluation des bâtiments		20 000		20 000
Résultat net de l'exercice			51 000	51 000
Dividendes payés			(25 000)	(25 000)
Remboursement du capital	(20 000)			(20 000)
Solde en fin d'exercice	100 000	20 000	147 000	267 000

BILAN AU 30 SEPTEMBRE 20x4

	20x4 $	20x3 $
ACTIF		
Actif immobilisé		
Immobilisations corporelles		
Bâtiments	250 000	220 000
Machines	35 000	20 000
Véhicules	6 000	4 000
Prêts à long terme aux dirigeants	64 000	60 000
	355 000	304 000

CASE STUDY

CASH FLOW STATEMENTS

CONTINUED

Current assets		
Inventories	82,000	42,000
Debtors	63,000	43,000
Prepaid expenses	21,000	16,000
Bank	–	6,000
	166,000	107,000
Total assets	**521,000**	**411,000**
EQUITY AND LIABILITIES		
Capital and reserves		
Share capital	100,000	120,000
Revaluation reserve	20,000	–
Accumulated profits	147,000	121,000
	267,000	241,000
Non-current liabilities		
Long-term borrowings	99,000	125,000
Current liabilities		
Creditors	72,000	35,000
Bank	43,000	–
Taxation due	40,000	10,000
	155,000	45,000
Total equity and liabilities	**521,000**	**411,000**

Additional information

1. The following depreciation charges are included in operating expenses:

   Machinery $25,000

   Motor vehicles $2,000

2. Fully depreciated machinery with an original cost price of $15,000, was sold for $5,000 during the year. The profit is included in operating expenses.

3. The financial manager mentions that the accountants allege the company is heading for a possible liquidity crisis. According to him the company struggled to meet its short-term obligations during the current year.

ÉTUDE DE CAS

LES TABLEAUX DES FLUX DE TRÉSORERIE

SUITE

Actif circulant		
Stocks	82 000	42 000
Créances	63 000	43 000
Charges payées d'avance	21 000	16 000
Disponibilité en banque	–	6 000
	166 000	107 000
Total de l'actif	**521 000**	**411 000**
PASSIF		
Capitaux propres		
Capital social	100 000	120 000
Écart de réévaluation	20 000	–
Réserves et Résultat	147 000	121 000
	267 000	241 000
Passif à long terme		
Emprunt à long terme	99 000	125 000
Passif à court terme		
Créanciers	72 000	35 000
Crédit bancaire	43 000	–
Impôt dû	40 000	10 000
	155 000	45 000
Total Passif	**521 000**	**411 000**

Informations complémentaires :

1. Les charges d'amortissement ci-dessous sont incluses dans les charges d'exploitation :

Machines $ 25 000

Véhicules $ 2 000

2. Une machine totalement amortie ayant une valeur d'acquisition de $ 15 000 a été vendue pour $ 5 000 pendant l'exercice. La plus-value est incluse dans les charges opérationnelles.

3. Le directeur financier a mentionné que les comptables ont déclaré que la société s'orientait vers une possible crise de liquidités. Selon lui, la société a eu du mal à remplir ses obligations à court terme pendant l'année.

CASE STUDY

CASH FLOW STATEMENTS

CONTINUED

The cash flow statement would be presented as follows if the **direct method** was used for its preparation:

LINCO INC.

CASH FLOW STATEMENT FOR THE YEAR ENDING 30 SEPTEMBER 20x4

	$
Cash flows from operating activities	
Cash receipts from customers **(Calculation e)**	830,000
Cash payments to suppliers and employees **(Calculation f)**	(725,200)
Net cash generated by operations	104,800
Interest paid	(15,800)
Taxation paid **(Calculation d)**	(14,000)
Dividends paid	(25,000)
	50,000
Cash flows from investing activities	
Purchases of property, plant and equipment **(Calc. a, b, c)**	(54,000)
Proceeds on sale of machinery	5,000
Loans to directors	(4,000)
	(53,000)
Cash flows from financing activities	
Decrease in long-term loan (125 – 99)	(26,000)
Repayment of share capital	(20,000)
	(46,000)
Net decrease in bank balance for the period	(49,000)
Bank balance at beginning of the year	6,000
Overdraft at end of the year	**(43,000)**

COMMENTARY

1. The total increase in creditors was used to partially finance the increase in working capital.
2. The rest of the increase in working capital, the interest paid, taxation paid, and dividends paid, were financed by cash generated from operations.
3. The remaining balance of cash generated by operating activities, as well as the proceeds on the sale of fixed assets, were used to finance the purchase of fixed assets.
4. The overdrawn bank was used for the repayment of share capital and the redemption of the long-term loan.

ÉTUDE DE CAS

LES TABLEAUX DES FLUX DE TRÉSORERIE

SUITE

Si la **méthode directe** était appliquée, le tableau de flux de trésorerie se présenterait comme suit :

LINCO INC.

TABLEAU DES FLUX DE TRÉSORERIE POUR L'EXERCICE CLOS LE 30 SEPTEMBRE 20x4

	$
Flux de trésorerie provenant des activités opérationnelles	
Encaissements reçus des clients **(calcul e)**	830 000
Sommes versées aux fournisseurs et employés **(calcul f)**	(725 200)
Trésorerie nette générée par l'exploitation	104 800
Intérêts payés	(15 800)
Impôts payés **(calcul d)**	(14 000)
Dividendes payés	(25 000)
	50 000
Flux de trésorerie provenant des activités d'investissement	
Acquisition d'immobilisations corporelles **(calculs a, b, c)**	(54 000)
Produit de la vente de matériel	5 000
Prêts aux dirigeants	(4 000)
	(53 000)
Flux de trésorerie provenant des activités de financement	
Diminution de la dette à long terme (125 – 99)	(26 000)
Remboursement du capital	(20 000)
	(46 000)
Diminution nette du solde bancaire pour l'exercice	(49 000)
Solde bancaire en début d'exercice	6 000
Découvert à la fin de l'exercice	**(43 000)**

COMMENTAIRES

1. La totalité de l'augmentation des créanciers a permis de financer partiellement le besoin en fonds de roulement (BFR).

2. Le reste de l'augmentation de BFR, les intérêts payés, les impôts payés et les dividendes payés ont été financés par la trésorerie générée par les activités opérationnelles.

3. Le reste de la trésorerie générée par les activités opérationnelles ainsi que la plus-value réalisée sur la vente des actifs immobilisés ont permis de financer l'achat d'actifs immobilisés.

4. Le découvert bancaire a été utilisé pour le remboursement du capital et de l'emprunt à long terme.

CASE STUDY

CASH FLOW STATEMENTS

CONTINUED

CALCULATIONS

	$
a. Office buildings	
Balance at beginning of year	220,000
Revaluation	20,000
Purchases (balancing figure)	10,000
Balance at end of the year	250,000
b. Machinery	
Balance at beginning of year	20,000
Depreciation	(25,000)
Purchases (balancing figure)	40,000
Balance at end of the year	35,000
c. Vehicles	
Balance at beginning of year	4,000
Depreciation	(2,000)
Purchases (balancing figure)	4,000
Balance at end of the year	6,000
d. Taxation	
Amount due at beginning of year	10,000
Charge in income statement	44,000
Paid in cash (balancing figure)	(14,000)
Amount due at end of the year	40,000
e. Cash receipts from customers	
Sales	850,000
Increase in debtors (63 – 43)	(20,000)
	830,000
f. Cash payments to suppliers and employees	
Cost of sales	637,500
Administrative expenses	28,100
Operating expenses	73,600
Adjusted for non-cash flow items:	
Depreciation	(27,000)
Profit on sale of machinery	5,000
Increase in inventories (82 – 42)	40,000
Increase in creditors (72 – 35)	(37,000)
Increase in prepaid expenses (21 – 16)	5,000
	725,200

ÉTUDE DE CAS

LES TABLEAUX DES FLUX DE TRÉSORERIE

SUITE

CALCULS $

a. Bâtiments

Solde initial de l'exercice	220 000
Réévaluation	20 000
Achats (solde)	10 000
Solde final	250 000

b. Machines

Solde initial de l'exercice	20 000
Dotation aux amortissements	(25 000)
Achats (solde)	40 000
Solde final	35 000

c. Véhicules

Solde initial de l'exercice	4 000
Amortissement	(2 000)
Achats (solde)	4 000
Solde final	6 000

d. Impôts

Montant dû à l'ouverture	10 000
Charge fiscale (compte de résultat)	44 000
Payé (solde)	(14 000)
Montant dû à la clôture	40 000

e. Encaissements reçus des clients

Ventes	850 000
Augmentation des créances (63 – 43)	(20 000)
	830 000

f. Sommes versées aux fournisseurs et aux employés

Coût des ventes	637 500
Charges administratives	28 100
Charges d'exploitation	73 600
Ajustement par les éléments ne générant pas de trésorerie	
Dotation aux amortissements	(27 000)
Produit de la vente de machine	5 000
Augmentation des stocks (82 – 42)	40 000
Augmentation des dettes (72 – 35)	(37 000)
Augmentation des charges payées d'avance (21 – 16)	5 000
	725 200

CHAPTER 6

NET PROFIT OR LOSS FOR THE PERIOD FUNDAMENTAL ERRORS, AND CHANGES IN ACCOUNTING POLICIES (IAS 8)

6.1 PROBLEMS ADDRESSED

The standard describes the classification, accounting treatment, and disclosure of selected items in the income statement to ensure that all enterprises treat them consistently.

6.2 SCOPE OF THE STANDARD

This standard should be applied in presenting profit or loss from ordinary activities, extraordinary items, as well as in the accounting for changes in accounting estimates, fundamental errors, and changes in accounting policies.

6.3 ACCOUNTING TREATMENT

6.3.1 **Results from ordinary activities** are those activities undertaken by an enterprise as part of its business and such related activities in which the enterprise engages. These results are included in profit before tax.

Income and expense items within profit or loss from ordinary activities that are of such size, nature or incidence that their disclosure is relevant to explain the performance of the enterprise for the period, should be disclosed separately (e.g., inventory write-downs, costs of restructuring, discontinuing operations, etc.).

6.3.2 **Extraordinary items** are income or expenses that arise from events or transactions that are clearly distinct from the ordinary activities of the enterprise and therefore are not expected to recur frequently (e.g., expropriations and natural disasters).

Extraordinary items are treated as a single line item on the face of the income statement, separate from profit or loss from ordinary activities.

6.3.3 **Changes in accounting estimates** relate to uncertainties inherent in business activities resulting in many items that cannot be measured with precision but can only be estimated. When difficult to distinguish between a change in accounting policy or a change in estimate, the latter is chosen.

The effect of such a change is included in the net profit or loss for the current period, or the current and future periods if the change affects both.

6.3.4 **Fundamental errors** are errors discovered in the current period that are of such significance that financial statements of previous period(s) can no longer be considered reliable at date of issue.

Benchmark treatment:

- Adjust opening balance of accumulated profits.
- Income statement comparatives are restated.
- Other reported comparatives are restated.

CHAPITRE 6

RÉSULTAT NET DE L'EXERCICE, ERREURS FONDAMENTALES ET CHANGEMENTS DE MÉTHODES COMPTABLES (IAS 8)

6.1 OBJECTIFS

La présente Norme décrit le classement, le traitement comptable et les informations à fournir de certains éléments dans le compte de résultat de façon à ce que l'ensemble des entreprises établissent et présentent ces éléments de façon cohérente et permanente.

6.2 CHAMP D'APPLICATION

La présente Norme doit être appliquée pour la présentation dans le compte de résultat du résultat des activités ordinaires et des éléments extraordinaires ainsi que pour la comptabilisation des changements d'estimations comptables, des erreurs fondamentales et des changements de méthodes comptables.

6.3 TRAITEMENT COMPTABLE

6.3.1 **Les activités ordinaires** recouvrent toute activité engagée par une entreprise dans le cadre de ses affaires ainsi que les activités liées dans le prolongement de ses activités. Ce résultat est inclus dans le résultat avant impôt.

Lorsque des éléments de produit et de charge résultant de l'activité ordinaire sont d'une importance, d'une nature ou d'une incidence telles que leur indication est pertinente pour expliquer la performance de l'entreprise au cours de l'exercice, la nature et le montant de ces éléments doivent être présentés séparément (par exemple, dépréciation exceptionnelle des stocks, coûts de restructuration, cessations d'activités, etc.).

6.3.2 **Les éléments extraordinaires** sont les produits ou les charges qui résultent d'événements ou de transactions clairement distincts de l'activité ordinaire de l'entreprise et qui ne sont pas appelés à se renouveler fréquemment (par exemple : expropriations, désastres naturels...).

Ces éléments extraordinaires sont regroupés en une seule ligne dans le compte de résultat, et sont donc distingués des résultats liés à l'activité ordinaire.

6.3.3 **Les changements d'estimations comptables** concernent les incertitudes inhérentes aux activités des entreprises. De nombreux éléments des états financiers ne peuvent être évalués avec précision et ne peuvent faire l'objet que d'une estimation. S'il s'avère difficile de distinguer un changement de méthode comptable d'un changement dans l'estimation, c'est cette dernière alternative qui est choisie.

L'effet d'un tel changement est inclus dans le résultat net de l'exercice en cours ou des exercices futurs, si ce changement les affecte également.

6.3.4 **Les erreurs fondamentales** sont des erreurs découvertes pendant l'exercice en cours et qui sont d'une importance telle que les états financiers des exercices précédents ne peuvent plus être considérés comme fiables à la date de leur publication.

Traitement de référence :

- ajuster le solde à l'ouverture des résultats non distribués ;
- retraiter les informations comparatives du compte de résultat ;
- retraiter les autres informations comparatives.

Allowed alternative:

- The amount of the correction is included net profit or loss for the current period.
- Comparatives are not restated.
- Pro-forma comparatives are furnished.

6.3.5 Change in accounting policies: Accounting policies are the specific principles, bases, conventions, rules, and practices adopted by an enterprise in preparing and presenting financial statements. They are applied consistently from period to period. A **change** in accounting policy is allowable under one of the following conditions only:

- Required by statute.
- Required by an accounting standard-setting body (i.e., adoption of an IAS).
- The change will result in a more appropriate presentation.

Benchmark treatment:

- Refer to any transitional provisions for the adoption of an IAS.
- Apply retrospectively:
  - Adjust opening accumulated profits.
  - Restate comparatives.
- Apply prospectively if impracticable to restate prior period(s).

Allowed alternative:

- The amount of retrospective application of the change in policy is included in net profit or loss for the current period.
- Comparatives are not restated.
- Pro-forma comparatives are furnished.
- Prospective application is allowed if retrospective application is impracticable.

6.4 DISCLOSURE

6.4.1 Separately disclosable items within profit/loss from ordinary activities

- Nature.
- Amount before and after tax.

6.4.2 Extraordinary items

- Nature.
- Amount.
- Tax effect.
- Minority interest.

6.4.3 Change in accounting estimates

- Nature.
- Amount before and after tax.

6.4.4 Fundamental errors

- Nature.
- Amount of correction in current and previous periods.
- Tax effect.
- Minority interest.
- Fact that comparatives are restated.
- Reason if comparatives are not restated.

Autre traitement autorisé :

- le montant de la correction est comptabilisé dans le résultat net de l'exercice en cours ;
- les informations comparatives ne sont pas retraitées ;
- des comparatifs « pro-forma » sont présentés.

6.3.5 **Changement de méthodes comptables :** les méthodes comptables sont les principes, bases, conventions, règles et pratiques spécifiques appliqués par une entreprise pour établir et présenter ses états financiers. Elles sont appliquées de façon permanente d'un exercice à un autre. Un **changement** de méthode comptable n'est acceptable que si l'une des conditions suivantes est remplie :

- si le changement est imposé par une réglementation ;
- si le changement est imposé par un organisme de normalisation comptable (par exemple, adoption d'une IAS) ;
- si le changement permet une présentation plus appropriée.

Traitement de référence :

- se référer à toutes les dispositions transitoires préalables à l'adoption d'une Norme IAS ;
- procéder rétrospectivement à :
  - un ajustement du solde à l'ouverture des résultats non distribués ;
  - un retraitement des informations comparatives ;
- appliquer de façon prospective s'il est impossible de retraiter l'(les) exercice(s) précédent(s).

Autre traitement autorisé :

- le montant de l'application rétrospective du changement de méthode est inclus dans le compte de résultat de l'exercice en cours ;
- les informations comparatives ne sont pas retraitées ;
- des comparatifs « pro-forma » sont fournis ;
- l'application de façon prospective est permise si une application rétrospective est impossible.

6.4 PRÉSENTATION ET INFORMATIONS A FOURNIR

6.4.1 **Présentation séparée des éléments** concernant les activités ordinaires en fonction de :

- la nature ;
- le montant avant et après impôt.

6.4.2 **Éléments extraordinaires :**

- nature ;
- montant ;
- incidence fiscale ;
- intérêts minoritaires.

6.4.3 **Changement dans les estimations comptables :**

- nature ;
- montant avant et après impôt.

6.4.4 **Erreurs fondamentales :**

- nature ;
- montant de la correction pour l'exercice en cours et les exercices antérieurs ;
- incidence fiscale ;
- intérêts minoritaires ;
- indication du retraitement des informations comparatives ;
- raison pour laquelle les informations comparatives n'ont pas été retraitées.

6.4.5 Change in accounting policies

- Reason(s) for change.
- Amount adjusted in current and previous periods.
- Tax effect.
- Minority interest.
- Fact that comparatives are restated.
- Reason for comparatives not being restated.

6.4.5 Changement de méthodes comptables :

- raison(s) du changement ;
- montant de la correction pour les exercices en cours et antérieurs ;
- incidence fiscale ;
- intérêts minoritaires ;
- indication du retraitement des informations comparatives ;
- raison pour laquelle les informations comparatives n'ont pas été retraitées.

CASE STUDY

NET PROFIT OR LOSS FOR THE PERIOD, FUNDAMENTAL ERRORS, AND CHANGES IN ACCOUNTING POLICIES

Unicurio Inc. is a manufacturer of curios that are sold at international airports. The following unusual transactions and events occurred during the year under review:

1. A $ 1.9 million adjustment was made to the provision for depreciation on the review of the expected life and use of the plant.
2. Bonuses of $ 12 million, compared to $ 2.3 million of the previous year, had been paid to employees. The financial manager explains that a new incentive scheme was adopted whereby all employees shared in increased sales.
3. There was a $ 1.25 million profit on the expropriation by government of land that was shown at fair value in the financial statements.
4. During the year the corporation was responsible for the formation of the ECA Foundation, which donates funds to welfare organizations. This foundation forms part of the corporation's social investment program. The company contributed $ 7 million to the fund.

Each of the transactions and events mentioned above would be **treated** as follows **in the income statement** for the current year:

1. This is a change in accounting estimate (see paragraph 6.3.3), which should be included in profit or loss from ordinary activities. The nature and amount of the change in accounting estimate that has a material effect in the current period should be disclosed (normally in a note).
2. Due to its nature and size, this is a separately disclosable item within profit or loss from ordinary activities (see paragraph 6.3.1). The nature and amount of the item should be disclosed separately.
3. This is an extraordinary item (see paragraph 6.3.2), which is clearly distinct from the ordinary activities. The nature and amount of the item should be disclosed separately and not as part of profit or loss from ordinary activities.
4. The social upliftment program is part of ordinary activities. The amount could be shown separately, if it were abnormal in size compared to previous years. Otherwise, it should be included as a non-disclosable item in profit or loss from ordinary activities.

ÉTUDE DE CAS

RÉSULTAT NET DE L'EXERCICE, ERREURS FONDAMENTALES ET CHANGEMENTS DE MÉTHODES COMPTABLES

La société Unicurio Inc. est un fabricant de bibelots, vendus dans les aéroports internationaux. Les transactions et les événements inhabituels suivants se sont produits pendant l'exercice :

1. Une provision pour dépréciation de $ 1,9 million a été passée après réexamen de la durée de vie et d'utilisation de l'usine.

2. Des primes de $ 12 millions, comparés aux $ 2,3 millions de l'année précédente, ont été payées aux employés. Le directeur financier explique qu'un nouveau programme d'intéressement a été adopté par lequel tous les employés prennent part à l'augmentation des ventes.

3. Il y a eu un produit de $ 1,25 million lié à l'expropriation par l'Etat de terrains, qui apparaissaient à leur juste valeur dans les états financiers.

4. Pendant l'exercice, la société a créé la fondation ECA, qui donne des fonds à des organisations caritatives. Cette fondation fait partie du programme d'investissement social de l'entreprise, qui y a consacré $ 7 millions de dollars.

Chacune des transactions et chacun des événements mentionnés ci-dessus doivent être **traités ainsi dans le compte de résultat** de l'exercice en cours :

1. Ceci est un changement d'estimation comptable (voir paragraphe 6.3.3), qui doit être inclus dans les produits et charges des activités ordinaires. Lorsque le changement d'estimation comptable a un effet significatif sur la période en cours, la nature et le montant de ce changement doivent faire l'objet d'une information (normalement dans une note).

2. Du fait de sa nature et de sa taille, il s'agit d'un élément qui peut être présenté séparément dans les produits et charges des activités ordinaires (voir paragraphe 6.3.1). La nature et le montant de cet élément doivent être présentés séparément.

3. Il s'agit d'un élément extraordinaire (voir paragraphe 6.3.2), qui est clairement distinct des activités ordinaires. La nature et le montant de ce poste doivent être présentés séparément dans les produits et charges des activités ordinaires.

4. Le programme social fait partie des activités ordinaires de l'entreprise. Le montant pourrait être présenté séparément, si sa taille était anormale comparée aux programmes des années précédentes. Sinon, il devrait être inclus comme un élément non séparé dans les produits et charges des activités ordinaires.

CHAPTER 7

EVENTS AFTER THE BALANCE SHEET DATE (IAS 10)

7.1 PROBLEMS ADDRESSED

The standard prescribes the appropriate accounting treatment for events that occur subsequent to the balance sheet date but before the date that the financial statements are approved for issue. These events may indicate the need for adjustments to the amounts recognized in the financial statements or require disclosure.

7.2 SCOPE OF THE STANDARD

The standard should be applied in the accounting and disclosure of all post-balance sheet events, both favorable and unfavorable, that occur before the date on which the financial statements are authorized for issue.

7.3 ACCOUNTING TREATMENT

7.3.1 Two types of events can be distinguished:

- Adjusting events providing additional evidence of conditions existing **at** the balance sheet date (the origin of the event is in the current reporting period).
- Non-adjusting events indicative of conditions arising **after** the balance sheet date.

7.3.2 The process of **authorization** for issue of financial statements will depend on the form of the enterprise and its management structure. The date of authorization for issue would normally be the date on which the financial statements are authorized for issue outside the enterprise.

7.3.3 Amounts recognized in the financial statements of an enterprise are **adjusted** for events occurring after the balance sheet date that provide additional information about conditions existing at the balance sheet date, and therefore allow these amounts to be estimated more accurately (e.g., adjustments may be required for a loss recognized on a trade debtor that is confirmed by the bankruptcy of a customer after the balance sheet date).

7.3.4 If events occur after the balance sheet date that do not affect the condition of assets and liabilities at the balance sheet date, **no adjustment** is required. However, disclosure should be made of such events if they are of such importance that non-disclosure would affect decisions made by users of the financial statements (e.g., if an earthquake destructs a major portion of the manufacturing plant of the enterprise after the balance sheet date).

7.3.5 Dividends stated should be in respect of the period covered by the financial statements; those that are proposed or declared after the balance sheet date but before approval of the financial statements should not be recognized as a liability at the balance sheet date. An enterprise may give the required disclosure of such dividends either on the face of the balance sheet as a separate component of equity or in the notes to the financial statements.

7.3.6 An enterprise should not prepare financial statements on a going concern basis if management determines after the balance sheet date either that it intends to liquidate the enterprise or to cease trading, or that it has no realistic alternative but to do the aforementioned.

Chapitre 7

Événements postérieurs à la clôture de l'exercice (IAS 10)

7.1 OBJECTIFS

La présente Norme décrit le traitement comptable à appliquer aux événements survenus après la date de clôture de l'exercice mais avant la date à laquelle la publication des états financiers est autorisée. Il s'agit d'indiquer les ajustements que ces événements impliquent dans les montants figurant dans les états financiers.

7.2 CHAMP D'APPLICATION

La présente Norme s'applique à la comptabilisation et les informations à fournir concernant tous les événements favorables ou défavorables, survenus après la date de clôture mais avant la date à laquelle la publication des états financiers est autorisée.

7.3 TRAITEMENT COMPTABLE

7.3.1 Deux types d'événements peuvent être distingués :

- événements donnant lieu à ajustement car ils contribuent à confirmer des circonstances qui existaient **à la date** de clôture (l'événement trouve son origine pendant l'exercice) ;
- événements ne donnant pas lieu à ajustement qui indiquent des circonstances apparues **postérieurement à la date** de clôture.

7.3.2 Le processus suivi pour **autoriser** la publication des états financiers varie selon la structure de l'entreprise et de ses organes de direction. La date d'autorisation de publication doit normalement être la date à laquelle les états financiers sont approuvés pour une publication à l'extérieur de l'entreprise.

7.3.3 Les montants comptabilisés dans les états financiers d'une entreprise sont **ajustés** lorsque des événements postérieurs à la clôture de l'exercice apportent des informations supplémentaires permettant de mieux estimer les montants relatifs aux situations existantes à la clôture de l'exercice (par exemple, des ajustements seraient requis pour une perte sur créance lorsque celle-ci est confirmée par la faillite d'un client après la date de clôture).

7.3.4 Si les événements se produisent après la date de clôture de l'exercice et n'affectent pas la situation de l'actif et du passif pour la période précédant la clôture, **aucun ajustement** n'est nécessaire. Cependant, ces événements doivent faire l'objet d'une information s'ils sont d'une importance telle que leur omission pourrait affecter les décisions prises par les utilisateurs des états financiers (par exemple, si un tremblement de terre détruit une grande partie de l'usine après la date de clôture).

7.3.5 Les dividendes décidés doivent correspondre à la période couverte par les états financiers ; ceux qui sont proposés ou décidés après la date de clôture, mais avant la date à laquelle la publication des états financiers est autorisée, ne doivent pas être comptabilisés en passif à la clôture de l'exercice. Une entreprise peut donner l'information nécessaire soit dans le bilan, sur une ligne spécifique des capitaux propres, soit dans les notes annexes aux états financiers.

7.3.6 Une entreprise ne doit pas préparer ses états financiers sur la base du principe de continuité d'exploitation si la direction décide, après la date de clôture, de liquider l'entreprise ou de cesser son activité ou bien si elle n'a pas d'autre choix que l'une des possibilités mentionnées ci-dessus.

7.4 DISCLOSURE

7.4.1 Date of authorization for issue

- Date when financial statements were authorized for issue.
- Who gave the authorization.
- If any party has the power to amend the financial statements after issuance, this fact should be stated.

7.4.2 Non-adjusting events

For non-adjusting events that would affect the ability of the users to make proper evaluations and decisions, the following should be disclosed:

- Nature of the event.
- Estimate of the financial effect.
- A statement if such an estimate cannot be made.

7.4.3 Updating disclosures on conditions at balance sheet date

Update disclosures that relate to conditions that existed at the balance sheet date, in the light of any new information about those conditions that is received after the balance sheet date.

7.4 INFORMATIONS A FOURNIR

7.4.1 Date d'autorisation de publication :

- date à laquelle la publication des états financiers est autorisée ;
- qui a donné l'autorisation ;
- dans le cas où il existe une possibilité de modifier les états financiers après publication, cette possibilité doit être indiquée.

7.4.2 Événements ne donnant pas lieu à ajustement

Pour les événements ne donnant pas lieu à ajustement mais qui vont affecter la capacité des utilisateurs des états financiers à faire des évaluations et à prendre des décisions correctes, les informations suivantes doivent être fournies :

- nature de l'événement ;
- estimation de l'impact financier ;
- si une telle estimation ne peut pas être faite, l'indiquer.

7.4.3 Mise à jour des informations sur la situation à la date de clôture

Mise à jour des informations sur la situation à la date de clôture pour tenir compte de toute information nouvelle intervenue depuis la clôture.

CASE STUDY

EVENTS AFTER THE BALANCE SHEET DATE

A corporation with a balance sheet date of 31 December has a foreign long-term liability that is not covered by a foreign exchange contract. The foreign currency amount was converted at the closing rate on 31 December 20x4 and is shown in the accounting records at the local currency, LC2.0 million.

The local currency dropped significantly against the US dollar on 27 February 20x5. On this date, management decided to hedge further exposure by taking out a foreign currency forward exchange contract, which limited the eventual liability to LC6.0 million. If this situation were to apply at the balance sheet date, it would result in the corporation's liabilities exceeding the fair value of its assets.

The situation under discussion falls within the definition of **post-balance sheet events** and specifically those events that refer to conditions arising after the balance sheet date.

The loss of LC4.0 million that arises in 20x5 must be recognized in the 20x5 income statement. No provision in respect of the loss may be made in the financial statements for the year ending 31 December 20x4.

However, consideration should be given to whether it would be appropriate to apply the **going concern** concept in the preparation of the financial statements. The date and frequency of repayment of the liability will have to be considered.

The following information should be **disclosed in a note** to the financial statements for the year ending 31 December 20x4:

- The nature of the events.
- An estimate of the financial effect, in this case LC4.0 million.

ÉTUDE DE CAS

ÉVÉNEMENTS POSTÉRIEURS À LA CLÔTURE DE L'EXERCICE

Une entreprise, qui clôt son exercice comptable le 31 décembre, a une dette à long terme libellée en devise étrangère qui n'est pas couverte par un contrat de change à terme. Le montant en devise étrangère a été converti au taux de clôture du 31 décembre 20x4 et est présenté dans les comptes en Monnaie Locale (ML) pour une somme de ML 2 millions.

La valeur de la Monnaie Locale a baissé de façon significative par rapport au dollar US le 27 février 20x5. A cette date, la direction a décidé de couvrir ses risques futurs par un swap, pour limiter la perte latente à ML 6 millions. Si cette situation avait existé à la date de clôture, les dettes de l'entreprise auraient dépassé la juste valeur des actifs.

Il s'agit d'un événement rentrant dans la définition d'**événements postérieurs à la clôture de l'exercice,** et plus particulièrement il s'agit de conditions nées après la date de clôture.

La perte de ML 4 millions qui est née en 20x5 doit être rattachée au compte de résultat de 20x5. Aucune provision relative à cette perte ne peut être comptabilisée dans les états financiers de l'exercice clos le 31 décembre 20x4.

Cependant, on peut se demander s'il est correct de préparer les états financiers sur la base du principe de continuité d'exploitation. Il faut considérer la date et la fréquence du (des) remboursement(s) de la dette.

Les informations suivantes doivent être **portées en annexe des états financiers** pour l'exercice clos le 31 décembre 20x4 :

- la nature des engagements ;
- une estimation de l'impact financier, en l'espèce ML 4 millions.

CHAPTER 8

CONSTRUCTION CONTRACTS (IAS 11)

8.1 PROBLEMS ADDRESSED

The standard deals with the accounting treatment of construction contract revenue and costs, with a focus on:

- Proper matching of contract revenue and related costs.
- The allocation of contract revenue and costs to the accounting periods in which construction work is performed.

8.2 SCOPE OF THE STANDARD

Those construction contracts of which the dates of contracting and of completion typically fall in different accounting periods. They include contracts for:

- Rendering of services.
- Destruction or restoration of assets and the restoration of the environment.

8.3 ACCOUNTING TREATMENT

8.3.1 Two types of contracts are distinguished, namely:

- **Fixed price contracts** usually a fixed contract price subject to cost escalation clauses.
- **Cost plus contracts** the contract costs plus a percentage of these costs or a fixed fee.

8.3.2 The principles of the IAS are normally applied separately to each contract, which may be specifically negotiated for the construction of:

- an asset, (e.g., a bridge), or
- a combination of assets that are closely interrelated or interdependent in terms of their **design, technology** and **function/use** (e.g., specialized production plants).

A group of contracts should be treated as a **single** construction contract if it was negotiated as a single package.

8.3.3 The following contracts should be treated as **separate** construction contracts:

- A contract for a number of assets if separate proposals have been submitted for each asset.
- An additional asset constructed at the option of the customer that was not part of the original contract.

8.3.4 **Contract revenue** comprise:

- The initial agreed contract amount.
- Variations, claims, and incentive payments to the extent that:
  - it is probable that they will realize, and
  - they are capable of being reliably measured.

CHAPITRE 8

CONTRATS DE CONSTRUCTION (IAS 11)

8.1 OBJECTIFS

La présente Norme traite de la comptabilisation des produits et des coûts relatifs aux contrats de construction et plus particulièrement de :

- l'affectation correcte des produits et des coûts correspondant au contrat ;
- l'imputation des produits et des coûts du contrat aux exercices au cours desquels les travaux de construction sont exécutés.

8.2 CHAMP D'APPLICATION

Ces contrats de construction, dont les dates de démarrage et d'achèvement se situent en général dans des exercices différents, couvrent les contrats :

- de prestations de services ;
- de destruction ou de remise en état d'actifs et des contrats de remise en état de l'environnement.

8.3 TRAITEMENT COMPTABLE

8.3.1 On distingue deux catégories de contrats :

- **les contrats à forfait,** où il existe en général un prix fixe pour le contrat et des clauses de révision de prix ;
- **les contrats en régie,** pour lesquels on ajoute aux coûts du contrat une rémunération proportionnelle à ces coûts ou une rémunération fixe.

8.3.2 Les dispositions des Normes IAS sont normalement appliquées séparément à chaque contrat de construction qui peut être négocié plus particulièrement pour la construction :

- d'un actif (par exemple, un pont) ou,
- d'un ensemble d'actifs qui sont étroitement liés ou interdépendants en termes de **conception,** de **technologie,** et de **fonction/utilisation** (par exemple, des usines spécialisées de production).

Un ensemble de contrats doit être traité comme un contrat de construction **unique,** lorsqu'il est négocié comme un marché global.

8.3.3 Les contrats suivants doivent être traités comme des contrats de construction **distincts :**

- un contrat concernant plusieurs actifs si des propositions distinctes ont été soumises pour chaque actif ;
- un actif supplémentaire est construit à la demande du client alors qu'il n'est pas inclus dans le contrat initial.

8.3.4 Les **produits du contrat** doivent comprendre :

- le montant initial des produits convenu dans le contrat ;
- les modifications dans les travaux du contrat, les réclamations et les primes de performance dans la mesure où :
  - il est probable qu'elles se réalisent, et
  - elles peuvent être évaluées de façon fiable.

8.3.5 **Contract costs** comprise:

- Direct contract costs (e.g., materials).
- General contract costs (e.g., insurance).
- Costs specifically chargeable to the customer in terms of the contract (e.g., administrative costs).

8.3.6 If the **outcome** of a construction contract can be estimated reliably, revenue and costs (profit) should be recognized based on the stage of completion (percentage of completion method).

Methods to determine the stage of completion include:

- Portion of costs incurred in relation to estimated total costs.
- Surveys of work performed.
- Physical stage of completion.

8.3.7 Contract revenue is recognized based on the work performed during the accounting period. The related contract costs of the work performed is recognized accordingly and **matched** with the income in order to determine the contract profit for the period.

8.3.8 If the outcome of a contract cannot be reliably estimated (e.g., at the early stages of a contract):

- Recognize revenue to the extent that it is probable to recover contract costs.
- Recognize contract costs incurred.

8.3.9 Any expected excess of **total** contract costs over **total** contract revenue is recognized as an expense immediately.

8.4 DISCLOSURE

Accounting policies

- Methods used for revenue recognition.
- Methods used for stage of completion.

Income statement

- Amount of contract revenue recognized.

Balance sheet and notes

- Amount of advances received.
- Amount of retention monies.
- Contracts in progress being costs-to-date-plus-profits or costs-to-date-less-losses.
- Gross amount due from customers (assets).
- Gross amount due to customers (liabilities).
- Contingent assets and contingent liabilities (e.g., claims).

8.3.5 Les **coûts des contrats** doivent comprendre :

- les coûts directs du contrat (par exemple, les matériaux) ;
- les frais généraux du contrat (par exemple, les frais d'assurance) ;
- les coûts qui peuvent être spécifiquement mis à la charge du client en vertu des termes du contrat (par exemple, les frais administratifs).

8.3.6 Lorsque le **résultat** d'un contrat de construction peut-être estimé de façon fiable, les produits et les coûts doivent être comptabilisés en fonction du degré d'avancement des travaux (la méthode du pourcentage d'avancement).

Les méthodes pour déterminer le pourcentage d'avancement tiennent compte de :

- la part des coûts encourus par rapport aux coûts totaux estimés ;
- des examens des travaux exécutés ;
- l'avancement, en termes physiques, des travaux.

8.3.7 Les produits du contrat sont comptabilisés sur la base des travaux exécutés au cours de l'exercice comptable considéré. Les coûts relatifs aux travaux exécutés sont par conséquent comptabilisés et sont **comparés** aux produits pour déterminer le bénéfice du contrat pour la période.

8.3.8 Lorsque le résultat d'un contrat ne peut être estimé de manière fiable (par exemple aux premiers stades d'exécution du contrat) :

- les produits sont comptabilisés dans la limite des coûts du contrat encourus qui seront probablement recouvrables ;
- les coûts du contrat sont comptabilisés en charges dans l'exercice au cours duquel ils sont encourus.

8.3.9 Tout excédent attendu des coûts du contrat sur le **total** des produits doit être immédiatement comptabilisé en charges.

8.4 INFORMATIONS A FOURNIR

Méthodes Comptables

- Les méthodes utilisées pour la comptabilisation des produits.
- Les méthodes utilisées pour mesurer le degré d'avancement du contrat.

Compte de Résultat

- Montant des produits du contrat comptabilisés.

Bilan et Annexes

- Montant des avances reçues.
- Montant des retenues.
- Le montant total des coûts encourus et des bénéfices comptabilisés (moins les pertes comptabilisées) jusqu'à la date considérée.
- Le montant brut dû par les clients (actifs).
- Le montant brut dû aux clients (passifs).
- Les actifs éventuels et les passifs éventuels (par exemple : les litiges).

CASE STUDY

CONSTRUCTION CONTRACTS

Omega Inc. started a four-year contract to build a dam. Activities commenced on 1 February 20x3. The total contract price amounted to $12,000,000, and it was estimated that the work would be completed at a total cost of $9,500,000. In the construction agreement the customer agreed to accept increases in wage tariffs additional to the contract price.

The following information refers to contract activities for the financial year ending 31 December 20x3:

1. Costs for the year:

	$
• Material	1,400,000
• Labor	800,000
• Operating overheads	150,000
• Subcontractors	180,000

2. Current estimate of total contract costs indicates as follows:
- Materials to be $180,000 higher than expected.
- Total labor costs to be$ 300,000 higher than expected. Of this amount, only $240,000 would be brought about by increased wage tariffs. The other amount would be due to inefficiencies.
- A savings of $30,000 is expected on operating overheads.

3. During the current financial year the customer requested a variation to the original contract and it was agreed that the contract price would be increased by $900,000. The total estimated cost of this extra work is $750,000.

4. By the end of 20x3, certificates issued by quantity surveyors indicated a 25% stage of completion.

CONTRACT PROFIT RECOGNIZED FOR THE YEAR ENDING 31 DECEMBER 20x3:

	Option 1 $'000	**Option 2 $'000**
Contact revenue **(Calculation d)**	3,107	3,285
Contract costs to date **(Calculation a)**	(2,530)	(2,530)
	577	755

CALCULATIONS	**$'000**
a. Contract costs	
• Materials	1,400
• Labor	800
• Operating overheads	150
• Subcontractors	180
	2,530

ÉTUDE DE CAS

CONTRATS DE CONSTRUCTION

La société Omega Inc., a démarré un contrat de 4 ans pour la construction d'un barrage. Les travaux ont commencé le 1er février 20x3. Le prix total du contrat était de $ 12 000 000 et le coût total des travaux est estimé à $ 9 500 000. Dans le contrat de construction, le client a accepté de répercuter l'augmentation des salaires sur le prix du contrat.

Les informations suivantes concernent les activités du contrat à la fin de l'exercice clos au 31 décembre 20x3 :

1. Les coûts de l'année en cours :

	$
• Matériaux de construction	1 400 000
• Main-d'œuvre	800 000
• Frais généraux	150 000
• Sous-traitance	180 000

2. L'estimation actuelle du coût total du contrat se présente ainsi :
- Le coût des matériaux dépassera les prévisions de $ 180 000.
- Le coût total de la main-d'œuvre dépassera de $ 300 000 les prévisions. De ce montant, seulement $ 240 000 correspondent aux augmentations des salaires. Le montant supplémentaire est dû à un manque d'efficacité.
- $ 30 000 pourraient être économisés sur les frais généraux.

3. Pendant l'exercice, le client a demandé une modification du contrat d'origine et il a été convenu que le prix du contrat serait augmenté de $ 900 000. Le coût total des travaux supplémentaires est estimé à $ 750 000.

4. À la fin 20x3, les certificats émis par le maître d'œuvre indiquent que le stade d'avancement est de 25 %.

CONTRAT COMPTABILISÉ À LA FIN DE L'EXERCICE CLOS LE 31 DÉCEMBRE 20x3 :

	Option 1 $ '000	**Option 2 $ '000**
Produit du contrat **(calcul d)**	3 107	3 285
Coûts du contrat encourus à la fin de l'exercice **(calcul a)**	(2 530)	(2 530)
	577	755

CALCULS

a. Coûts du contrat	**$ '000**
• Matériaux	1 400
• Main-d'œuvre	800
• Frais généraux	150
• Sous-traitance	180
	2 530

CASE STUDY

CONSTRUCTION CONTRACTS

CONTINUED

b. Revised estimated total costs until end of contract

• Original estimate	9,500
• Materials	180
• Labor	300
• Operating overheads	(30)
• Variation	750
	10,700

c. Amended contract price

• Original amount	12,000
• Labor (wage increases added to contract price)	240
• Variation	900
	13,140

d. Contract revenue	**Option 1**	**Option 2**
Based on contract costs **in proportion to** estimated total contract costs:		
2,530 ÷ 10,700 × 13,140 (rounded off)	3,107	
Based on work certified: 25% × 13,140		3,285

ÉTUDE DE CAS

CONTRATS DE CONSTRUCTION

SUITE

b. Révision des estimations du coût total jusqu'à la fin du contrat

• Estimation initiale	9 500
• Matériaux	180
• Main-d'œuvre	300
• Frais généraux	(30)
• Coût de l'avenant	750
	10 700

c. Prix du contrat modifié

• Montant initial	12 000
• Main-d'œuvre (hausse des salaires ajoutés au prix du contrat)	240
• Montant de l'avenant	900
	13 140

d. Les produits du contrat	**Option 1**	**Option 2**
Basés sur les coûts du contrat **au prorata** des coûts totaux estimés : 2 530 ÷ 10 700 × 13 140 (arrondi)	3 107	
Basés sur le travail certifié :		
25 % × 13 140		3 285

CHAPTER 9

INCOME TAXES (IAS 12)

9.1 PROBLEMS ADDRESSED

The IAS addresses the principle of how to account for the current and future tax consequences of:

- The future recovery (settlement) of the carrying amount of assets (liabilities) in the balance sheet.
- Transactions and other events of the current period that are recognized in an enterprise's financial statements.

9.2 SCOPE OF THE STANDARD

This standard deals with all income taxes **including** domestic, foreign, and withholding taxes as well as income tax consequences of dividend payments.

9.3 ACCOUNTING TREATMENT

9.3.1 **Current tax** is the amount of income taxes payable or recoverable in respect of the current period.

9.3.2 **Deferred tax** is the amount of income taxes payable or recoverable in **future periods** in respect of:

- Temporary differences.
- Carry forward of unused tax losses.
- Carry forward of unused tax credits.

9.3.3 **Temporary differences** are differences between the tax base of an item and its carrying amount, being:

- **Taxable temporary differences** resulting in taxable amounts in future periods.

  or

- **Deductible temporary differences** resulting in amounts that are deductible from income taxes that become payable in future periods.

9.3.4 The **tax base** of an item is the amount attributed to that item for tax purposes by tax authorities.

9.3.5 **Current tax balances** should be recognized as follows:

- Raise a liability (asset) for unpaid (overpaid) current taxes.
- Benefit of a tax loss carried back should be recognized as an asset.

9.3.6 A **deferred tax liability** is recognized for all taxable temporary differences, except when it arises from:

- goodwill for which amortization is not deductible for tax purposes, or
- the initial recognition of an asset or liability in a transaction which:
  - is not a business combination, **and**
  - at the time of the transaction affects neither accounting nor taxable profit.

CHAPITRE 9

IMPÔTS SUR LE RÉSULTAT (IAS 12)

9.1 OBJECTIFS

Cette Norme IAS aborde la manière de rendre compte des conséquences fiscales actuelle **et** future :

- du recouvrement futur (règlement) de la valeur comptable des actifs (passifs) portés au bilan ;
- des transactions et autres événements de l'exercice en cours qui sont comptabilisés dans les états financiers d'une entreprise.

9.2 CHAMP D'APPLICATION

Cette Norme s'applique à tous les impôts sur les bénéfices, **y compris** les impôts nationaux, étrangers, et en ce qui concerne les groupes, les impôts retenus à la source et les impôts liés aux distributions de dividences.

9.3 TRAITEMENT COMPTABLE

9.3.1 **L'impôt exigible** est le montant des impôts sur les bénéfices payable ou récupérable au titre de l'exercice.

9.3.2 **L'impôt différé** est le montant de l'impôt sur les bénéfices payable ou récupérable au cours d'**exercices futurs** au titre :

- des différences temporelles ;
- du report en avant de pertes fiscales inutilisées ;
- du report en avant de crédits d'impôt inutilisés.

9.3.3 **Les différences temporelles** sont les différences entre la valeur comptable d'un poste du bilan et sa base fiscale. Elles peuvent être soit :

- **des différences temporelles imposables,** générant des montants imposables au titre d'exercices futurs,

ou

- **des différences temporelles déductibles,** générant des montants qui seront déductibles de l'impôt sur les bénéfices au titre d'exercices futurs.

9.3.4 **La base fiscale** d'un actif ou d'un passif est le montant attribué par l'Administration Fiscale à cet élément à des fins fiscales.

9.3.5 **Les soldes de l'impôt exigible** doivent être comptabilisés comme suit :

- faire apparaître au passif l'impôt exigible non payé et à l'actif l'excédent d'impôt exigible ;
- l'avantage lié à une perte fiscale reportée en arrière doit être comptabilisé à l'actif.

9.3.6 **Un passif d'impôt différé** est comptabilisé pour toutes les différences temporelles imposables, sauf quand il provient de :

- un écart d'acquisition (goodwill) dont l'amortissement n'est pas déductible fiscalement ;
- la comptabilisation initiale d'un actif ou d'un passif dans une transaction qui :
  - n'est pas un regroupement d'entreprises, **et**
  - n'affecte ni le bénéfice comptable ni le bénéfice imposable au moment de la transaction.

9.3.7 A **deferred tax asset** is recognized for deductible temporary differences to the extent that it is **probably** recoverable from future taxable profits. A deferred tax asset is not recognized when it arises from:

- the initial recognition of an asset or liability in a transaction which:
  - is not a business combination, **and**
  - at the time of the transaction affects neither accounting nor taxable profit.

9.3.8 A deferred tax asset is recognized for the carry forward of **unused tax losses/credits** to the extent that it is **probably** recoverable in the future.

9.3.9 Temporary differences arise when the carrying amount of investments in **subsidiaries, branches, associates, and joint ventures** becomes different from the tax base thereof.

9.3.10 The following principles apply to the **measurement** of current and deferred tax balances:

- These liabilities (assets) are to be measured at amounts to be paid (recovered) using tax rates (and tax laws) that have been substantively enacted by the reporting date.
- Deferred tax balances should reflect the tax consequences regarding how the asset is to be recovered or liability settled.
- Current and deferred tax assets and liabilities are measured at the tax rate applicable to undistributed profits.
- The income tax consequences of dividends are recognized when a liability to pay the dividend is recognized.
- Discounting is prohibited.
- Impairment tests should be performed on deferred tax assets at each balance sheet date.

9.3.11 Current and deferred tax should be recognized as income/expense and **included in the income statement,** except tax arising from:

- A transaction or event that is recognized directly in equity.
- A business combination that is an acquisition.

9.4 PRESENTATION & DISCLOSURE

9.4.1 PRESENTATION

Taxation balances should be presented as follows:

- Tax balances are shown separately from other assets and liabilities in the balance sheet.
- Deferred tax balances are distinguished from current tax balances.
- Deferred tax balances are **non**-current.
- Show taxation expense (income) for ordinary activities on the face of the income statement.
- May **offset** current tax balances when:
  - Legal enforceable right to offset.
  - Intention to settle on net basis.
- May **offset** deferred tax balances when:
  - Legal enforceable right to offset.
  - Debits and credits relate to same tax authority:
    - · for the same taxable entity, or
    - · different taxable entities that intend to settle on net basis.

9.3.7 **Un actif d'impôt différé** est comptabilisé pour toutes les différences temporelles déductibles dans la mesure où il est **probable** qu'un bénéfice imposable sera disponible à l'avenir, à moins que l'actif d'impôt différé ne soit généré par :

- un goodwill négatif traité comme un produit différé selon l'IAS 22 ;
- la comptabilisation initiale d'un actif ou d'un passif dans une transaction qui :
  - n'est pas un regroupement d'entreprise, **et**
  - n'affecte ni le bénéfice comptable ni le bénéfice imposable au moment de la transaction.

9.3.8 Un actif d'impôt différé est comptabilisé pour le report en avant **de pertes fiscales et crédits d'impôt inutilisés** s'il est **probable** qu'un bénéfice imposable sera réalisé à l'avenir.

9.3.9 Les différences temporelles naissent lorsque la valeur comptable des participations dans les **filiales,** ou les investissements dans **les succursales, entreprises associées et coentreprises** diffèrent de la base fiscale.

9.3.10 Les principes suivants s'appliquent pour l'**évaluation** des soldes d'impôts exigibles et différés :

- ces passifs (actifs) doivent être évalués au montant que l'on s'attend à payer (à recouvrer) en utilisant les taux d'imposition (et les réglementations fiscales) qui ont été adoptés ou quasi-adoptés à la date de clôture ;
- l'évaluation des soldes d'impôt différé doit refléter les conséquences fiscales qui résulteraient de la façon dont l'entreprise s'attend à recouvrer ou régler la valeur comptable de ses actifs et passifs à la date de clôture ;
- les actifs et passifs d'impôt exigible et différé sont évalués au taux d'imposition qui s'applique aux profits non distribués ;
- l'impôt sur le revenu qui provient des dividendes est comptabilisé quand un passif pour payer des dividendes est lui-même comptabilisé ;
- les actifs et passifs d'impôts ne doivent pas être actualisés ;
- les actifs d'impôt différé doivent être revus à chaque date de clôture d'exercice.

9.3.11 L'impôt exigible et l'impôt différé doivent être comptabilisés en produit / charge et **inclus dans le compte de résultat,** sauf lorsque ces impôts proviennent :

- d'une transaction ou d'un événement comptabilisé directement dans les capitaux propres ;
- d'un regroupement d'entreprise qui est une acquisition.

9.4 PRÉSENTATION ET INFORMATIONS A FOURNIR

9.4.1 PRÉSENTATION

Les soldes d'impôt doivent être présentés comme suit :

- ces soldes sont séparés des autres éléments de l'actif et du passif dans le bilan ;
- les soldes d'impôt différé sont distingués des soldes d'impôt exigible ;
- les soldes d'impôt différé sont classés avec les actifs (passifs) **non** courants ;
- les charges (produits) d'impôts relatifs au résultat des activités ordinaires doivent figurer dans le compte de résultat ;
- l'entreprise peut **compenser** les soldes d'impôt exigibles quand elle a :
  - un droit juridiquement exécutoire de compenser ;
  - une intention de régler un montant net.
- Elle peut **compenser** les soldes d'impôt différé quand :
  - elle a un droit juridique exécutoire de compenser ;
  - les débits et les crédits relèvent de la même Administration Fiscale :
    - · pour la même entité imposable ou
    - · pour des entités imposables différentes qui ont l'intention de régler un montant net.

9.4.2 DISCLOSURE

Accounting policy

- Method used for deferred tax.

Income statement and notes

- Major components of tax expense (income) shown separately, including:
  - Current tax expense (income).
  - Deferred tax expense (income).
  - Deferred tax arising from the write-down (or reversal of a previous write-down) of a deferred tax asset.
  - Tax amount relating to changes in accounting policies and fundamental errors treated in accordance with IAS 8 allowed alternative.
- Tax relating to extraordinary items.
- Reconciliation between tax amount and accounting profit/loss in monetary terms, or a numerical reconciliation of the rate.
- Explanation of changes in applicable tax rate(s) compared to previous period(s).
- For each type of temporary difference, and in respect of each type of unused tax losses and credits, the amounts of the deferred tax recognized in the income statement.

Balance sheet and notes

- Aggregate amount of **current** and **deferred** tax charged or credited to equity.
- Amount (and expiration date) of deductible temporary differences, unused tax losses, and unused tax credits for which no deferred tax asset is recognized.
- Aggregate amount of temporary differences associated with investments in subsidiaries, branches, associates, and joint ventures for which deferred tax liabilities have not been recognized.
- For each type of temporary difference, and in respect of each type of unused tax losses and credits, the amount of the deferred tax assets and liabilities recognized in the balance sheet.
- Amount of a deferred tax asset and nature of the evidence supporting its recognition, when:
  - The utilization of the deferred tax asset is dependent on future taxable profits.
  - The enterprise has suffered a loss in either the current or preceding period.
- Amount of income tax consequences of dividends to shareholders that were proposed or declared before the balance sheet date, but are not recognized as a liability in the financial statements.
- The nature of the potential income tax consequences that would result from the payment of dividends to the enterprises' shareholders, i.e., the important features of the income tax systems and the factors that will effect the amount of the potential tax consequences of dividends.

9.4.2 CONTENU

Méthode comptable

- Méthode utilisée pour l'impôt différé.

Compte de résultat et annexes

- Les principales composantes des charges (produits) d'impôts sont présentées séparément et incluent :
  - la charge (produit) d'impôt exigible ;
  - la charge (produit) d'impôt différé ;
  - l'impôt différé provenant de la réduction de la valeur comptable d'un actif d'impôt différé (ou la reprise d'une réduction de valeur comptable précédemment enregistrée) ;
  - le montant d'impôt relatif aux changements de méthode comptable et aux erreurs fondamentales traitées en accord avec « l'autre traitement » autorisé par la Norme IAS 8.
- L'impôt relatif aux produits extraordinaires.
- Un rapprochement monétaire entre la charge (produit) d'impôt et le produit du bénéfice comptable ou un rapprochement chiffré du taux.
- Explication des changements dans le(s) taux applicable(s) comparé(s) au(x) précédent(s) exercice(s).
- Pour chaque catégorie de différence temporelle, et pour chaque catégorie de pertes fiscales et de crédits d'impôt non utilisés, les montants de l'impôt différé comptabilisés dans le compte de résultat.

Bilan et annexes

- Montant total de l'impôt **exigible** et **différé** relatif aux éléments débités ou crédités sur les capitaux propres.
- Montant (et date d'expiration) des différences temporelles déductibles, des pertes fiscales et des crédits d'impôt non utilisés pour lesquels aucun actif d'impôt différé n'a été comptabilisé.
- Montant total des différences temporelles liées aux participations dans les filiales, entreprises associées, coentreprises et les investissements dans des succursales pour lesquels les passifs d'impôt différé n'ont pas été comptabilisés.
- Pour chaque catégorie de différence temporelle, et pour chaque catégorie de pertes fiscales et de crédits d'impôts non utilisés, le montant des actifs et des passifs d'impôt différé comptabilisé au bilan.
- Montant d'un actif d'impôt différé et nature des éléments probants justifiant sa comptabilisation lorsque :
  - l'utilisation de l'actif d'impôt différé dépend des bénéfices futurs imposables ;
  - l'entreprise a subi une perte pendant l'exercice en cours ou l'exercice précédent.
- Montant de l'impôt sur le revenu né des conséquences des dividendes payés aux actionnaires, dividendes qui ont été proposés ou déclarés avant la date de clôture du bilan mais qui n'ont pas été comptabilisés comme passif dans les états financiers.
- Nature des conséquences éventuelles de l'impôt sur le revenu né des paiements de dividendes aux actionnaires de l'entreprise, c'est-à-dire les traits importants des systèmes de l'impôt sur le revenu et les facteurs qui affecteront le montant de l'impôt sur le revenu né des dividendes.

CASE STUDY

INCOME TAXES

Difir Inc. owns the following property, plant, and equipment at 31 December 20x4:

	Cost $'000	Accumulated depreciation $'000	Carrying amount $'000	Tax base $'000
Machinery	900	180	720	450
Land	500	–	500	n/a
Buildings	1,500	300	1,200	n/a

Additional information

- Machinery is depreciated on the straight-line basis over 5 years. It was acquired on 1 January 20x4.
- Land is not depreciated.
- Buildings comprising the office space of the corporation are depreciated on the straight-line basis over 25 years.
- No depreciation is allowed on land and office buildings for tax purposes. For machinery, a depreciation allowance is granted over a period of three years in the ratio of 50/30/20 (percent) of cost consecutively.
- The accounting profit before tax amounted to $300,000 for the 20x5 financial year and $400,000 for 20x6. These figures include non-taxable revenue at the amount of $80,000 in 20x5 and $100,000 in 20x6.
- Difir Inc. had a tax loss on 31 December 20x4 of $250,000. The tax rate for 20x4 was 35%, and for 20x5 and 20x6 it was 30%.

The movements on the deferred tax balance for 20x5 and 20x6 will be reflected as follows in the accounting records of the enterprise:

Deferred tax liability	**$'000** **Dr/(Cr)**
1 Jan. 20x5 Balance	
• Machinery **(Calculation a)**	(94.5)
• Assessed loss (250 × 35%)	87.5
	(7.0)
Rate change (7 × 5/35)	1.0
Temporary differences: – Machinery **(Calculation a)**	(27.0)
– Loss utilized **(Calculation b, 190 × 30%)**	(57.0)
	(90.0)
31 Dec. 20x5 Balance	
Temporary differences: – Machinery **(Calculation a)**	–
31 Dec. 20x6 Loss utilized **(Calculation b, 60 × 30%)**	(18.0)
31 Dec. 20x6 Balance	(108.0)

ÉTUDE DE CAS

IMPÔTS SUR LE RÉSULTAT

Au 31 décembre 20x4, la société Difir Inc. possède les immobilisations corporelles suivantes :

	Coût	**Amortissements cumulés**	**Valeur comptable**	**Base fiscale**
	$'000	**$'000**	**$'000**	**$'000**
Machines	900	180	720	450
Terrains	500	–	500	n/a
Bâtiments	1 500	300	1 200	n/a

Informations complémentaires

- Les machines sont amorties linéairement sur 5 ans. Elles ont été acquises le 1er janvier 20x4.
- Les terrains ne sont pas amortis.
- Les bâtiments, qui comprennent les bureaux de l'entreprise, sont amortis linéairement sur 25 ans.
- Aucun amortissement n'est déductible fiscalement sur les terrains et les bureaux. Pour les machines, il est possible de les amortir fiscalement sur une période de 3 ans à un taux de 50 % puis de 30 % puis de 20 % du coût d'acquisition.
- Le bénéfice comptable avant impôt s'élevait à $ 300 000 pour l'exercice 20x5 et $ 400 000 pour 20x6. Ces chiffres incluent un revenu non-imposable de $ 80 000 en 20x5 et $ 100 000 en 20x6.
- Difir Inc. avait une perte fiscale au 31 décembre 20x4 pour un montant de $ 250 000. Le taux d'imposition pour 20x4 était de 35 %, et de 30 % pour 20x5 et 20x6.

Les mouvements du solde d'impôt différé pour 20x5 et 20x6 seront enregistrés comme suit dans les comptes de l'entreprise :

Dette d'impôt différé	**$'000 D/(C)**
Solde au 1er janvier 20x5	
• Machines **(calcul a)**	(94,5)
• Perte fiscale (250 × 35 %)	87,5
	(7,0)
Changement de taux (7 × 5/35)	1,0
Différences temporelles : – machines **(calcul a)**	(27,0)
– déficit utilisé **(calcul b, 190 × 30 %)**	(57,0)
	(90,0)
Solde au 31 décembre 20x5	
Différences temporelles : – machines **(calcul a)**	–
Pertes fiscales utilisées au 31 décembre 20x6 **(calcul b, 60 × 30 %)**	(18,0)
Solde au 31 décembre 20x6	(108,0)

CASE STUDY

INCOME TAXES

CONTINUED

CALCULATIONS

a. Machinery

	Carrying Amount $'000	Tax base $'000	Temporary difference $'000	Deferred tax $'000
1 Jan. 20x4 Purchase	900	900		
Depreciation	(180)	(450)	270	94.5
31 Dec. 20x4	720	450	270	94.5
Rate change (5/35 × 94.5)				(13.5)
Depreciation	(180)	(270)	90	27.0
31 Dec. 20x5	540	180	360	108.0
Depreciation	(180)	(180)	–	–
31 Dec. 20x6	360	–	360	108.0

b. Income tax expense

	20x6 $'000	20x5 $'000
Accounting profit before tax	400	300
Tax effect of items not deductible/taxable for tax purposes:		
– Non-taxable revenue	(100)	(80)
– Depreciation on buildings (1 500/25)	60	60
	360	280
Temporary differences:	–	(90)
– Depreciation: accounting	180	180
– Depreciation: tax	(180)	(270)
	360	190
Assessed loss brought forward	(60)	(250)
Taxable profit/(tax loss)	300	(60)
Tax payable/(benefit) @ 30%	90	(18)

ÉTUDE DE CAS

Impôts sur le résultat

Suite

CALCULS

a. Machines

	Valeur comptable $'000	Base fiscale $'000	Différence temporelle $'000	Impôt différé $'000
Achat au 1er janvier 20x4	900	900		
Amortissement	(180)	(450)	270	94,5
Solde au 31 décembre 20x4	720	450	270	94,5
Changement de taux (5/35 × 94,5)				(13,5)
Amortissements	(180)	(270)	90	27
Solde au 31 décembre 20x5	540	180	360	108
Amortissements	(180)	(180)	–	–
Solde au 31 décembre 20x6	360	–	360	108

b. Charges d'impôts sur les bénéfices

	20x6 $'000	20x5 $'000
Bénéfice comptable avant impôts	400	300
Effet sur l'impôt des éléments non déductibles/imposables		
– Produit non imposable	(100)	(80)
– Amortissement des bâtiments (1 500/25)	60	60
	360	280
Différences temporelles	–	(90)
– Amortissements : comptabilité	180	180
– Amortissements : fiscalité	(180)	(270)
	360	190
Perte fiscale reportée en avant	(60)	(250)
Bénéfice imposable / (perte fiscale)	300	(60)
Impôt exigible / (récupérable) à 30 %	90	(18)

CHAPTER 10

SEGMENT REPORTING (IAS 14)

10.1 PROBLEMS ADDRESSED

Principles are established for reporting information by segment; that is, information about the different types of products and services of an enterprise and the different geographical areas in which it operates. This is relevant to help users:

- understand the enterprise's past performance,
- assess the enterprise's risks and returns, and
- make more informed judgements.

10.2 SCOPE OF THE STANDARD

This standard applies to all enterprises whose equity or debt securities are traded in a public securities market or those who are in the process of issuing such instruments. A parent enterprise presents segment information only on the basis of consolidated financial statements.Segment information is presented for both **business** and **geographical** segments.

- **Business segment:** A distinguishable component of an enterprise engaged in providing products or services that are subject to risks and returns that are different from those of other business segments (e.g., industrial, agricultural, and financial segments).
- **Geographical segment:** A distinguishable component of an enterprise engaged in providing products or services in a particular economic environment that is subject to risks and returns that are different from those components operating in other economic environments. Geographical segments could be based either on the location of an enterprise's:

  – operations, **or**

  – markets and customers.

10.3 ACCOUNTING TREATMENT

10.3.1 An enterprise's organizational and managerial structure and its internal financial reporting system is the basis for identifying its segments – often called the "management approach." This approach normally provides the best evidence of the enterprise's **predominant source of risks and returns** for the purpose of segmental reporting. This would then become the **primary segment** reporting format and the secondary source of risks and returns becomes its **secondary segment** reporting format. If, however, internal segments develops that relate to neither related products and services nor geographical areas (e.g., reporting is organized solely by the legal form of the entities in a group), then the next level of internal segmentation (that reports along product and service or geographical lines) should be used.

10.3.2 A business or geographical segment is a **reportable segment** if both of the following apply:

- Majority (greater than 50%) of its sales is earned externally.

CHAPITRE 10

INFORMATION SECTORIELLE (IAS 14)

10.1 OBJECTIFS

Des principes sont établis pour communiquer l'information sectorielle, à savoir : l'information sur les différents types de produits et services d'une entreprise ainsi que sur les différentes zones géographiques où elle opère. Ceci est utile pour aider les utilisateurs à :

- comprendre la performance passée de l'entreprise ;
- évaluer les risques et la rentabilité de l'entreprise, et ;
- porter des jugements s'appuyant sur une meilleure information.

10.2 CHAMP D'APPLICATION

Cette Norme s'applique à toutes les entreprises dont les titres des capitaux propres ou d'emprunts sont negociés sur un marché organisé ainsi qu'à celles qui sont en cours d'émission de tels instruments. Une société mère ne fournit une information sectorielle que sur la base des états financiers consolidés. L'information sectorielle est communiquée à la fois par secteurs **d'activités** et par secteurs **géographiques.**

- **Secteur d'activité :** composante distincte d'une entreprise engagée à fournir des produits et services et exposée à des risques et à des rentabilités différents de ceux d'autres secteurs d'activités (par exemple : des secteurs industriels, agricoles, et services).
- **Secteur géographique :** composante distincte d'une entreprise engagée à fournir des produits et services dans un environnement économique particulier, et exposée à des risques et à des rentabilités différents de ces mêmes composantes opérant dans d'autres environnements économiques. La segmentation géographique peut être fondée :
  - soit sur la localisation des opérations de l'entreprise ;
  - soit sur la localisation des marchés et clients de l'entreprise.

10.3 TRAITEMENT COMPTABLE

10.3.1 La structure d'organisation interne et de gestion d'une entreprise ainsi que son système interne d'information financière, doivent être le fondement de l'identification des secteurs – approche souvent appelée « approche gestionnaire ». Cette approche, apporte normalement le meilleur indicateur de **la source dominante des risques et des différents taux de rentabilité** de l'entreprise dans le but de segmenter l'information. Ceci deviendra par la suite la base de détermination du **premier niveau de segmentation.** La seconde source de risques et de rentabilité deviendra donc le **deuxième niveau de segmentation**. Toutefois, si l'organisation interne ne repose ni sur une analyse par produits/services liés ni sur une analyse par zone géographique (par exemple : l'information financière repose uniquement sur la forme juridique des entités du groupe), alors le niveau suivant de segmentation interne (qui rend compte des produits et services ou des zones géographiques), doit être utilisé.

10.3.2 Un secteur d'activité ou un secteur géographique est un **secteur à présenter** si les conditions suivantes sont remplies :

- la majorité (plus de 50 %) de ses ventes est réalisée avec des clients externes ;

- Its revenue from sales, segment result, or assets is greater than or equal to 10% of the appropriate total amount of all segments.

If the total revenue from external customers for all reportable segments combined is less than 75% of the total enterprise revenue, additional reportable segments should be identified until the 75% level is reached.

10.3.3 Small segments may be combined as one if they share a substantial number of factors that define a business or geographical segment, **or** they may be combined with a similar significant reportable segment. If they are not separately reported or combined, they are included as an unallocated reconciling item.

10.3.4 A segment that is not judged to be a reportable segment in the current period (in terms of the conditions in 10.3.2) should continue to be reportable if judged to be of significance for decision making purposes (e.g., future market strategy).

10.3.5 **Segment result** is a measure of operating profit before corporate head office expenses, interest income or expense (except for financial segments), income taxes, extraordinary items, investment gains and losses (again, except for financial segments), and minority interest deduction. It includes proportionately consolidated revenue and expenses from joint ventures and all equity- accounted profits/losses.

10.3.6 **Segment assets and liabilities** are identified as follows:

- It includes all operating assets and liabilities that are used by or result from a segment's operating activities and that either are directly attributable to the segment or can be allocated to the segment on a reasonable basis.
- Symmetry is required for the inclusion of items in the segment result and in segment assets or liabilities. If, for example, the segment result reflects depreciation expense, the depreciable asset must be included in segment assets. Similarly, if the segment result includes interest expense, the interest-bearing liabilities should be included in segment liabilities.
- Income tax assets/liabilities are excluded.
- Assets that are jointly used by two or more segments should be allocated to segments only if their related revenues and expenses also are allocated to those segments.

10.3.7 Segment information should conform to the **accounting policies** adopted for preparing and presenting the consolidated financial statements.

10.4 DISCLOSURE

10.4.1 Primary segment information

For **each** segment, disclose:

- Segment revenue distinguishing between sales to external customers and revenue from other segments.
- Segment result.
- Carrying amount of segment assets.
- Segment liabilities.
- Cost of property, plant, and equipment, and intangible assets acquired.
- Depreciation and amortization expense.
- Other non-cash expenses.
- Share of the net profit or loss of an investment accounted for under the equity method.

- le produit provenant des ventes, le résultat sectoriel ou les actifs sont supérieurs ou égaux à 10 % des montants respectifs de tous les secteurs.

Si le produit total provenant des clients externes de tous les secteurs à présenter représente moins de 75 % du chiffre d'affaires total de l'entreprise, des secteurs à présenter supplémentaires doivent être identifiés jusqu'à ce que ce niveau de 75 % soit atteint.

10.3.3 Les petits secteurs peuvent être combinés s'ils partagent un nombre substantiel de facteurs qui définissent un secteur d'activité ou un secteur géographique, **ou** ils peuvent être combinés avec un secteur à présenter significatif et similaire. S'ils ne sont pas à présenter ou combinables, ils sont inclus en tant qu'élément de rapprochement non affecté.

10.3.4 Un secteur qui n'est pas considéré comme à présenter au cours de l'exercice en cours (d'après les conditions précisées au paragraphe 10.3.2) doit continuer à être présenté s'il est jugé comme important pour prendre des décisions (par exemple : une stratégie de développement d'un marché dans le futur).

10.3.5 **Le résultat sectoriel** est le résultat opérationnel avant que les frais de siège social, les intérêts débiteurs ou créditeurs (à l'exception des secteurs financiers), les impôts sur le résultat, les éléments extraordinaires, les profits et pertes relatifs à des participations (ici encore, à l'exception des secteurs financiers), et les intérêts minoritaires ne soient déduits. Le résultat inclut la quote-part de produits et charges provenant des coentreprises consolidées proportionnellement et de tous les profits et pertes comptabilisés des coentreprises mises en équivalence.

10.3.6 **Les actifs et passifs sectoriels** sont identifiés comme suit :

- ils incluent tous les actifs et passifs opérationnels qui sont utilisés par un secteur dans le cadre de ses activités opérationnelles ou suite à celles-ci, et qui sont soit directement attribuables au secteur soit qui peuvent lui être raisonnablement affectés ;
- la symétrie est requise pour inclure des éléments dans le résultat sectoriel et dans les actifs et les passifs sectoriels. Si, par exemple, le résultat sectoriel présente une dotation pour dépréciation, l'actif déprécié doit être inclus dans les actifs du secteur. De façon similaire, si le résultat sectoriel inclut des charges d'intérêts, le passif qui supporte ces intérêts doit être inclus dans le passif sectoriel ;
- ils n'incluent pas les actifs ou les passifs d'impôts sur le résultat ;
- les actifs qui sont utilisés conjointement par au moins deux secteurs doivent être attribués à ces secteurs uniquement si leurs produits et charges correspondants sont alloués à ces secteurs.

10.3.7 L'information sectorielle doit être conforme aux **méthodes comptables** adoptées pour la préparation et la présentation des états financiers consolidés.

10.4 INFORMATIONS A FOURNIR

10.4.1 Premier niveau d'information sectorielle

Pour **chaque** secteur, indiquer :

- les produits sectoriels en distinguant les ventes aux clients externes et les produits provenant d'autres secteurs ;
- le résultat sectoriel ;
- la valeur comptable des actifs sectoriels ;
- les passifs sectoriels ;
- le coût des immobilisations corporelles et incorporelles acquises ;
- les dotations aux provisions pour dépréciation et aux amortissements ;
- les autres dépenses ne donnant pas lieu à un flux de trésorerie ;
- la part du bénéfice ou du déficit net d'une participation comptabilisé selon la méthode de mise en équivalence ;

- A reconciliation between the information of reportable segments and the consolidated financial statements in terms of segment revenue, result, assets, and liabilities.

10.4.2 Secondary segment information

For **each** segment, disclose:

- Revenue from external customers.
- Carrying amount of segment assets.
- Cost of property, plant, and equipment, and intangible assets acquired.

10.4.3 Other required disclosures:

- Revenue of any segment whereby the external revenue of the segment is greater than or equal to 10% of enterprise revenue but that is not a reportable segment (because a majority of its revenue is from internal transfers).
- Basis of pricing intersegment transfers.
- Changes in segment accounting policies.
- Types of products and services in each business segment.
- Composition of each geographical segment.

- un rapprochement entre l'information des secteurs à présenter et les états financiers consolidés en terme de produit, de résultat, d'actifs et de passifs sectoriels.

10.4.2 Deuxième niveau d'information sectorielle

Pour **chaque** secteur, indiquer :

- les produits sectoriels provenant des clients externes ;
- la valeur comptable des actifs sectoriels ;
- le coût des immobilisations corporelles et incorporelles acquises.

10.4.3 Autres informations requises

- Le produit de tout secteur dans lequel le produit externe du secteur est supérieur ou égal à 10 % du produit de l'entreprise, mais qui n'est pas un secteur à présenter (parce qu'une majorité de son revenu provient de transferts internes).
- La base des prix des transferts intra-sectoriels.
- Les changements de méthodes comptables appliquées à l'information sectorielle.
- Les types de produits et services de chaque secteur d'activité.
- La composition de chaque secteur géographique.

CASE STUDY

SEGMENT REPORTING

Hollier Inc. is a diversified entity that operates in five business segments and four geographical segments. The following financial information relates to the year ending 30 June 20x5.

Business segment data (in $'000)

	Beer	Beverages	Hotels	Retail	Packaging	Total
Total revenue from sales	2,249	1,244	4,894	3,815	7,552	19,754
• To external customers	809	543	4,029	3,021	5,211	13,613
• To other segments	1,440	701	865	794	2,341	6,141
Segment result	631	(131)	714	(401)	1,510	2,323
Assets	4,977	3,475	5,253	1,072	8,258	23,035

Geographical segment data (in $'000)

	Finland	France	UK	Australia	Total
Total revenue from sales	7,111	1,371	3,451	7,821	19,754
• To external customers	6,841	1,000	2,164	3,608	13,613
• To other segments	270	371	1,287	4,213	6,141
Segment result	1,536	(478)	494	771	2,323
Assets	9,231	5,001	3,667	5,136	23,035

The **first** step in identifying the reportable business and geographical segments of the enterprise is to identify those who earn the majority of its revenue from sales to external customers.

Segments	% sales external	Qualify?
Business		
• Beer	809/2,249 = 36%	No
• Beverages	543/1,244 = 44%	No
• Hotels	4,029/4,894 = 82%	Yes
• Retail	3,021/3,815 = 79%	Yes
• Packaging	5,211/7,552 = 69%	Yes
Geographical		
• Finland	6,841/7,111 = 96%	Yes
• France	1,000/1,371 = 73%	Yes
• UK	2,164/3,451 = 63%	Yes
• Australia	3,608/7,821 = 46%	No

ÉTUDE DE CAS

INFORMATION SECTORIELLE

La société Hollier Inc. est une entreprise diversifiée qui opère dans cinq secteurs d'activité et dans quatre secteurs géographiques.

L'information financière suivante correspond à l'exercice clos le 30 juin 20x5.

Données par secteur d'activité ($'000)

	Bière	Boissons	Hôtels	Détail	Emballage	Total
Chiffre d'affaires total	2 249	1 244	4 894	3 815	7 552	19 754
Clients externes	809	543	4 029	3 021	5 211	13 613
Autres secteurs	1 440	701	865	794	2 341	6 141
Résultat sectoriel	631	(131)	714	(401)	1 510	2 323
Actifs	4 977	3 475	5 253	1 072	8 258	23 035

Données par secteur géographique ($'000)

	Finlande	France	Royaume-Uni	Australie	Total
Chiffre d'affaires total	7 111	1 371	3 451	7 821	19 754
Clients externes	6 841	1 000	2 164	3 608	13 613
Autres secteurs	270	371	1 287	4 213	6 141
Résultat sectoriel	1 536	(478)	494	771	2 323
Actifs	9 231	5 001	3 667	5 136	23 035

La **première** étape dans l'identification des secteurs d'activités et des secteurs géographiques à présenter de l'entreprise passe par l'identification de ceux dont la majorité des produits proviennent des ventes à des clients externes.

Secteurs	% de ventes externes	Sélectionné ?
Activité		
• Bière	809/2 249 = 36 %	Non
• Boissons	543/1 244 = 44 %	Non
• Hôtels	4 029/4 894 = 82 %	Oui
• Vente au détail	3 021/3 815 = 79 %	Oui
• Emballages	5 211/7 552 = 69 %	Oui
Géographique		
• Finlande	6 841/7 111 = 96 %	Oui
• France	1 000/1 371 = 73 %	Oui
• Royaume-Uni	2 164/3 451 = 63 %	Oui
• Australie	3 608/7 821 = 46 %	Non

CASE STUDY

SEGMENT REPORTING

CONTINUED

The **second** step would be to ensure that the 10% thresholds for revenue from either sales, segment result, or assets are being met by those segments that qualified under step one. The thresholds are calculated as follows.

	$
• Sales (10% × 19,754)	1,976
• Segment result	
– Business: [10% of the greater of (631 + 714 + 1,510) or (131 + 401)]	286
– Geographical: [10% of the greater of (1,536 + 494 + 771) or 478]	280
• Assets (10% × 23,035)	2,304

Segments	Thresholds that qualified	Reportable?
Business		
• Hotels	Sales, Result, Assets	Yes
• Retail	Sales, Result	Yes
• Packaging	Sales, Result, Assets	Yes
Geographical		
• Finland	Sales, Result, Assets	Yes
• France	Result, Assets	Yes
• UK	Sales, Result, Assets	Yes

The **third** step would be to check if total external revenue attributable to reportable segments constitutes at least 75% of the total consolidated/enterprise revenue of $13,613,000.

- Reportable business segments' external revenue is $12,261,000 (4,029 + 3,021 + 5,211) which is 90% of total sales revenue.
- Reportable geographical segments' external revenue is $10,005,000 (6,841 + 1,000 + 2,164), which is 73.5% of total sales revenue and less than 75%.

In terms of IAS 14 (par. 37), additional geographical segments should now be identified as reportable even if they do not meet the 10% thresholds in step two. This would mean that Australia would, under this requirement, also qualify to be a reportable geographical segment (see paragraph 10.3.2).

The reportable segments would be as follows:

- **Business:** Hotels, Retail, and Packaging.
- **Geographical:** Finland, France, UK, and Australia.

ÉTUDE DE CAS

INFORMATION SECTORIELLE

SUITE

La **seconde** étape est de s'assurer que les seuils de 10 % pour les produits des autres ventes, pour le résultat sectoriel ou pour les actifs sont atteints par les secteurs sélectionnés à l'issue de la première étape. Les seuils sont calculés comme suit.

	$
• Ventes (10 % × 19 754)	1 976
• Résultat sectoriel	
– Secteur d'activité : [10 % du plus grand de (631 + 714 + 1 510) ou de (131 + 401)]	286
– Secteur géographique : [10 % du plus grand de (1 536 + 494 + 771) ou de 478]	280
• Actifs (10 % × 23 035)	2 304

Secteurs	Seuils qualifiants	À présenter ?
Activité		
• Hôtel	Ventes, Résultat, Actifs	Oui
• Vente au détail	Ventes, Résultat	Oui
• Emballages	Ventes, Résultat, Actifs	Oui
Géographique		
• Finlande	Ventes, Résultat, Actifs	Oui
• France	Résultat, Actifs	Oui
• Royaume-Uni	Ventes, Résultat, Actifs	Oui

La **troisième** étape consiste à vérifier si le revenu total externe attribuable aux secteurs à présenter constitue au moins 75 % du revenu total consolidé de l'entreprise de $ 13 613 000.

- Le revenu externe des secteurs d'activité à présenter est de $ 12 261 000 (4 029 + 3 021 + 5 211), ce qui représente 90 % du revenu total des ventes.
- Le revenu externe des secteurs géographiques à présenter est de $ 10 005 000 (6 841 + 1 000 + 2 164), ce qui représente 73,5 % du revenu total des ventes soit moins de 75 %.

Selon les termes de la Norme IAS 14 (paragraphe 37), des secteurs géographiques supplémentaires doivent être identifiés comme à présenter même s'ils n'atteignent pas les seuils de 10 % requis par la deuxième étape. Cela veut dire que l'Australie peut être considérée comme un secteur géographique à présenter (voir paragraphe 10.3.2).

Les secteurs à présenter sont donc les suivants :

- **secteurs d'activité :** Hôtels, Vente au détail, et Emballages ;
- **secteur géographique :** Finlande, France, Royaume-Uni, et Australie.

CHAPTER 11

INFORMATION REFLECTING THE EFFECTS OF CHANGING PRICES (IAS 15)

11.1 PROBLEMS ADDRESSED

Financial statements are normally prepared on the historical cost basis without reflecting the effects of changing prices. The information required by IAS 15 is designed to make users of an enterprise's financial statements aware of the effects of changing prices on the results of operations. Compliance with IAS 15 is encouraged but not compulsory; non-compliance would therefore not result in a qualified audit report.

11.2 SCOPE OF THE STANDARD

The standard is applicable to entities that are significant in the economic environment in which they operate.

11.3 ACCOUNTING TREATMENT

11.3.1 Financial information on changing prices is prepared in various ways, namely:

- In terms of general purchasing power.
- Current cost instead of historical cost.
- Hybrid method.

11.3.2 Under the **general purchasing power approach,** income is recognized after the general purchasing power of the shareholders' equity has been maintained (the concept of financial capital maintenance in the Framework; see paragraph 2.3.10):

- Some or all items in the financial statements are restated for changes in the general price level, using an appropriate index.
- Income normally reflects the effects of general price level changes on depreciation, cost of sales, and net monetary items.

11.3.3 Under the **current cost approach,** the replacement cost of an asset is used as the primary measurement basis. Income is recognized after the operating capacity has been maintained (the concept of physical capital maintenance of the Framework; see paragraph 2.3.10):

- Current cost methods generally require recognition of the effects of changes in prices on depreciation, and the cost of sales.
- These methods usually also require the application of some form of adjustments that have in common a general recognition of the interaction between changing prices and the financing of an enterprise.

11.3.4 Financial information is sometimes provided using the various methods described above, either in primary or supplementary financial statements. However, there is not yet international consensus on the subject.

11.4 DISCLOSURE

The following information should be provided on a **supplementary** basis unless such information forms part of the primary financial statements:

Chapitre 11

Informations Reflétant les Effets des Variations de Prix (IAS 15)

11.1 OBJECTIFS

Les états financiers sont normalement préparés sur la base du coût historique sans refléter les effets des variations de prix. L'information exigée par la présente Norme comptable (IAS 15) a pour but de faire connaître aux utilisateurs des états financiers de l'entreprise les effets de variation des prix sur les résultats de ses activités. La conformité avec cette Norme comptable est encouragée mais elle n'est pas obligatoire ; ainsi, la non-conformité avec cette Norme ne doit par conséquent pas donner lieu à une réserve dans le rapport d'audit.

11.2 CHAMP D'APPLICATION

Cette Norme s'applique aux entreprises ayant une activité importante par rapport au milieu économique dans lequel elles évoluent.

11.3 TRAITEMENT COMPTABLE

11.3.1 Il existe différentes approches pour rendre compte de la variation des prix :

- en termes d'indexation du pouvoir d'achat général ;
- en termes de coût actuel au lieu du coût historique ;
- méthode hybride.

11.3.2 Dans **l'approche par l'indexation du pouvoir d'achat général,** le résultat est comptabilisé après les corrections nécessaires au maintien du pouvoir d'achat général des capitaux propres (concept du maintien du capital financier dans le cadre conceptuel pour la préparation et la présentation des états financiers ; voir paragraphe 2.3.10) :

- une partie ou la totalité des éléments des états financiers est réévaluée en fonction des variations du niveau général des prix, en utilisant un indice approprié ;
- le résultat reflète normalement les effets des variations du niveau général des prix sur l'amortissement, le coût des ventes et les éléments monétaires nets.

11.3.3 Dans **l'approche par les coûts actuels,** le coût de remplacement d'un bien est utilisé comme critère d'évaluation principal. Le résultat est comptabilisé une fois que la capacité d'exploitation a été maintenue (concept du maintien du capital physique dans le cadre conceptuel pour la préparation et la présentation des états financiers ; voir paragraphe 2.3.10) :

- l'approche par les coûts actuels impose généralement la comptabilisation des effets des variations de prix sur l'amortissement et le coût des ventes ;
- ces méthodes imposent l'application d'un certain nombre d'ajustements qui ont en commun une comptabilisation globale de l'interaction entre la variation des prix et le financement de l'entreprise.

11.3.4 L'information financière est parfois fournie, soit dans les états financiers, soit à titre d'information complémentaire, en utilisant les diverses méthodes décrites ci-dessus. Cependant, il n'existe pas encore de consensus international à ce sujet.

11.4 INFORMATIONS A FOURNIR

Les informations suivantes doivent être fournies à titre d'informations **complémentaires**, à moins qu'elles ne soient présentées dans les états financiers de référence :

- Methods adopted.
- Nature of indices used.
- Adjustment to or adjusted amount of depreciation of property, plant, and equipment.
- Adjustment to or the adjusted amount of cost of sales.
- Adjustments relating to monetary items, the effect of borrowing, or equity interests when such adjustments have been taken into account in determining income.
- Overall effect on results of the latter three adjustments described above, as well as any other items reflecting the effects of changing prices that are reported.
- When a current cost method is adopted, the current cost of property, plant, and equipment as well as inventories should be disclosed.

- méthodes adoptées ;
- nature des indices utilisés ;
- ajustement ou montant ajusté de l'amortissement des immobilisations corporelles ;
- ajustement ou montant ajusté du coût des ventes ;
- ajustements liés aux éléments monétaires, à l'effet des emprunts ou au montant des capitaux propres, lorsque de tels ajustements ont été pris en compte dans la détermination du résultat ;
- effet global sur les résultats des trois ajustements décrits ci-dessus, ainsi que tout autre élément reflétant les effets des variations de prix ;
- quand une méthode de coût actuel est adoptée, le coût actuel des immobilisations corporelles ainsi que celui des stocks doivent être indiqués.

CASE STUDY

INFORMATION REFLECTING THE EFFECTS OF CHANGING PRICES

The managing director of a manufacturing corporation questions the benefits of preparing and presenting information in the financial statements that would reflect the effects of changing prices on the operating results and financial position of the corporation. He asks the following questions:

- What are the limitations of historical cost accounting?
- What are the main items to be adjusted in the financial statements in order to reflect the effects of changing prices, and what is the purpose of such adjustments?

Limitations of historical cost accounting

Financial statements prepared on the historical cost basis do not necessarily lead to a true and fair presentation of an entity's performance or future potential if capital is not being maintained. Furthermore, actual assessment of performance through ratios such as return on capital are meaningless if profits are overstated, capital undervalued, and assets are valued under a mixture of conventions.

Limitations of historical cost accounting include:

- Depreciation charged on historically costed assets is only an arbitrary amount based on out-of-date values and estimated useful economic lives.
- Depreciation charges do not take into account actual replacement cost of assets at current prices.
- Profit will not reflect the actual 'costs' of trading, which include the replacement of assets at some point in time.
- By not accounting for inflation, there is no assurance that the entity is maintaining its capital base.
- Overstating profits by undercharging depreciation based on historical cost, and charging cost of sales at historical cost of inventories (and not current cost) can lead to the depletion of an entity's capital through high tax charges and distributions.
- While historical cost accounting provides a consistent basis for entities to prepare accounts, inflation affects different products and markets, and hence entities, to different degrees.
- Historical cost accounting makes it difficult for shareholders and analysts to assess the real performance and ability of management because changes to current market conditions are not accounted for in the historical valuation basis.
- The true valuation of entities is difficult to assess under historical cost rules.
- Interpretation of accounts over a period of time is difficult because each year relates to different purchasing powers.
- Key ratios (such as return on total assets) are inflated under historical rules because profit is overstated (as outlined above) and total assets are understated since assets are undervalued compared to current costs. Therefore, entities investing in new assets, (which lead to increa-

ÉTUDE DE CAS

INFORMATIONS REFLÉTANT LES EFFETS DES VARIATIONS DE PRIX

Le directeur d'une entreprise s'interroge sur l'intérêt de préparer et de présenter dans les états financiers une information qui refléterait les effets de variation des prix sur le résultat opérationnel et sur la position financière de l'entreprise. Il pose les questions suivantes :

- Quelles sont les limites de la comptabilité en coûts historiques ?
- Quels sont les principaux éléments à ajuster dans les états financiers, afin de refléter les effets de variation des prix ? Quel est l'objectif de tels ajustements ?

Limites de l'approche par les coûts historiques

Les états financiers préparés sur la base des coûts historiques ne donnent pas nécessairement une image fidèle de la performance d'une entreprise ou de son potentiel futur, si le capital n'a pas été maintenu. En outre, l'évaluation actuelle de la performance par des ratios tels que le retour sur investissement n'a aucun sens si les profits sont surévalués, le capital sous-évalué, et les actifs estimés d'après un mélange de conventions.

Les limites de l'approche par les coûts historiques sont les suivantes :

- l'amortissement imputé à des actifs comptabilisés selon la méthode des coûts historiques est seulement un montant arbitraire fondé sur des valeurs dépassées et des durées de vie économique estimées ;
- les dotations aux amortissements ne prennent pas en compte le coût de remplacement actuel des articles aux prix courants ;
- le profit ne reflétera pas les coûts réels des transactions, ce qui inclut le remplacement des articles à un moment donné ;
- en ne rendant pas compte de l'inflation, il n'existe aucune certitude que l'entité maintienne son capital de base ;
- surévaluer les profits en sous-évaluant la charge d'amortissement calculée sur les coûts historiques, et en imputant aux coûts des ventes le coût historique du stock (et non le prix courant), peut conduire à la disparition progressive du capital d'une entreprise par des charges fiscales et des distributions élevées ;
- alors que la comptabilisation en coûts historiques fournit une base homogène aux entreprises pour préparer leurs comptes, l'inflation affecte à des degrés différents les divers produits et marchés, et par conséquent les entreprises ;
- la comptabilisation en coûts historiques rend difficile pour les actionnaires et les analystes l'évaluation de la performance réelle et de la capacité du management car les changements des conditions actuelles du marché ne sont pas pris en compte dans la base d'évaluation par les coûts historiques ;
- la juste évaluation des entreprises est difficile à réaliser d'après les règles du coût historique ;
- l'interprétation des comptes au-delà d'une certaine période est difficile car chaque exercice se réfère à des pouvoirs d'achat différents ;
- les ratios clés (comme la rentabilité du total des actifs) sont exagérés avec les règles du coût historique car le profit est surévalué (comme souligné ci-dessus) et le total des actifs est sous-évalué puisque les actifs sont eux-mêmes sous-évalués par rapport aux coûts actuels. Par

CASE STUDY

INFORMATION REFLECTING THE EFFECTS OF CHANGING PRICES

CONTINUED

sed efficiencies and profits), will be penalized under such ratio analysis due to higher total assets, effectively stated at current costs.

Main adjustments

- **Costs of sales:** The objective is to calculate the current cost of goods sold during the period at the actual or weighted date that the sales occurred. The net profit is reduced by this adjustment.
- **Depreciation:** The core of this adjustment is that the depreciable amount of property, plant, and equipment be adjusted to current value. The depreciation charge for the period is then based on this value. The net profit is reduced by this adjustment.
- **Gearing adjustment:** This is an adjustment that is based on the manner in which the non-monetary assets are being financed within an entity:
  - External resources could be used to partially finance the cost of replacement of non-monetary assets (this would occur when monetary liabilities exceed monetary assets and no loss in purchasing power is suffered by the owners). The **net** monetary liability position even enables the entity to finance a portion of non-monetary assets, which neutralize a portion of the costs of replacement of inventories as well as property, plant, and equipment. The net profit will be increased by such an adjustment.
  - If monetary assets exceed monetary liabilities, a situation exists where all of the costs of replacement of inventory and property, plant, and equipment as well as the net portion of monetary assets are financed by equity. This would have a negative effect on **net** profit for the period because of the loss in purchasing power of the monetary assets borne by the owners.

ÉTUDE DE CAS

INFORMATIONS REFLÉTANT LES EFFETS DES VARIATIONS DE PRIX

SUITE

conséquent, les entreprises investissant dans de nouveaux actifs (qui augmentent la productivité et le profit), seront pénalisées par l'analyse d'un tel ratio, du fait de l'augmentation de l'actif total évalué aux coûts actuels.

Principaux ajustements

- **Coût des ventes :** l'objectif est de calculer le coût actuel des biens vendus durant la période à la date réelle ou pondérée à laquelle les ventes ont été réalisées. Le résultat net est réduit par cet ajustement.
- **Amortissement :** le principe de cet ajustement est que le montant amortissable des immobilisations corporelles doit être ajusté à la valeur actuelle. La dotation aux amortissements pour la période est alors basée sur cette valeur. Le résultat net est réduit par cet ajustement.
- **Ajustements multiplicateurs :** ce sont des ajustements basés sur le type de financement des actifs non monétaires au sein d'une entreprise :
  - des ressources externes peuvent être utilisées pour financer partiellement le coût de remplacement des actifs non monétaires (cela se produit quand les dettes monétaires excèdent les actifs monétaires et quand les détenteurs ne souffrent d'aucune perte de pouvoir d'achat). La position monétaire **nette** créditrice permet même à l'entreprise de financer une partie des actifs non monétaires, ce qui neutralise une partie des coûts de remplacement des stocks tout comme ceux des immobilisations corporelles. Le résultat net est augmenté par un tel ajustement ;
  - si les actifs monétaires excèdent les dettes monétaires, il existe une situation où tous les coûts de remplacement des stocks et des immobilisations corporelles aussi bien que la part **nette** des actifs monétaires sont financés par les capitaux propres. Cela peut avoir un effet négatif sur le résultat net de l'exercice à cause de la perte de pouvoir d'achat des actifs monétaires supportée par les actionnaires.

CHAPTER 12

PROPERTY, PLANT, AND EQUIPMENT (IAS 16)

12.1 PROBLEMS ADDRESSED

The following aspects of accounting for property, plant, and equipment are prescribed:

- Timing of recognition of the assets.
- Determination of their carrying amounts.
- Depreciation charges to be recognized in relation to these values.
- Disclosure requirements.

12.2 SCOPE OF THE STANDARD

The standard deals with all property, plant, and equipment. Property, plant, and equipment are tangible assets held by an enterprise for use in production, supply of goods or services, rental, or administration purposes, and are expected to be used during more than one period. Examples include land, buildings, machinery, ships, aircraft, motor vehicles, furniture, and fittings.

12.3 ACCOUNTING TREATMENT

12.3.1 Property, plant, and equipment could be recorded on the following bases:

- Cost less accumulated depreciation and accumulated impairment losses; i.e., carrying amount/book value **(benchmark treatment)**.
- Revalued amount **(allowed alternative)**, which is its fair value less accumulated depreciation and accumulated impairment losses.

12.3.2 In certain jurisdictions, the annual depreciation charge for an item of property, plant, and equipment would differ from the depreciation deduction allowed by the taxation authorities. This would result in a difference between the carrying amount and the tax base of the item; deferred taxation should therefore be provided in terms of IAS 12.

12.3.3 An item of property, plant, and equipment is recognized as an asset in terms of the IAS Framework if:

- It is **probable** that the future economic benefits of the asset will flow to the enterprise (e.g., revenue from the sales of products produced by the asset).
- The cost of the asset should be **measured reliably** from the transaction itself (e.g., an invoice).

12.3.4 The following principles are applied for combining or separating assets:

- Insignificant items (e.g., molds and dies) could be aggregated as single asset items.
- Specialized spares and servicing equipment are accounted for as property, plant, and equipment.

CHAPITRE 12

IMMOBILISATIONS CORPORELLES (IAS 16)

12.1 OBJECTIFS

La Norme couvre les principaux aspects suivants de la comptabilisation des immobilisations corporelles :

- date de comptabilisation des actifs ;
- détermination de leur valeur comptable ;
- dotations aux amortissements correspondant à ces valeurs ;
- informations à fournir.

12.2 CHAMP D'APPLICATION

La présente Norme s'applique à toutes les immobilisations corporelles. Les immobilisations corporelles sont des **actifs corporels** détenus par une entreprise pour la production, la fourniture de biens ou de services, la location à des tiers ou à des fins administratives, et dont la durée d'utilisation est censée être supérieure à un exercice. Les terrains, les constructions, les machines, les navires, les avions, les véhicules motorisés, le mobilier et le matériel de bureau sont des exemples d'immobilisations corporelles.

12.3 TRAITEMENT COMPTABLE

12.3.1 Les immobilisations corporelles peuvent être comptabilisées sur les bases suivantes :

- coût diminué du cumul des amortissements et du cumul des pertes de valeur, c'est-à-dire la valeur comptable **(méthode de référence)** ;
- montant réévalué **(alternative autorisée)**, c'est-à-dire la juste valeur diminuée du cumul des amortissements et du cumul des pertes de valeur.

12.3.2 Dans certaines législations, la dotation annuelle aux amortissements d'une immobilisation corporelle diffère de la déduction pour dépréciation autorisée par les autorités fiscales. Ceci a pour résultat une différence entre la valeur comptable et l'assiette d'imposition de cette immobilisation corporelle. Par conséquent, un impôt différé devra alors être provisionné en suivant les règles indiquées par la Norme IAS 12.

12.3.3 Une immobilisation corporelle est comptabilisée en actif conformément au cadre conceptuel de l'IAS si :

- il est **probable** que des avantages économiques futurs associés à cet actif iront à l'entreprise (par exemple, le produit de la vente de produits fabriqués grâce à cet actif) ;
- le coût de l'actif peut être **évalué de façon fiable** (par exemple, grâce à sa facture).

12.3.4 Les principes suivants sont applicables pour regrouper ou séparer des actifs :

- les éléments de faible valeur individuelle (par exemple, les moules et matrices) peuvent être regroupés comme un seul actif ;
- les pièces de rechange spécifiques et le matériel d'entretien sont comptabilisés en immobilisations corporelles ;

- Component parts are treated as separate items if the related assets have different useful lives or provide economic benefits in a different pattern (e.g., an aircraft and its engines).
- Safety and environmental assets qualify as property, plant, and equipment if they enable the enterprise to increase future economic benefits from related assets in excess of what it could derive if they had not been acquired (e.g., chemical protection equipment).

12.3.5 A property, plant, and equipment item is measured at its directly attributable costs, including the purchase price and duties paid. However, general and administrative expenses as well as start-up costs are excluded.

12.3.6 The cost of self-constructed assets include materials, labor, and other inputs.

12.3.7 When assets are exchanged, dissimilar items are recorded at the fair value of the asset(s) received. Similar items are recorded at the carrying amount of the asset(s) given up.

12.3.8 Subsequent expenditure on property, plant, and equipment is recognized as an expense when incurred if it restores the performance standard. These are capitalized when it is probable that economic benefits in **excess** of the original standard of performance will flow to the enterprise *(SIC–23).*

12.3.9 Depreciation reflects the consumption of economic benefits of an asset and is recognized as an expense unless it is included in the carrying amount of a self-constructed asset. The following principles apply:

- The depreciable amount is allocated on a systematic basis over the useful life.
- The method reflects the pattern of expected consumption. It includes the straight line, diminishing balance, and sum-of-the-units method.

12.3.10 Land and buildings are separable assets. Buildings are depreciable assets.

12.3.11 The amount expected to be recovered from the future use of an asset, including its residual value on disposal, is referred to as the **recoverable amount.** The carrying amount should be compared periodically (usually at year-end) with the recoverable amount. If the latter is lower, the difference is recognized as an expense unless it reverses a corresponding amount in the revaluation surplus.

12.4 DISCLOSURE

12.4.1 The main disclosure requirements include:

Accounting policies

- Measurement bases for **each** class of asset.
- Depreciation methods and rates for **each** class of asset.

Income statement and notes

- Depreciation charge for **each** class of asset.
- Effect of material changes in estimates of related costs of property, plant, and equipment items.

- les composants d'un actif sont traités comme des éléments séparés s'ils ont des durées d'utilité différentes ou procurent des avantages économiques selon un rythme différent (par exemple, un avion et ses moteurs) ;
- les actifs liés à l'environnement et à la sécurité sont considérés comme des immobilisations corporelles s'ils permettent à l'entreprise d'augmenter les avantages économiques futurs d'autres actifs par rapport à ceux qu'elle aurait pu obtenir s'ils n'avaient pas été acquis (par exemple, un équipement de protection chimique).

12.3.5 Les immobilisations corporelles sont comptabilisées à leurs coûts directement attribuables, incluant le prix d'achat, les taxes payées etc. Cependant, ni les frais généraux et administratifs ni les frais de démarrage ne sont inclus dans ce coût.

12.3.6 Le coût d'un actif produit par l'entreprise pour elle-même inclut le coût des matériaux, la main-d'œuvre et les autres charges de production.

12.3.7 Lorsque des actifs sont échangés, les actifs dissemblables sont enregistrés à la juste valeur de(s) l'actif(s) reçu(s). Les actifs similaires sont enregistrés à la valeur comptable de(s) l'actif(s) donné(s) en échange.

12.3.8 Les dépenses ultérieures relatives à des immobilisations corporelles sont comptabilisées comme des charges de l'exercice au cours duquel elles sont encourues si elles restaurent le niveau de performance de l'actif. Elles sont ajoutées à la valeur comptable quand il est probable que des avantages économiques futurs, **supérieurs** au niveau original de performance, iront à l'entreprise *(Interprétation SIC-23)*.

12.3.9 L'amortissement correspond à la consommation des avantages économiques liés à un actif et est comptabilisé en charge à moins qu'il ne soit incorporé dans la valeur comptable d'un actif produit par l'entreprise pour elle-même. Les principes suivants sont appliqués :

- le montant amortissable est réparti de façon systématique sur la durée d'utilité de l'actif ;
- le mode d'amortissement doit refléter le rythme de consommation. Cela comprend le mode linéaire, le mode dégressif, et le mode des unités de production.

12.3.10 Les terrains et les constructions sont des actifs distincts. Les constructions sont des actifs amortissables.

12.3.11 Le montant que l'entreprise compte obtenir de l'usage futur d'un actif, y compris sa valeur résiduelle de sortie est qualifié de **valeur recouvrable.** La valeur comptable doit être périodiquement comparée (en général en fin d'exercice) avec la valeur recouvrable. Si cette dernière est moins élevée, alors la différence est comptabilisée en charge à moins que cela ne compense un montant correspondant dans l'écart de réévaluation.

12.4 INFORMATIONS A FOURNIR

12.4.1 Les **principales** informations à fournir incluent :

Les méthodes comptables

- les conventions d'évaluation pour **chaque** catégorie d'immobilisations corporelles ;
- les modes et taux d'amortissement utilisés pour **chaque** catégorie d'immobilisations corporelles.

Compte de résultat et annexes

- les dotations aux amortissements pour **chaque** catégorie d'immobilisations corporelles ;
- l'effet des changements significatifs dans les estimations des coûts relatifs des immobilisations corporelles.

Balance sheet and notes

- Gross carrying amount (book value) less accumulated depreciation and accumulated impairment losses for **each** class of asset at the beginning and end of the period.
- Detailed reconciliation of movements in the carrying amount during the period.
- Amount of property, plant, and equipment in the course of construction.
- Property, plant, and equipment pledged as security.
- Capital commitments for acquisition of property, plant, and equipment.

12.4.2 Additional disclosures required for revalued amounts are as follows:

- The basis used and effective date of the revaluation.
- Balance of revaluation surplus.
- If an independent valuer was involved.
- Nature of any indices used to determine replacement costs.
- Carrying amount of **each** class property, plant, and equipment had it been carried in the financial statements on the historical costs basis.

Bilan et annexes

- la valeur comptable brute diminuée du cumul des amortissements et du cumul des pertes de valeur pour **chaque** catégorie d'immobilisations corporelles à l'ouverture et à la clôture de l'exercice ;
- un rapprochement détaillé des variations de la valeur comptable pendant l'exercice ;
- la valeur des immobilisations corporelles en cours de production ;
- les immobilisations corporelles acquises pour des raisons de sécurité ;
- le montant des engagements pour l'acquisition d'immobilisations corporelles.

12.4.2 Les informations **supplémentaires** requises pour les immobilisations corporelles inscrites à leur montant réévalué sont les suivantes :

- les principes utilisés et la date effective des réévaluations ;
- le solde de l'écart de réévaluation ;
- le recours ou non à un expert indépendant ;
- la nature de tous les indices utilisés pour déterminer les coûts de remplacement ;
- la valeur comptable de **chaque** catégorie d'immobilisations corporelles qui aurait figuré dans les états financiers si les actifs correspondants avaient été comptabilisés sur la base du coût historique.

CASE STUDY

PROPERTY, PLANT, AND EQUIPMENT

The following unrelated situations address accounting issues with regards to property, plant, and equipment where the balance sheet date is 31 December 20x1:

A. On 1 January 20x1, Zakharetz Inc. acquired production equipment in the amount of $250,000. The following further costs were incurred:

	$
• Delivery	18,000
• Installation	24,500
• General administration costs of an indirect nature	3,000

The installation and setting-up period took 3 months, and a further amount of $21,000 was spent on start-up costs directly related to bringing the asset to its working condition.

Monthly managerial reports indicated that for the first 5 months, the production quantities from this equipment resulted in an initial operating loss of $15,000 because of small quantities produced. The months thereafter show much more positive results.

The equipment has an estimated useful life of 14 years and a residual value of $18,000. Estimated dismantling costs amount to $12,500.

ISSUES: What value is originally recorded as the historical cost of the asset and what are the annual charges in the income statement related to the consumption of the economic benefits embodied in the assets?

Historical cost of equipment

	$
Invoice price	250,000
Delivery	18,000
Installation	24,500
Start-up costs	21,000
	313,500

Annual charges related to equipment

	$
Historical cost above	313,500
Estimated residual value	(18,000)
Estimated dismantling costs	12,500
Depreciable amount	308,000

The annual charge to the income statement is $22,000 (308,000 ÷ 14 yrs). However, note that in the year ending 31 December 20x1, the charge will be $16,500 (9/12 × $22,000) because the equipment was taken into use on 1 April 20x1, after the installation and setting-up period.

B. Delta Printers Inc. acquired its buildings and printing machinery on 1 January 20x1 for the amount of $2 million and recorded it at the historical cost. During 20x3, the directors made a

ÉTUDE DE CAS

IMMOBILISATIONS CORPORELLES

Les situations suivantes, indépendantes les unes des autres, posent des problèmes de comptabilité en matière d'immobilisations corporelles inscrites au bilan du 31 décembre 20x1 :

A. Le 1er janvier 20x1, la société Zakharetz Inc. acquiert un équipement de production pour un montant de $ 250 000. Les frais supplémentaires suivants sont constatés :

	$
• Livraison	18 000
• Installation	24 500
• Coûts généraux indirects	3 000

La période d'installation et de mise en marche a duré 3 mois, et un montant supplémentaire de $ 21 000 a été dépensé pour les frais de mise en route directement liés à l'obtention de bonnes conditions de fonctionnement.

Les rapports mensuels de gestion indiquent que pour les 5 premiers mois, les quantités produites par cet équipement, du fait de leur faible importance, se sont traduites par une perte opérationnelle de $ 15 000. Les mois qui suivent apportent des résultats beaucoup plus encourageants.

L'équipement a une durée d'utilité estimée à 14 années et une valeur résiduelle de $ 18 000. Les frais de démantèlement sont estimés à $ 12 500.

PROBLÈMES : À l'origine, quelle valeur est comptabilisée comme coût historique de l'actif, et quelles sont les charges annuelles dans les états financiers correspondants à la consommation des avantages économiques futurs de cet actif ?

Coût historique de l'équipement

	$
Prix facturé	250 000
Livraison	18 000
Installation	24 500
Frais de mise en marche	21 000
	313 500

Charges annuelles relatives à l'équipement

	$
Coût historique (ci-dessus)	313 500
Valeur résiduelle estimée	(18 000)
Frais de démantèlement estimés	12 500
Montant amortissable	308 000

La charge annuelle dans les états financiers est de $ 22 000 (308 000 / 14 ans). Cependant, il faut noter que pour l'année prenant fin le 31 décembre 20x1, la charge sera de $ 16 500 (9/12 × $ 22 000) puisque l'équipement n'a pu être utilisé qu'à partir du 1er avril 20x1, après la période d'installation et de mise en marche.

B. Delta Printers Inc. a acquis ses immeubles et ses machines d'imprimerie le 1er janvier 20x1, pour un montant de $ 2 millions et les a comptabilisés au coût historique. Au cours de l'exer-

CASE STUDY

PROPERTY, PLANT, AND EQUIPMENT

CONTINUED

decision to account for the machinery at fair value in the future, to provide for the maintenance of capital of the business in total.

ISSUES: Will measurement at fair value achieve the objective of capital maintenance?
How is fair value determined?
What are the deferred tax implications?

Maintenance of capital

The suggested method of accounting treatment will not be completely successful for the maintenance of capital due to the following:

- No provision is made for maintaining the current cost of inventory, work-in-process, and other non-monetary assets.
- No provision is made for the cost of holding monetary assets.
- No provision is made for back-log depreciation.

Fair value

- The fair value of **land and buildings** is usually the market value for current use, which assumes the continuous use of the asset in the same or similar operation. The value is determined through valuation, usually done by a professional valuer.
- The fair value of **plant and equipment items** are usually their market value determined by appraisal. When there is no proof of market value, due to the specialized nature of plant and equipment and because these items are rarely sold (except as part of a going concern), then the items are to be valued at net replacement cost.
- The calculation of a fair value of property, plant, and equipment is usually based on **existing use**. For an asset in which change in use is probable, the fair value is calculated on the same basis as other similar assets that are used for the same **intended purpose.**

Deferred tax implication of revaluation

- Deferred taxation is provided for on the revaluation amount even when the revaluation is above the cost price and the entity has no intention of selling the assets.
- The revalued carrying amount is then recovered through use, and taxable economic benefits are obtained against which no depreciation deductions for tax purposes are allowed. Therefore, the taxation payable on these economic benefits should be provided.
- Deferred taxation, as a result of revaluation, is provided for directly against the revaluation surplus (equity).

ÉTUDE DE CAS

IMMOBILISATIONS CORPORELLES

SUITE

cice 20x3, la direction prend la décision de comptabiliser les machines à leur juste valeur dans le futur, pour maintenir le capital de l'entreprise.

PROBLÈMES : La comptabilisation à la juste valeur permet-elle le maintien du capital ?
Comment la juste valeur est-elle déterminée ?
Quelles sont les implications en matière d'impôts différés ?

Maintien du capital

La méthode de traitement comptable suggérée ne sera pas totalement efficace pour le maintien de capital pour les raisons suivantes :

- rien n'est fait pour maintenir les coûts actuels de stocks, les travaux en cours, et les autres actifs non monétaires ;
- rien n'est fait pour les coûts de détention d'actifs monétaires ;
- rien n'est fait pour le rattrapage d'amortissement.

La juste valeur

- La juste valeur des **terrains et constructions** est, en général, la valeur du marché pour un usage courant, ce qui implique l'usage continu de l'actif dans une opération identique ou similaire. La valeur est déterminée d'après une estimation, réalisée en général par un évaluateur professionnel ;
- La juste valeur **des usines et des équipements** est, en général, leur valeur sur le marché déterminée par une expertise. Quand la valeur du marché n'est pas déterminable du fait de la nature particulière des actifs et de leur faible fréquence de vente, sauf en cours de liquidation, ils doivent être évalués au coût de remplacement net ;
- Le calcul de la juste valeur des immobilisations corporelles est en général basé sur **l'utilisation réelle.** Pour un actif dont l'utilisation va probablement changer, la juste valeur se calcule sur le même principe que les autres actifs similaires utilisés dans le même **but.**

Impact de la réévaluation sur les impôts différés

- La taxation différée est provisionnée sur le montant réévalué, même quand la réévaluation dépasse le prix coûtant et quand l'entreprise n'a aucune intention de vendre les actifs ;
- La valeur comptable réévaluée est alors recouvrée par l'utilisation, et des avantages économiques fiscaux sont obtenus, en échange desquels aucune déduction pour dépréciation à des fins fiscales n'est autorisée. Par conséquent, il faut payer les impôts sur ces avantages économiques ;
- L'imposition différée est directement payée sur l'excédent de réévaluation (capitaux propres).

CHAPTER 13

LEASES (IAS 17)

13.1 PROBLEMS ADDRESSED

The IAS describes, for **lessees** and **lessors**, the appropriate accounting policies and disclosure that should be applied to various types of lease transactions.

13.2 SCOPE OF THE STANDARD

This standard applies to all lease agreements, whereby the lessor conveys to the lessee in return for a payment or series of payments the right to use an asset for an agreed period of time. *SIC–15 clarifies the recognition of incentives related to operating leases by both the lessee and lessor.*

13.3 ACCOUNTING TREATMENT

13.3.1 A distinction is made between the two types of lease arrangements:

- **Finance leases,** which transfer substantially all the risks and rewards incident to ownership of an asset. Title may or may not eventually be transferred.
- **Operating leases,** which are leases other than finance leases.

13.3.2 The classification of leases is done at inception of lease. The **substance** rather than the **form** of the lease contract is indicative of the classification. The classification is based on the extent to which risks and rewards incident to ownership of a leased asset lie with the lessor or the lessee.

- **Risks** include potential losses from idle capacity, technological obsolescence, and variations in return due to changing economic conditions.
- **Rewards** include the expectation of profitable operation over the asset's economic life and of gain from appreciation in value or the realization of a residual value.

13.3.3 Finance leases include the following:

- Lease transfers ownership of asset to the lessee at the expiration of the lease.
- Lessee has a bargain purchase option that will be exercised with reasonable certainty.
- Lease term is for a major part of the economic life of the asset.
- Present value of minimum lease payments approximates fair value of the leased asset.
- Leased assets is of a specialized nature and only suitable for lessee.
- Lessee will bear cancellation losses.
- Fluctuation gains/losses of residual value passed on to lessee.
- Lease for secondary period possible at substantial lower-than-market rent.

CHAPITRE 13

CONTRATS DE LOCATION (IAS 17)

13.1 OBJECTIFS

La présente Norme IAS décrit, pour les **preneurs** et **bailleurs,** les méthodes comptables qui doivent être appliquées et les informations à fournir au titre des différents types de contrats de location.

13.2 CHAMP D'APPLICATION

Cette Norme s'applique à tous les types de contrats de location, par lesquels le bailleur cède au preneur le droit d'utiliser un actif pour une période déterminée, en échange d'un paiement ou d'une série de paiements. *L'interprétation SIC-15 clarifie la comptabilisation des avantages liés aux contrats de location simples pour le bailleur et le preneur à la fois.*

13.3 TRAITEMENT COMPTABLE

13.3.1 On distingue deux types de contrats de location :

- **les contrats de location-financement** transfèrent au preneur les avantages et les risques inhérents à la propriété d'un actif. La propriété peut être ou ne pas être finalement transférée ;
- **les contrats de location simple** désignent tout contrat de location autres que les contrats de location-financement.

13.3.2 La classification des contrats de location est faite en début de contrat. Elle tient plus à la **nature des opérations** qu'à la **forme** des contrats. La classification repose sur le degré d'imputation au bailleur ou au preneur des avantages et des risques inhérents à la propriété de l'actif.

- Les **risques** incluent les pertes éventuelles dues à la sous-utilisation des capacités ou à l'obsolescence technologique, et aux variations de la rentabilité dues à la conjoncture économique.
- Les **avantages** découlent d'une exploitation rentable de l'actif pendant sa durée d'utilisation économique et du gain dû à l'augmentation de valeur ou à la réalisation de sa valeur résiduelle.

13.3.3 Les contrats de location-financement peuvent inclure les situations suivantes :

- le contrat transfère la propriété de l'actif au preneur au terme de la durée du contrat ;
- le preneur obtient par le contrat une option d'achat à un prix intéressant de l'actif loué et un transfert de propriété à la fin du bail d'une certitude raisonnable ;
- le bail couvre la majeure partie de la durée de vie économique de l'actif ;
- la valeur actualisée des paiements minimaux est approximativement équivalente à la juste valeur de l'actif loué à cette date ;
- les actifs loués sont d'une nature spécialisée et conviennent uniquement au preneur ;
- le preneur supporte les pertes liées à la résiliation ;
- les gains ou pertes liés à la fluctuation de la valeur résiduelle sont à la charge du preneur ;
- la location pour une deuxième période est possible à un prix sensiblement inférieur à celui du marché.

ACCOUNTING BY LESSEES

13.3.4 An asset held under a **finance lease** and the corresponding obligation are recognized in terms of the principle of **substance over form.** The accounting treatment is as follows:

- At inception, the asset and corresponding liability for future lease payments are recognized at the same amounts.
- Initial direct costs in connection with lease activities are capitalized to the asset.
- Lease payments consist of the finance charge and the reduction of the outstanding liability. Finance charge to be a constant periodic rate of interest on the remaining balance of the liability for each period.
- Depreciation is recognized in terms of IAS 16 and IAS 38.

13.3.5 **Operating lease** payments (excluding costs for services such as insurance) are recognized as an expense in the income statement on a straight line basis, or a systematic basis that is representative of the time pattern of the user's benefit, even if the payments are not on that basis.

ACCOUNTING BY LESSORS

13.3.6 An asset held under a **finance lease** is presented as a receivable. It is accounted for as follows:

- The receivable is recorded at the net investment.
- The recognition of finance income is based on a pattern reflecting a constant periodic rate of return on the net investment.
- Initial direct costs are either recognized immediately or allocated against finance income over the lease term.

13.3.7 An **operating leased** asset is classified according to its nature. It is accounted for as follows:

- Depreciation is recognized in terms of IAS 16 and IAS 38.
- Lease income is recognized on a straight line basis over the lease term, unless another systematic basis is more representative.
- Initial direct costs are either recognized immediately or allocated against rent income over the lease term.

SALE AND LEASEBACK TRANSACTIONS

13.3.8 If the leaseback is a **finance lease,** any excess of sales proceeds over the carrying amount in the books of the lessee (vendor) should be deferred and amortized over the lease term. The transaction is a means whereby the lessor **provides finance** to the lessee. It is therefore inappropriate to recognize the profit as income immediately.

13.3.9 Profit/loss from an **operating lease** concluded at fair value is recognized immediately. Transac-tions below or above fair value are recorded as follows:

- If the fair value is less than the carrying amount of the asset, a loss equal to the difference is recognized immediately.
- If the sale price is above fair value, the excess over fair value should be deferred and amortized over the lease period.
- If the sale price is below fair value, any profit/loss is recognized immediately unless a loss is compensated by future lease payments at below market price; in this case, the loss should be deferred and amortized in proportion to the lease payments.

COMPTABILISATION PAR LE PRENEUR

13.3.4 Un actif détenu dans le cadre d'un **contrat de location-financement** et l'obligation correspondante sont identifiés selon le principe de la prédominance de la **substance sur la forme du contrat.** La comptabilisation dans les états financiers du preneur est faite selon les règles suivantes :

- au commencement du contrat, le bien loué est comptabilisé à l'actif du bilan et l'obligation de payer les loyers futurs au passif du bilan pour le même montant ;
- les coûts directs initiaux liés aux activités de location sont comptabilisés à l'actif ;
- les loyers sont comptabilisés en distinguant la charge financière et le remboursement du principal. La charge financière doit être répartie sur les différents exercices pendant la durée du bail de façon à obtenir un taux d'intérêt constant sur le solde restant dû au passif au titre de chaque période ;
- l'amortissement de l'actif loué est comptabilisé conformément aux Normes IAS 16 et IAS 38.

13.3.5 Les paiements au titre d'un **contrat de location simple** (à l'exclusion du coût des services tels que l'assurance) sont comptabilisés en charges dans le compte de résultat sur une base linéaire à moins qu'une autre base systématique de comptabilisation soit représentative de l'échelonnement dans le temps des avantages qu'en retirera l'utilisateur, même si les paiements ne sont pas effectués sur cette base.

COMPTABILISATION PAR LE BAILLEUR

13.3.6 Tout actif faisant l'objet d'un **contrat de location-financement** doit être enregistré dans le bilan du bailleur en créances. La comptabilisation est la suivante :

- la créance est enregistrée pour un montant égal à l'investissement net ;
- la comptabilisation des revenus financiers doit s'effectuer sur la base d'une formule traduisant un taux de rentabilité périodique constant de l'investissement net ;
- les frais directs initiaux sont comptabilisés en charge soit immédiatement au moment où ils sont engagés, soit en fonction du produit de la location sur la durée du bail.

13.3.7 Un actif **donné en location simple** doit être présenté selon sa nature. Il est comptabilisé comme suit :

- l'amortissement est comptabilisé conformément à la Norme IAS 16 ;
- les revenus de la location doivent être comptabilisés sur une base linéaire sur la durée du bail, à moins qu'une autre base systématique soit plus représentative ;
- les frais directs initiaux sont comptabilisés soit immédiatement soit en fonction du produit de la location sur la durée du bail.

TRANSACTIONS DE CESSION-BAIL

13.3.8 Si une transaction de cession bail débouche sur un **contrat de location-financement,** tout excédent des produits de cession par rapport à la valeur comptable chez le preneur (vendeur) doit être différé et amorti sur la durée du contrat de location. L'opération est un moyen pour le bailleur **de financer** le preneur. C'est pourquoi il ne faut pas considérer la plus-value dégagée comme un profit réalisé immédiatement.

13.3.9 Le profit / la perte issu(e) d'un **contrat de location simple** conclu à la juste valeur est comptabilisé immédiatement. Les opérations réalisées au-dessus ou en dessous de la juste valeur sont enregistrées comme suit :

- si la juste valeur est inférieure à la valeur comptable de l'actif, la différence est comptabilisée en perte immédiatement ;
- si le prix de vente est supérieur à la juste valeur, l'excédent est alors différé et amorti sur la durée du contrat de location ;
- si le prix de vente est inférieur à la juste valeur de l'actif, la perte de cession (ou le profit) est immédiatement constatée, sauf si la perte peut être compensée par des loyers futurs inférieurs au prix du marché ; dans ce cas, la perte est différée et amortie proportionnellement aux versements des loyers.

13.4 DISCLOSURE

13.4.1 Lessees

Finance leases

- Asset: carrying amount of **each** class of asset.
- Liability: total of minimum lease payments reconciled to the present values of lease liabilities in **three periodic bands,** namely:
  - Not later than 1 year.
  - Not later than 5 years.
  - Later than 5 years.
- IAS 16 requirements for leased property, plant, and equipment.
- General description of significant leasing arrangements.
- Distinction between current and non-current lease liabilities.
- Future minimum sublease payments expected to be received under non-cancellable subleases at balance sheet date.
- Contingent rents recognized in income for the period.

Operating leases

- General description of significant leasing arrangements (same information as for finance leases above).
- Lease and sublease payments recognized in income of the current period, separating minimum lease payments, contingent rents, and sublease payments.
- Future minimum non-cancellable lease payments in the **three periodic bands.**
- Future minimum sublease payments expected to be received under non-cancellable subleases at balance sheet date.

13.4.2 Lessors

Finance leases

- The total gross investment reconciled to the present value of minimum lease payments receivable in the **three periodic bands.**
- Unearned finance income.
- Accumulated allowance for uncollectible receivables.
- Contingent rents recognized in income.
- General description of significant leasing arrangements.
- Unguaranteed residual values.

Operating leases

- All related disclosure under IAS 16, IAS 36, IAS 38 and IAS 40.
- General description of significant leasing arrangements.
- Total future minimum lease payments under non-cancellable operating leases in **the three periodic bands.**
- Total contingent rents recognized in income.

13.4.3 Sale and leaseback transactions

- Same disclosures for lessees and lessors apply.
- Some items may be separately disclosable in terms of IAS 8.

13.4 PRÉSENTATION ET INFORMATIONS A FOURNIR

13.4.1 PRENEURS

Contrats de location-financement :

- actif : valeur nette comptable de **chaque** catégorie d'actifs ;
- passif : rapprochement entre le total des paiements minimaux au titre de la location et leur valeur actualisée pour chacune des **trois périodes** suivantes :
  - à moins d'un an ;
  - entre 1 an et 5 ans ;
  - à plus de 5 ans ;
- application des dispositions de la Norme IAS 16 pour les immobilisations corporelles louées ;
- description générale des contrats de location significatifs ;
- distinction entre les dettes de location courantes et non-courantes ;
- total à la date de clôture des paiements minimaux au titre de sous-location que l'on s'attend à recevoir au titre de contrats de sous-location non résiliables ;
- loyers conditionnels comptabilisés en résultat.

Contrats de location simple :

- description générale des contrats de location significatifs (mêmes informations que pour la location-financement) ;
- montants des paiements de location et de sous-location comptabilisés dans le résultat de l'exercice en indiquant séparément les montants correspondant aux paiements minimaux, les loyers conditionnels et le revenu des sous locations ;
- loyers futurs minimaux de contrats de location non résiliables à effectuer pour les **trois périodes ;**
- loyers futurs minimaux de contrats de sous-location non résiliables à percevoir au titre des contrats de sous-location non résiliables à la date du bilan.

13.4.2 BAILLEURS

Contrats de location-financement :

- rapprochement entre l'investissement brut total et la valeur actualisée des paiements minimaux à recevoir à chacune des **trois périodes ;**
- produits financiers non acquis ;
- provisions cumulées sur les créances non recouvrables ;
- loyers conditionnels comptabilisés en résultat ;
- description générale des contrats significatifs ;
- valeurs résiduelles non garanties.

Contrats de location simple :

- toutes les informations à fournir liées et relatives aux Normes IAS 16, IAS 36, IAS 38 et IAS 40 ;
- description générale des contrats significatifs ;
- montant total des paiements minimaux futurs au titre de contrats de location simple non résiliables sur les **trois périodes ;**
- montant total des loyers conditionnels comptabilisés en produit.

13.4.3 Transactions de cession-bail :

- mêmes informations à fournir pour le bailleur et le preneur ;
- quelques éléments peuvent être présentés séparément, conformément à la Norme IAS 8.

CASE STUDY

LEASES

A manufacturing machine with a cash price of $330,000 is acquired by way of a finance lease agreement under the following terms:

- Effective date: 1 January 20x2
- Lease term: 3 years
- Installments of $72,500 are payable half-yearly in arrears
- Effective rate of interest is 23.5468 percent per annum
- Deposit of $30,000 immediately payable.

The amortization table for this transaction would be as follows:

	Installment $	**Interest** $	**Capital** $	**Balance** $
Cash price				330,000
Deposit	30,000	–	30,000	300,000
Installment 1	72,500	35,320	37,180	262,820
Installment 2	72,500	30,943	41,557	221,263
Subtotal	175,000	66,263	108,737	
Installment 3	72,500	26,050	46,450	174,813
Installment 4	72,500	20,581	51,919	122,894
Installment 5	72,500	14,469	58,031	64,863
Installment 6	72,500	7,637	64,863	–
TOTAL	**465,000**	**135,000**	**330,000**	

The finance lease would be recognized and presented in the financial statements as follows:

BOOKS OF THE LESSEE

An asset of $330,000 will be recorded and a corresponding liability would be raised on 1 January 20x2.

If it is assumed that the machine is depreciated on a straight-line basis over a period of six years, the following expenses would be recognized in the **income statement** for the first year:

- Depreciation (330,000 ÷ 6) $55,000
- Finance lease charges (35,320 + 30,943) $66,263

The **balance sheet** at 31 December 20 × 2 would reflect the following balances:

- Machine (330,000 – 55,000) $275,000 Dr
- Long-term finance lease liability $221,263 Cr

ÉTUDE DE CAS

CONTRATS DE LOCATION

Une machine industrielle au prix comptant de $ 330 000 est acquise par le biais d'un contrat de location-financement conclu dans les termes suivants :

- commencement du contrat : 1er janvier 20x2 ;
- durée du contrat : 3 ans ;
- les versements de $ 72 500 sont payables à terme échu semestriellement ;
- le taux d'intérêt effectif est de 23,5468 % par an ;
- un dépôt de garantie de $ 30 000 est payable immédiatement.

Le tableau d'amortissement pour cette opération serait le suivant :

	Versement $	**Intérêt** $	**Part du remboursement** $	**Capital restant dû** $
Prix au comptant				330 000
Dépôt de garantie	30 000	–	30 000	300 000
Versement 1	72 500	35 320	37 180	262 820
Versement 2	72 500	30 943	41 557	221 263
Sous-total	175 000	66 263	108 737	
Versement 3	72 500	26 050	46 450	174 813
Versement 4	72 500	20 581	51 919	122 894
Versement 5	72 500	14 469	58 031	64 863
Versement 6	72 500	7 637	64 863	–
TOTAL	**465 000**	**135 000**	**330 000**	

Le contrat de location-financement sera comptabilisé et présenté dans les états financiers ainsi :

COMPTES DU PRENEUR

Un actif de $ 330 000 est enregistré et une dette correspondante ajoutée au 1er janvier 20x2.

S'il est convenu que la machine est amortie linéairement sur une durée de six ans, les charges suivantes seront comptabilisées dans le **compte de résultat** de la première année :

– Amortissement (330 000 / 6)	$ 55 000
– Intérêts (35 320 + 30 943)	$ 66 263

Le **bilan** au 31 décembre 20x2 comportera les soldes suivants :

– Machine (330 000 – 55 000)	$ 275 000 D
– Dette à long terme du contrat de location-financement	$ 221 263 C

CASE STUDY

LEASES

CONTINUED

BOOKS OF THE LESSOR

The gross amount of $465,000 due by the lessee, would be recorded as a debtor at inception of the contract, i.e., the deposit of $30,000 plus six installments of $72,500 each. The unearned finance income of $135,000 is recorded as a deferred income (credit balance). The net amount reflected would then be $330,000 ($465,000 – $135,000).

The deposit as well as the first two installments are credited to the debtor account, which will then reflect a debit balance of $290,000 at 31 December 20x2.

A total of $66,263 ($35,320 + $30,943) of the unearned finance income has been earned in the first year, which brings the balance of this account to $68,737 at 31 December 20x2.

The **income statement** for the year ending 31 December 20x2 would reflect finance income earned in the first year to an amount of $66,263.

The **balance shee**t at 31 December 20x2 will reflect the net investment as a long-term receivable at $221,263 ($290,000 – $68,737), which agrees with the liability in the books of the lessor at that stage.

ÉTUDE DE CAS

CONTRATS DE LOCATION

SUITE

COMPTES DU BAILLEUR

Le montant brut de $ 465 000 dû par le preneur sera enregistré comme une créance à la date d'entrée en vigueur du contrat c'est-à-dire le dépôt de garantie de $ 30 000 plus six versements de $ 72 500 chacun. Le produit financier non perçu de $ 135 000 est enregistré comme un produit différé (solde créditeur). Le montant net répercuté serait alors de $ 330 000 ($ 465 000 – $ 135 000).

Le dépôt de garantie ainsi que les deux premiers versements sont crédités au compte de créance, qui va alors présenter un solde débiteur de $ 290 000 au 31 décembre 20x2.

Un total de $ 66 263 ($ 35 320 + $ 30 943) de produits financiers non perçus a été acquis durant la première année, ce qui donne un montant de $ 68 737 pour le solde de ce compte au 31 décembre 20x2.

Le **compte de résultat** pour l'exercice clôturant le 31 décembre 20x2 présente un produit financier acquis durant la première année pour un montant égal à $ 66 263.

Le **bilan** au 31 décembre 20x2 représentera l'investissement net en une créance à long terme de $ 221 263 ($ 290 000 – $ 68 737), ce qui est en concordance avec la dette figurant dans les comptes du preneur à ce stade.

CHAPTER 14

REVENUE (IAS 18)

14.1 PROBLEMS ADDRESSED

The accounting treatment of revenue arising from **ordinary activities** is described. The following aspects are addressed:

- Revenue is distinguished from other income. (Income includes both revenue and gains.)
- Recognition criteria for revenue is identified.
- Practical guidance is provided on:
- Moment of recognition.
- Amount to be recognized.
- Disclosure requirements.

14.2 SCOPE OF THE STANDARD

The IAS deals with the accounting treatment of revenue that comes from:

- Sale of goods.
- Rendering of services.
- Use by others of enterprise assets yielding interest, royalties, and dividends.

Revenue is the gross inflow of economic benefits:

- during the period,
- arising in ordinary course of activities,
- resulting in increases in equity, other than contributions by equity participants.

Revenue excludes amounts collected on behalf of third parties, e.g., VAT.

14.3 ACCOUNTING TREATMENT

14.3.1 Revenue should be measured at the **fair value** of the consideration **received**:

- Trade discounts and volume rebates are deducted to determine fair value. However, payment discounts are non-deductible.
- When the inflow of cash is deferred (e.g., the provision of interest free credit), it effectively constitutes a financing transaction. The imputed rate of interest should be calculated. The difference between the fair value and nominal amount of the consideration is separately recognized and disclosed as interest.
- When goods or services are exchanged for that of a similar nature and value, no revenue recognition occurs.
- When goods or services are rendered in exchange for dissimilar goods or services, revenue is measured at the fair value of the goods or services **received**.

CHAPITRE 14

PRODUIT DES ACTIVITÉS ORDINAIRES (IAS 18)

14.1 OBJECTIFS

La présente Norme prescrit le traitement comptable des produits des **activités ordinaires**. Les points suivants sont abordés :

- le produit des activités ordinaires doit être distingué des autres produits (le terme produit recouvre à la fois les produits et les profits issus des activités ordinaires) ;
- les critères de comptabilisation sont identifiés ;
- des commentaires pratiques sont également donnés sur :
  - le moment de la comptabilisation ;
  - le montant de cette comptabilisation ;
  - les informations à fournir.

14.2 CHAMP D'APPLICATION

La présente Norme doit être appliquée aux produits des activités ordinaires qui proviennent de :

- la vente des biens ;
- la prestation de services ;
- l'utilisation par des tiers d'actifs de l'entreprise produisant des intérêts, des redevances et des dividendes.

Les produits des activités ordinaires sont des rentrées brutes d'avantages économiques :

- au cours de l'exercice ;
- provenant des activités ordinaires de l'entreprise ;
- résultant des augmentations des capitaux propres autrement que par des augmentations du capital par les actionnaires.

Les produits des activités ordinaires excluent les sommes collectées pour le compte d'une tierce personne (par exemple, la TVA).

14.3 TRAITEMENT COMPTABLE

14.3.1 Le produit des activités ordinaires doit être évalué à la **juste valeur** de la contrepartie **reçue** :

- les remises commerciales et les rabais sont déduits pour déterminer la juste valeur. Cependant, les escomptes de paiement accordés ne sont pas déduits ;
- lorsque l'entrée de trésorerie est différée (par exemple, lors du consentement d'un crédit sans intérêt), il s'agit en fait d'une opération de financement. Le taux d'intérêt implicite doit être calculé. La différence entre la juste valeur et le montant nominal de la contrepartie est comptabilisée séparément et présentée en produits financiers ;
- lorsque des biens ou des services sont échangés contre des biens ou des services de nature et de valeur équivalentes, aucun produit d'activités ordinaires n'est comptabilisé ;
- lorsque des biens ou des services sont échangés contre des biens ou des services dissemblables, le produit d'activités ordinaires est évalué à la juste valeur des biens ou des services **reçus**.

14.3.2 Rules for the identification of transactions that generate revenue are as follows:

- When the selling price of a product includes an amount for subsequent servicing, that amount is deferred over the period that the service is performed.
- When an enterprise sells goods and immediately concludes an agreement to repurchase them at a later date, the substantive effect of the transaction is negated and the two transactions are dealt with as one.

14.3.3 Revenue from the sale of goods is recognized when:

- Significant risks and rewards of ownership of the goods is transferred to the buyer.
- The enterprise retains neither continuing managerial involvement of ownership nor effective control over the goods sold.
- The amount of revenue can be measured reliably.
- It is probable that the economic benefits of the transaction will flow to the enterprise.
- The costs of the transaction can be measured reliably.

14.3.4 Uncertainty about the collectability of an amount already included in revenue is treated as an expense rather than as an adjustment to revenue.

14.3.5 Revenue cannot be recognized when the expenses cannot be measured reliably. Consideration already received for the sale is deferred as a liability until revenue recognition can take place.

14.3.6 When the outcome of a transaction involving the rendering of services can be **estimated reliably,** revenue is recognized by reference to the **stage of completion** of the transaction at **balance sheet date.** The outcome can be estimated when:

- The amount of revenue can be measured reliably.
- It is probable that the economic benefits of the transaction will flow to the enterprise.
- The stage of completion can be measured reliably.
- The costs incurred and the costs to complete the transaction can be measured reliably.

14.3.7 When the outcome of the transaction involving the rendering of services **cannot be estimated reliably,** revenue should be recognized only to the extent of the expenses that are recoverable.

14.3.8 The **stage of completion** of a transaction may be determined by a variety of methods similar to that described in IAS 11 (e.g., the proportion of costs incurred to total estimated costs; see paragraph 8.3.6).

14.3.9 Revenue arising from the use by others of enterprise assets yielding interest, royalties, and dividends should be recognized as follows:

- **Interest:** Time proportion basis (principal amount outstanding, %, time).
- **Royalties:** Accrual basis (substance of the relevant agreements).
- **Dividends:** When the right to receive payment is established.

14.3.2 Les critères d'identification des opérations qui génèrent des produis d'activités ordinaires sont les suivants :

- lorsque le prix de vente d'un produit comprend un montant identifiable correspondant à un service ultérieur, ce montant doit être différé jusqu'à la période où le service est effectivement exécuté ;
- lorsqu'une entreprise vend des biens et conclut immédiatement un contrat pour les racheter à une date ultérieure, l'effet substantiel de la transaction est nié et les deux opérations sont traitées comme une seule.

14.3.3 Les produits des activités ordinaires provenant de la vente de biens sont comptabilisés lorsque :

- l'entreprise a transféré à l'acheteur les risques et les avantages substantiels inhérents à la propriété des biens ;
- l'entreprise ne continue ni à être impliquée dans la gestion, telle qu'elle incombe au propriétaire, ni dans le contrôle effectif des biens cédés ;
- le montant du produit d'activités ordinaires peut être évalué de façon fiable ;
- il est probable que des avantages économiques liés à l'opération iront à l'entreprise ;
- les coûts de la transaction peuvent être évalués de façon fiable.

14.3.4 L'incertitude quant au recouvrement d'un montant déjà comptabilisé en produit d'activités ordinaires est traité comme une charge plutôt que comme un ajustement de produit d'activités ordinaires.

14.3.5 Un produit d'activités ordinaires ne peut être comptabilisé si les dépenses relatives ne peuvent être évaluées de façon fiable. La contrepartie déjà reçue est comptabilisée en passif jusqu'à ce que la comptabilisation en produit d'activités ordinaires puisse avoir lieu.

14.3.6 Lorsque le résultat d'une transaction faisant intervenir une prestation de service peut être **évalué de façon fiable,** le produit d'activités ordinaires est comptabilisé en fonction du **degré d'avancement** du service à la **date de clôture de l'exercice**. Le résultat peut être estimé quand :

- le montant du produit des activités ordinaires peut être évalué de façon fiable ;
- il est probable que des avantages économiques liés à la transaction iront à l'entreprise ;
- le degré d'avancement des travaux peut être évalué de façon fiable ;
- les coûts encourus et les coûts à venir pour achever l'opération sont estimables de façon fiable.

14.3.7 Lorsque le résultat d'une opération impliquant une prestation de service **ne peut être évalué de façon fiable,** les produits d'activités ordinaires ne peuvent être comptabilisés qu'à hauteur des charges comptabilisées qui sont recouvrables.

14.3.8 Le **degré d'avancement** d'une opération peut être estimé de diverses façons similaires à celles qui sont décrites dans la Norme IAS 11 (par exemple, la proportion des coûts encourus par rapport au total des coûts estimés – voir paragraphe 8.3.6).

14.3.9 Les produits des activités ordinaires provenant de l'utilisation par d'autres d'actifs de l'entreprise et donnant lieu à la production d'intérêts, de redevances et de dividendes doivent être comptabilisés de la façon suivante :

- **les intérêts** doivent être comptabilisés en fonction du temps écoulé en tenant compte du rendement effectif de l'actif ;
- **les redevances** doivent être comptabilisées conformément à la substance de l'accord concerné ;
- **les dividendes** doivent être comptabilisés lorsque le droit de l'actionnaire de percevoir le paiement est établi.

14.4 DISCLOSURE

Accounting policies

- Revenue measurement bases used.
- Revenue recognition methods used.
- Stage of completion method for services.

Income statement and notes

- Amounts of significant revenue categories:
  - Sale of goods.
  - Rendering of services.
  - Interest.
  - Royalties.
  - Dividends.
- Amount of revenue recognized from the exchange of goods or services.

14.4 INFORMATIONS A FOURNIR

Méthodes comptables :

- base de calcul du produit d'activités ordinaires ;
- critères utilisés pour la comptabilisation des produits d'activités ordinaires ;
- méthode d'évaluation du degré d'avancement des services.

Compte de résultat et annexes :

- montant de chaque catégorie significative de produits d'activités ordinaires :
  - vente de biens ;
  - prestation de services ;
  - intérêts ;
  - redevances ;
  - dividendes ;
- montant du produit d'activités ordinaires provenant de l'échange de biens ou de services.

CASE STUDY

REVENUE

A generous benefactor donates raw materials to an enterprise for use in its production process. The materials had cost the benefactor $20,000 and had a market value of $30,000 at the time of donation. The materials are still on hand at the balance sheet date. No entry has been made in the books of the enterprise. The question is whether the donation should be recognized as revenue in the books of the enterprise.

The proper accounting treatment of the above matter is as follows:

- The accounting standard that deals with inventories, IAS 2, provides no guidance on the treatment of inventory acquired by donation. However, donations received meet the definition of **revenue** in IAS 18 (i.e., the gross inflow of economic benefits during the period arising in the course of ordinary activities when those inflows result in increases in equity, other than increases relating to contributions from equity participants). It could be argued that receiving a donation is not part of the **ordinary course of activities**. In such a case the donation would be regarded as a capital gain. For purposes of this case study, the donation is regarded as revenue.
- The donations should be recorded as revenue measured at its fair value ($30,000) of the raw materials received (as that is the economic benefit).
- The debit clearly meets the Framework's definition of an asset, because the raw materials **(resource)** is now owned **(controlled)** by the corporation as a result of the donation **(past event)** from which a profit can be made in the future **(future economic benefits)**; see paragraph 2.3.6. The recognition criteria of the Framework, namely those of measurability and probability, are also satisfied; see paragraph 2.3.8.
- As the debit coming from the donation relates to trading items, it should be disclosed as inventory, with the fair value of $30,000 at the acquisition date being treated as the cost thereof.

ÉTUDE DE CAS

PRODUIT DES ACTIVITÉS ORDINAIRES

Un généreux mécène donne à une entreprise des matières premières pour être utilisées dans son processus de production. Ces matières ont coûté au mécène la somme de $ 20 000 et ont une valeur marchande de $ 30 000 au moment du don. Les matières premières sont toujours inutilisées à la date de clôture de l'exercice. Aucune comptabilisation n'a encore été effectuée par l'entreprise. Faut-il comptabiliser ce don comme un produit d'activités ordinaires dans les comptes de l'entreprise ?

Le traitement comptable adéquat de ce don est le suivant :

- La Norme IAS 2 qui traite des stocks ne fournit aucune solution pour le traitement des stocks acquis par donation. Cependant, les donations satisfont aux critères de définition des **produits d'activités ordinaires** de la Norme IAS 18 (par exemple : avantages économiques bruts bénéficiant à l'entreprise pendant l'exercice à l'occasion des activités ordinaires qui ont pour effet une augmentation des capitaux propres autrement que par l'augmentation de la participation des actionnaires). Il peut être objecté que la donation n'entre pas dans le **cadre des activités ordinaires de l'entreprise**. Dans ce cas, la donation serait considérée comme un gain. Dans le cadre de cette étude, la donation sera considérée comme un produit d'activités ordinaires.
- La donation doit être enregistrée comme produit d'activités ordinaires à la juste valeur ($ 30 000) des matières premières (ce qui correspond à l'avantage économique).
- Ce débit satisfait clairement les critères de définition d'un actif posé par le cadre de présentation et de préparation des états financiers car les matières **(ressources)** ne sont la propriété **(contrôlées)** de l'entreprise qu'en résultat de la donation **(événement passé)** grâce à laquelle des produits seront réalisés dans le futur **(avantages économiques futurs)** ; voir paragraphe 2.3.6. Les critères de comptabilisation posés par le cadre, en l'occurrence la probabilité et le caractère évaluable, sont aussi satisfaits ; voir paragraphe 2.3.8.
- Comme le débit provenant de la donation correspond à des éléments commercialisables, ils doivent être présentés comme des stocks à la juste valeur de $ 30 000 à la date d'acquisition.

CHAPTER 15

EMPLOYEE BENEFITS (IAS 19)

15.1 PROBLEMS ADDRESSED

The standard prescribes the accounting recognition and measurement principles as well as the disclosure requirements for employee benefits.

15.2 SCOPE OF THE STANDARD

The IAS applies to all employee benefits including those provided under both formal arrangements and informal practices. Five types of employee benefits are identified, namely:

- Short-term employee benefits (e.g., bonuses, wages, and social security).
- Post-employment benefits (e.g., pensions and other retirement benefits).
- Other long-term employee benefits (e.g., long-service leave and, if not due within 12 months, profit sharing, bonuses, and deferred compensation).
- Termination benefits.
- Equity compensation benefits (e.g., employee share options).

15.3 ACCOUNTING TREATMENT

15.3.1 Employee benefits may be provided in terms of both the following:

- **Legal obligations,** which arise from the operation of law (e.g., agreements and plans between the enterprise and employees or their representatives).
- **Constructive obligations,** which arise from informal practices that result in an obligation whereby the enterprise has no realistic alternative but to pay employee benefits (e.g., the enterprise has a history of increasing benefits for former employees to keep pace with inflation even if there is no legal obligation to do so).

15.3.2 Two types of post-employment benefit plans are distinguished, namely:

- **Defined contribution plan:** The enterprise's legal or constructive obligation is limited to the amount it agrees to contribute to the fund. The actuarial risk (that assets invested will be insufficient to meet expected benefits) falls on the employee.
- **Defined benefit plan:** The enterprise's obligation is to provide the agreed benefits to current and former employees. Actuarial risk (that benefits will cost more than expected) and investment risk fall on the enterprise.

SHORT-TERM EMPLOYEE BENEFITS

15.3.3 These should be recognized as an expense when the employee has rendered services in exchange for the benefits **or** when the enterprise has a legal or constructive obligation to make such payments as a result of past events, e.g., profit sharing plans.

CHAPITRE 15

AVANTAGES DU PERSONNEL (IAS 19)

15.1 OBJECTIFS

La présente Norme prescrit la comptabilisation, les principes d'évaluation ainsi que les informations à fournir par les employeurs au titre des avantages du personnel.

15.2 CHAMP D'APPLICATION

La présente Norme IAS est applicable à tous les avantages du personnel, notamment à ceux accordés en vertu de régimes formalisés ou de pratiques informelles. Cinq types d'avantages du personnel peuvent être identifiés :

- les avantages à court terme (par exemple, les bonus, les salaires et les cotisations de sécurité sociale) ;
- les avantages postérieurs à l'emploi (par exemple, les pensions et les autres prestations de retraite) ;
- les autres avantages à long terme (par exemple, les congés liés à l'ancienneté et s'ils ne sont pas dus dans les douze mois, l'intéressement, les primes et les rémunérations différées) ;
- les indemnités de fin de contrat ;
- les avantages sur capitaux propres (par exemple : les options d'achat d'actions pour le personnel).

15.3 TRAITEMENT COMPTABLE

15.3.1 Les avantages du personnel peuvent être accordés en vertu :

- **d'obligations juridiques** qui ont leur source dans des dispositions légales (par exemple, les accords et les plans entre l'entreprise et ses employés ou leurs représentants) ;
- **d'obligations implicites** qui ont leur source dans des pratiques informelles et imposent une obligation à l'entreprise qui n'a pas d'autre alternative réaliste que de payer des avantages au personnel (par exemple, l'entreprise a coutume d'augmenter les avantages du personnel pour compenser l'inflation alors même qu'elle n'a pas d'obligation légale de le faire).

15.3.2 Deux sortes de régimes d'avantages postérieurs peuvent être distinguées :

- **les régimes à cotisations définies :** l'obligation juridique ou implicite de l'entreprise est limitée au versement au fonds du montant sur lequel porte l'accord. Le risque actuariel (risque que les actifs investis soient insuffisants pour couvrir les avantages attendus) pèse sur les employés ;
- **les régimes à prestations définies :** l'obligation de l'entreprise est de fournir les avantages convenus aux anciens employés et aux employés actuels. Le risque actuariel (risque que les prestations coûtent plus que prévues) et le risque de placement, incombent à l'entreprise.

AVANTAGES DU PERSONNEL À COURT TERME

15.3.3 Ils doivent être comptabilisés en charge dès que l'employé a rendu les services contreparties des avantages **ou** dès que l'entreprise a l'obligation juridique ou implicite d'effectuer un tel paiement résultant d'événements passés (par exemple : plans de participation aux résultats).

POST-EMPLOYEMENT BENEFITS

Under defined contribution plans

15.3.4 An enterprise recognizes contributions to a defined contribution plan as an expense when an employee has rendered services in exchange for those contributions. When the contributions do not fall due within 12 months after the accounting period that services were rendered, they should be discounted.

Under defined benefit plans

15.3.5 The following rules apply:

- An enterprise determines the present value of defined benefit **obligations** and the fair value of any **plan assets** with sufficient regularity that the amounts recognized in the financial statements do not differ materially from the amounts that would be determined at the **balance sheet date.**
- An enterprise should use the **projected unit credit method** to measure the present value of its defined benefit obligations and related current and past service costs. This method sees each period of service as giving rise to an additional unit of benefit entitlement and measures each unit separately to build up the final obligation.
- Unbiased and mutually compatible actuarial assumptions about demographic variables (e.g., employee turnover and mortality) and financial variables (e.g., future increases in salaries and certain changes in benefits) should be used.
- The difference between the fair value of any plan assets and the carrying amount of the defined benefit obligation is recognized as a liability or an asset.
- When it is virtually certain that another party will reimburse some or all of the expenditure required to settle a defined benefit obligation, an enterprise should recognize its right to reimbursement as a separate asset.
- Offsetting of assets and liabilities of different plans are not allowed.
- The net total of current service cost, interest cost, expected return on plan assets and on any reimbursement rights, actuarial gains and losses, past service cost and the effect of any plan curtailments or settlements should be recognized as expense or income.
- Recognize gains or losses on the curtailment or settlement of a defined benefit plan when the curtailment or settlement occurs.
- Recognize a specified portion of the net cumulative actuarial gains and losses that exceed the **greater** of:
  - 10% of the present value of the defined benefit obligation (before deducting plan assets), and
  - 10% of the fair value of any plan assets.

  The minimum portion to be recognized for each defined benefit plan is the excess that falls outside the 10% 'corridor' at the previous reporting date, divided by the expected average remaining working lives of the employees participating in that plan. Earlier recognition of these gains and losses is permitted.

OTHER LONG-TERM BENEFITS

15.3.6 Virtually the same rules apply as for defined benefit plans. However, a more simplified method of accounting is required for actuarial gains and losses as well as past service costs, which are recognized immediately.

Avantages postérieurs à l'emploi

Sous un régime à cotisations définies

15.3.4 L'entreprise comptabilise les cotisations d'un régime à cotisations définies en charges dès lors que l'employé a rendu le service contrepartie de ces cotisations. Lorsque les cotisations ne sont pas exigibles dans les 12 mois qui suivent l'exercice comptable au cours duquel ont été rendus les services, elles doivent être actualisées.

Sous un régime à prestations définies

15.3.5 Les règles suivantes doivent être appliquées :

- une entreprise doit déterminer la valeur actualisée de son **obligation** au titre des prestations définies et la juste valeur des **actifs du régime** avec une régularité suffisante pour que les montants comptabilisés dans ses états financiers ne diffèrent pas de façon significative des montants qui seraient déterminés à la **date de clôture du bilan ;**
- une entreprise doit utiliser la **méthode des unités de crédits projetées** afin de déterminer la valeur actualisée de l'obligation au titre des prestations définies et le coût des services présents et passés correspondants. Cette méthode considère que chaque période de service donne lieu à une unité supplémentaire de droits à prestations et évalue séparément chacune de ces unités pour obtenir l'obligation finale ;
- il faut utiliser des hypothèses actuarielles objectives et mutuellement compatibles pour les variables démographiques et financières (par exemple, les niveaux futurs des salaires et des avantages du personnel) ;
- la différence entre la juste valeur de chaque actif d'un régime et la valeur comptable du régime à prestations définies est comptabilisée au passif ou à l'actif ;
- quand il est pratiquement certain qu'un tiers remboursera tout ou partie des dépenses nécessaires à éteindre une obligation précise, la société doit comptabiliser son droit au remboursement comme un actif distinct ;
- la compensation entre les actifs et les passifs de différents régimes n'est pas autorisée ;
- le coût des services rendus au cours de l'exercice, le coût financier, le rendement attendu des actifs du régime et de tous les droits de remboursement, les profits et les pertes actualisées, le coût des services passés et l'effet de toute réduction ou liquidation de régime doivent être comptabilisés en charge ou en produit ;
- comptabiliser le coût des services passés selon un mode linéaire, sur la durée moyenne restant à courir jusqu'à ce que les avantages correspondants soient acquis au personnel ;
- comptabiliser les profits ou pertes enregistrées au titre de la réduction ou de la liquidation d'un régime au moment où se produisent cette réduction ou cette liquidation ;
- comptabiliser une fraction spécifiée des profits ou des pertes actualisés nets cumulés qui excède la plus **grande** des valeurs de :
  - 10 % de la valeur actualisée de l'obligation au titre de prestations définies (avant déduction des actifs du régime), et
  - 10 % de la juste valeur des actifs du régime.

  La fraction minimum à comptabiliser pour chaque régime à prestations définies est l'excédent déterminé ci-dessus, divisé par la durée de vie active moyenne résiduelle attendue des membres du personnel bénéficiant de ce régime. Une comptabilisation anticipée de ces profits et pertes est possible.

Autres avantages à long terme

15.3.6 Habituellement, les mêmes règles que pour les régimes à prestations définies s'appliquent. Cependant, une méthode simplifiée de comptabilisation est imposée pour les profits et les pertes actualisées aussi bien que pour les coûts des services passés qui sont comptabilisés immédiatement.

TERMINATION BENEFITS

15.3.7 The event that results in an obligation is termination rather than employee service. An enterprise should therefore recognize termination benefits only when it is demonstrably committed through a detailed formal plan to either:

- terminate the employment of an employee or group of employees before the normal retirement date, **or**
- provide termination benefits as a result of an offer made in order to encourage voluntary redundancy.

Termination benefits falling due more than 12 months after balance sheet date should be discounted.

EQUITY COMPENSATION BENEFITS

15.3.8 No recognition or measurement requirements are specified; only disclosure requirements are specified.

15.4 DISCLOSURE

The **main** disclosure requirements are:

Accounting policies

- Methods applied for the recognition of the various types of employee benefits.
- Description of post-employment benefit plans.
- Description of equity compensation plans.
- Actuarial valuation methods used.
- Principal actuarial assumptions.

Income statement and notes

- Expense recognized for contribution plans.
- Expense recognized for benefit plans and the line items in which they are included.
- Expense recognized for equity compensation plans.

Balance sheet and notes

- Details about the recognized defined benefit assets and liabilities.
- Reconciliation of the movements of the aforementioned.
- Amounts included in the fair value of plan assets in respect of:
  - The enterprise's own financial instruments.
  - Property occupied or assets used by the enterprise.
- The actual return on plan assets.
- Liability raised for equity compensation plans.
- Financial instruments issued to and held by equity compensation plans as well as the fair values thereof.
- Share options held by and exercised under equity compensation plans.

INDEMNITÉS DE FIN DE CONTRAT DE TRAVAIL

15.3.7 L'événement qui engendre l'obligation est la fin du contrat plutôt que le service rendu par l'employé. Une entreprise doit par conséquent comptabiliser l'indemnité de fin de contrat uniquement lorsqu'elle est manifestement engagée, dans un plan formel et détaillé :

- à mettre fin au contrat de travail d'un ou de plusieurs membres du personnel avant l'âge normal de leur départ en retraite **ou**
- à accorder des indemnités de fin de contrat de travail suite à une offre faite pour encourager les départs volontaires.

Les indemnités de fin de contrat de travail exigibles plus de 12 mois après la date de clôture doivent être actualisées.

AVANTAGES SUR CAPITAUX PROPRES

15.3.8 Aucune comptabilisation ni évaluation n'est spécifiée, il existe seulement une obligation de fournir certaines informations.

15.4 INFORMATIONS A FOURNIR

Les **principales** exigences concernant l'information à fournir sont :

Méthodes comptables :

- méthodes appliquées pour la comptabilisation des différentes catégories d'avantages du personnel ;
- description des régimes d'avantages postérieurs à l'emploi ;
- description des régimes d'avantages sur capitaux propres ;
- méthodes utilisées pour l'actualisation ;
- principales hypothèses retenues pour l'actualisation.

Compte de résultat et annexes :

- charges comptabilisées pour les régimes à cotisations définies ;
- charges comptabilisées pour les régimes à prestations définies et le compte dans lequel elles sont incorporées ;
- charges comptabilisées pour les régimes d'avantages sur capitaux propres.

Bilan et annexes :

- détails sur la comptabilisation des actifs et des passifs des régimes à prestations définies ;
- rapprochement montrant les mouvements des éléments susmentionnés ;
- les montants inclus dans la juste valeur des actifs du régime en tenant compte :
  - des instruments financiers propres de l'entreprise ;
  - des propriétés occupées ou des actifs utilisés par l'entreprise ;
- rendement actualisé des actifs du régime ;
- passifs créés pour les régimes d'avantages sur capitaux propres ;
- les instruments financiers émis pour et détenus par les régimes d'avantages sur capitaux propres ainsi que la juste valeur de ceux-ci ;
- les options d'achats d'actions détenues grâce à des régimes d'avantages sur capitaux propres et qui ont été exercées.

CASE STUDY

EMPLOYEE BENEFITS

On 31 December 20x0, an enterprise's balance sheet includes a pension liability of $12 million. Management has made the decision to adopt IAS 19 as of 1 January 20x1 for the purpose of accounting for employee benefits. At that date, the present value of the obligation under IAS 19 is calculated at $146 million and the fair value of plan assets is determined at $110 million. On 1 January 19x6, the enterprise had improved pension benefits (cost for non-vested benefits amounted to $16 million; and the average remaining period at that date, until vesting, was 8 years).

The transitional liability is calculated as follows:

	$ million
Present value of the obligation	146
Fair value of plan assets	(110)
Past service cost to be recognized in later periods (16 × 3/8)	(6)
Transitional liability	30
Liability already recognized	12
Increase in liability	18

The enterprise may (in terms of the transitional provisions of IAS 19) choose to recognize the transitional liability of $18 million either immediately or recognize it as an expense on a straight-line basis up to 5 years. The choice is irrevocable.

ÉTUDE DE CAS

AVANTAGES DU PERSONNEL

Au 31 décembre 20x0, le bilan d'une entreprise comprend un passif pour retraite d'un montant de $ 12 millions. La direction a décidé d'adopter la Norme IAS 19 à partir du 1er janvier 20x1 pour la comptabilisation des avantages du personnel. À cette date, la valeur actualisée de l'obligation en vertu de la Norme IAS 19 était calculée à $ 146 millions et la juste valeur des actifs du régime était évaluée à $ 110 millions. Au 1er janvier 19x6, l'entreprise avait amélioré les régimes de retraite (les coûts pour les avantages non investis s'élevaient à $ 16 millions ; et la durée moyenne qui restait à courir était de 8 ans).

Le passif transitoire est calculé ainsi :

	En million de $
Valeur actualisée de l'obligation	146
Juste valeur des actifs du régime	(110)
Coût des services rendus par le passé à comptabiliser au cours d'exercices suivants (16 × 3/8)	(6)
Passif de transition	30
Passif déjà comptabilisé	12
Augmentation du passif	18

L'entreprise peut (conformément aux règles relatives à la transition de l'IAS 19) choisir de comptabiliser le passif transitoire de $ 18 millions immédiatement ou de le comptabiliser en charge sur une base linéaire sur 5 ans. Le choix est irrévocable.

CHAPTER 16

ACCOUNTING FOR GOVERNMENT GRANTS AND DISCLOSURE OF GOVERNMENT ASSISTANCE (IAS 20)

16.1 PROBLEMS ADDRESSED

IAS 20 addresses the following aspects of accounting for government grants and other forms of government assistance:

- Accounting treatment.
- Disclosure of the extent of the benefit(s) recognized or received in each accounting period.
- Disclosure of other forms of government assistance.

16.2 SCOPE OF THE STANDARD

The IAS should be applied to account for:

- **Government grants:** Transfers of resources to an enterprise by government in return for past or future compliance with conditions relating to the operating activities.

  SIC-10 states that even a general requirement to operate in certain regions or industry sectors would constitute such a condition.

- **Government assistance:** Action by government to provide a specific economic benefit for an entity(ies). It excludes benefits provided indirectly through action affecting general trading conditions (e.g., provision of infrastructure).

16.3 ACCOUNTING TREATMENT

16.3.1 The term **government** refers to government, government agencies, and similar bodies whether local, national, or international. The following distinction is made between the two types of government grants:

- **Grants related to assets:** Grants whereby an enterprise qualifying for them should purchase, construct, or otherwise acquire long-term assets.
- **Grants related to income:** Government grants other than those related to assets.

16.3.2 The two broad approaches of accounting are:

- **Capital approach:** A grant is credited directly to shareholder's interest because no repayment is required, and it is not earned.
- **Income approach:** A grant is recognized in income over one or more periods, since it is not contributed by shareholders and should be **matched** with costs that the grant is intended to compensate.

The latter approach is required by IAS 20.

16.3.3 **Government grants** should be accounted for as follows:

- Government grants, including non-monetary grants at fair value, should only be recognized when there is **reasonable assurance** that:

CHAPITRE 16

COMPTABILISATION DES SUBVENTIONS PUBLIQUES ET INFORMATIONS À FOURNIR SUR L'AIDE PUBLIQUE (IAS 20)

16.1 OBJECTIFS

La présente Norme traite les aspects suivants relatifs aux subventions publiques et aux autres formes d'aides publiques :

- traitement comptable ;
- informations à fournir sur l'importance des aides reconnues ou reçues pour chaque exercice comptable ;
- informations à fournir sur les autres formes d'aides publiques.

16.2 CHAMP D'APPLICATION

La présente Norme doit être appliquée pour la comptabilisation des :

- **subventions publiques :** transferts de ressources publiques à une entreprise, en échange du fait que celle-ci s'est conformée ou se conformera à certaines conditions liées à ses activités opérationnelles ;

  L'interprétation SIC-10 prévoit que même une obligation générale d'exercer dans certaines régions ou dans certains secteurs d'activité satisfait à cette condition.

- **aides publiques :** mesures prises par l'Etat destinées à fournir un avantage économique spécifique à une entreprise ou à une catégorie d'entreprises. Ne sont pas inclus les avantages fournis indirectement au moyen de mesures affectant les conditions générales de l'activité (par exemple, mise à disposition d'infrastructures).

16.3 TRAITEMENT COMPTABLE

16.3.1 Le terme « **public** » renvoie à l'État, aux organismes publics et à tout autre organisme public similaire qu'il soit local, national ou international. On peut distinguer deux types de subventions publiques :

- **subventions liées à des actifs :** subventions publiques dont la condition principale consiste à ce qu'une entreprise répondant aux conditions d'obtention doit acheter, construire ou acquérir des actifs à long terme ;
- **subventions liées au résultat :** subventions publiques autres que celles liées à des actifs.

16.3.2 Les deux principales approches de la comptabilité sont :

- **l'approche par le bilan :** la subvention est directement créditée en capitaux propres car aucun remboursement n'est attendu et car elle n'est pas acquise, mais représente une incitation accordée par l'État sans coûts liés ;
- **l'approche par le résultat :** la subvention est comptabilisée en résultat sur un ou plusieurs exercices car elle constitue une entrée provenant d'une autre source que les actionnaires et qu'elle doit être **rattachée** aux coûts qu'elle est censée compenser ;

La seconde approche est exigée par la Norme IAS 20.

16.3.3 Les **subventions publiques** doivent être comptabilisées comme suit :

- les subventions publiques, y compris les subventions publiques non-monétaires évaluées à leur juste valeur, ne doivent pas être comptabilisées tant qu'il n'existe pas une **assurance raisonnable** que :

  - The enterprise will comply with the conditions attached to them.
  - The grants will be received.
- A grant received in cash or as a reduction of a liability to government is accounted for similarly.
- A forgivable loan (where the lender undertakes to waive repayment of loans under prescribed conditions) is treated as a grant when there is reasonable assurance that the terms for forgiveness of the loan will be met.
- Government grants should be recognized as income and not be credited directly to equity. The income is recognized on a systematic basis over the periods necessary to **match** them with related costs that they should compensate. Examples include:
  - Grants related to depreciable assets recognized as income over the periods and in the proportions to which depreciation is charged.
  - A grant of land may be conditional upon the erection of a building on the site. Income is normally then recognized over the life of the building.
- A government grant as compensation for expenses or losses already incurred or immediate financial support with no future related costs is recognized as income of the period in which it becomes receivable.
- Non-monetary grants (e.g., land or other resources) is assessed and recorded at fair value. Alternatively, the grant and asset(s) are recorded at a nominal amount.
- A repayment of a government grant is accounted for as a revision of an accounting estimate (refer to IAS 8) as follows:
  - Repayment related to income is first applied against an unamortized deferred grant credit.
  - Repayment in excess of a deferred grant credit is recognized as an expense.
  - Repayment related to an asset is recorded by increasing the carrying amount of the asset or reducing a deferred income balance. (Cumulative additional depreciation that would have been recognized to date is recognized immediately.)

16.3.4 Government assistance includes:

- Free technical and marketing advice.
- Provision of guarantees.
- Government procurement policy that is responsible for a portion of the enterprise's sales.
- Loans at nil or low interest rates (the benefit is not quantified by the imputation of interest).

16.4 PRESENTATION & DISCLOSURE

16.4.1 PRESENTATION

- Asset-related grants: Presented in the **balance sheet,** either by:
  - setting up the grant as deferred income, or
  - deducting it from the carrying amount of the asset.
- Income-related grants: Presented in the **income statement,** either as:
  - separate credit line item, or
  - deduction from the related expense.

– l'entreprise se conforme aux conditions attachées aux subventions ;
– les subventions seront reçues.

- une subvention reçue en trésorerie ou en tant que réduction d'un passif vis-à-vis de l'État est comptabilisée de la même façon ;
- un prêt non-remboursable (pour lequel le prêteur s'engage à renoncer au remboursement des prêts sous réserve de la satisfaction de conditions mentionnées) est traité comme une subvention publique s'il existe une assurance raisonnable que l'entreprise remplira les conditions relatives à la dispense de remboursement du prêt ;
- les subventions publiques doivent être comptabilisées en produits et ne doivent pas être directement créditées en capitaux propres. Le produit est comptabilisé sur une base systématique sur les exercices nécessaires pour les **rapprocher** des coûts liés qu'elles sont censées compenser. Exemples remplissant ces critères :
  – des subventions liées à des actifs amortissables sont comptabilisées en produits sur les exercices et dans les proportions de l'amortissement comptabilisé ;
  – l'octroi d'un terrain peut être conditionné à la construction d'un immeuble sur le site. La subvention est comptabilisée en produits sur la durée de vie de l'immeuble.
- une subvention publique qui prend le caractère soit d'une compensation pour des charges ou des pertes déjà encourues soit d'un soutien financier immédiat à l'entreprise sans coûts futurs liés, doit être comptabilisée en produits de l'exercice au cours duquel la créance devient acquise ;
- une subvention non monétaire (par exemple, un terrain ou d'autres ressources) est comptabilisée à la juste valeur de l'actif. Une autre possibilité consiste à enregistrer la subvention ou l'actif pour un montant symbolique ;
- le remboursement d'une subvention publique est comptabilisé en tant que changement d'estimation comptable (voir Norme IAS 8) de la façon suivante :
  – le remboursement d'une subvention liée au résultat doit être imputé en premier lieu à tout produit différé non-amorti lié à la subvention ;
  – le remboursement excédant le produit différé est comptabilisé en charge ;
  – le remboursement d'une subvention liée à un actif doit être comptabilisé soit en augmentation de la valeur comptable de l'actif, soit en réduisant le solde du produit différé du montant remboursable. (Le cumul de l'amortissement supplémentaire qui aurait été comptabilisé en charge jusqu'à cette date en l'absence de la subvention doit être comptabilisé immédiatement en charges).

16.3.4 Les **aides publiques** comprennent :

- les conseils techniques ou commerciaux gratuits ;
- les garanties données ;
- la politique d'achat de l'État qui soutient une partie des ventes de l'entreprise ;
- les prêts à taux zéro ou faible (cet avantage n'est pas quantifié dans la comptabilisation des intérêts).

16.4 PRÉSENTATION ET INFORMATIONS A FOURNIR

16.4.1 PRÉSENTATION

- Subventions liées à des actifs : présentées au **bilan :**
  – soit en produits différés,
  – soit en déduisant la subvention de la valeur comptable de l'actif.
- Subventions liées au résultat : présentées au **compte de résultat :**
  – soit comme un crédit sur une ligne séparée,
  – soit comme une déduction des charges auxquelles elles sont liées.

16.4.2 DISCLOSURE

Accounting policies

- Method of presentation.
- Method of recognition.

Income statement and notes

- Government grants:
  - Nature.
  - Extent/amount.
- Government assistance:
  - Nature.
  - Extent.
  - Duration.
- Unfulfilled conditions.
- Contingencies attached to assistance.

16.4.2 Informations à fournir

Méthodes comptables :

- méthode de présentation ;
- méthode de comptabilisation.

Compte de résultat et annexes :

- subventions publiques :
  - nature ;
  - importance / montant ;
- aide publique :
  - nature ;
  - importance ;
  - durée ;
- conditions non-remplies ;
- éventualités relatives à l'aide publique.

CASE STUDY

ACCOUNTING FOR GOVERNMENT GRANTS AND DISCLOSURE OF GOVERNMENT ASSISTANCE

Uyanik Inc. obtained a grant of $10,000,000 from a government agency for an investment project to construct a manufacturing plant of at least $88,000,000. The principal term is that the grant payments relate to the level of capital expenditure. The secondary intention of the grant is to safeguard 500 jobs. The grant will have to be repaid pro rata if there is an underspending on capital. Twenty percent of the grant will have to be repaid if the jobs are not safeguarded until 18 months after the date of the last asset purchase.

The plant was completed on 1 January 20x4 at a total cost of $90,000,000 The plant has an expected useful life of 20 years and is depreciated on a straight-line basis with no residual value.

The grant should be recognized as income on a systematic basis over the periods that will match it with related costs that it is intended to compensate.

Difficulties may arise where the terms of the grant do not specify precisely the expenditure to which it is intended to contribute. Grants may be received to cover costs comprising both capital and revenue expenditure. This would require a detailed analysis of the terms of the grant.

The employment condition should be seen as an additional condition to prevent replacement of labor by capital, rather than as the reason for the grant. This grant should therefore be regarded as an **asset-related grant**. IAS 20 allows two acceptable methods of presentation of such grants. The application of each method is demonstrated for the first three years of operation:

i. Setting grant up as deferred income

The plant would be reflected as follows in the balance sheets at 31 December of the years as indicated:

	20x6	**20x5**	**20x4**
	$'000	$'000	$'000
Plant			
• Historical cost	90,000	90,000	90,000
• Accumulated depreciation	(13,500)	(9,000)	(4,500)
	76,500	81,000	85,500

The following amounts would be recognized in the income statements of the respective years:

	20x6	**20x5**	**20x4**
	$'000	$'000	$'000
Depreciation (expense) (90,000,000 ÷ 20)	4,500	4,500	4,500
Government grant (income) (10,000,000 ÷ 20)	(500)	(500)	(500)

The above amounts are treated as separate income statement items and should not be off-set under this method of presentation.

ÉTUDE DE CAS

COMPTABILISATION DES SUBVENTIONS PUBLIQUES ET INFORMATIONS À FOURNIR SUR L'AIDE PUBLIQUE

La société Uyanik Inc. a obtenu d'un organisme public une subvention d'un montant de $ 10 000 000 pour un projet d'investissement dans la construction d'une usine coûtant au moins $ 88 000 000. La condition principale de la subvention lie son paiement aux dépenses d'investissement effectivement engagées. La seconde condition prévoit le maintien de 500 emplois. La subvention devra être remboursée proportionnellement si l'investissement est inférieur au montant prévu. 20 % de la subvention devront être remboursés si les emplois ne sont pas préservés jusqu'au 18e mois après la date de la dernière acquisition d'actif.

L'usine est achevée le 1er janvier 20x4 pour un coût de $ 90 000 000. Sa durée de vie économique est estimée à 20 ans. L'usine est amortie linéairement sans valeur résiduelle.

La subvention sera comptabilisée en produit sur une base systématique sur les exercices auxquels sont rattachés les coûts liés qu'elle est censée compenser.

Des difficultés peuvent apparaître si les conditions de la subvention ne spécifient pas précisément les dépenses qu'elle est censée compenser. Les subventions peuvent être reçues pour compenser des charges comprenant des dépenses à la fois en capital et en revenu. Ceci nécessiterait une analyse détaillée des conditions de la subvention.

La condition relative à l'emploi doit être considérée plus comme une condition supplémentaire, pour empêcher la substitution du capital au travail, que comme la raison de la subvention. Elle sera donc considérée comme une **subvention liée à un actif.** La Norme IAS 20 accepte deux méthodes de présentation pour de telles subventions. L'application de chacune d'elles est proposée pour les trois premières années de l'opération :

i. Comptabilisation de la subvention en produit différé

L'usine sera représentée comme suit dans les bilans au 31 décembre de chaque année :

	20x6	**20x5**	**20x4**
	$'000	$'000	$'000
Usine			
• Coût historique	90 000	90 000	90 000
• Cumul des dotations aux amortissements	(13 500)	(9 000)	(4 500)
	76 500	81 000	85 500

Les montants suivants sont comptabilisés dans les comptes de résultat des années respectives :

	20x6	**20x5**	**20x4**
	$'000	$'000	$'000
Dotation aux amortissements (charge) (90 000/20)	4 500	4 500	4 500
Subvention publique (produit) (10 000 / 20)	(500)	(500)	(500)

Les montants ci-dessus sont traités dans des rubriques séparées du compte de résultat et ne devraient pas être compensés avec cette méthode de présentation.

CASE STUDY

ACCOUNTING FOR GOVERNMENT GRANTS AND DISCLOSURE OF GOVERNMENT ASSISTANCE

CONTINUED

ii. Deducting grant in arriving at carrying amount of asset

The adjusted historical cost of the plant would be $80 million, which is the total cost of $90 million less the $10 million grant.

The plant would be reflected as follows in the respective balance sheets:

	20x6	**20x5**	**20x4**
	$'000	$'000	$'000
Plant			
• Historical cost	80,000	80,000	80,000
• Accumulated depreciation	(12,000)	(8,000)	(4,000)
	68,000	72,000	76,000

The income statements would reflect an annual depreciation charge of $4,000,000 ($80,000,000 ÷ 20). This charge agrees with the net result of the annual amounts recognized in the income statement under the first alternative.

ÉTUDE DE CAS

Comptabilisation des Subventions Publiques et Informations à Fournir sur l'Aide Publique

Suite

ii. Déduction de la subvention pour arriver à la valeur comptable de l'investissement

Le coût historique ajusté de l'usine est de $ 80 millions, ce qui représente le coût total de $ 90 millions moins la subvention de $ 10 millions.

L'usine est représentée comme suit dans les bilans des trois années :

	20x6 $'000	**20x5** $'000	**20x4** $'000
Usine			
• Coût historique	80 000	80 000	80 000
• Cumul des dotations aux amortissements	(12 000)	(8 000)	(4 000)
	68 000	72 000	76 000

Le compte de résultat doit indiquer une dotation annuelle d'amortissement de $ 4 millions ($ 80 millions/20). Cette charge est conforme au résultat net des montants annuels comptabilisés dans le compte de résultat avec la première méthode.

CHAPTER 17

THE EFFECTS OF CHANGES IN FOREIGN EXCHANGE RATES (IAS 21)

17.1 PROBLEMS ADDRESSED

The accounting treatment for foreign currency transactions and foreign operations is prescribed. The principle aspects addressed are:

- Which exchange rate(s) should be used for recording and translation purposes?
- How to recognize the financial effect of changes in exchange rates in financial statements.

17.2 SCOPE OF THE STANDARD

The IAS should be applied to account for:

- Foreign currency transactions.
- Translation of the financial statements of foreign operations.

17.3 ACCOUNTING TREATMENT

FOREIGN CURRENCY TRANSACTIONS

17.3.1 Foreign currency transactions are transactions denominated in a foreign currency, including:

- Buying or selling of goods or services.
- Borrowing or lending of funds.
- Concluding unperformed foreign exchange contracts.
- Acquiring or selling assets.
- Incurring or settling liabilities.

17.3.2 The following rules should be applied for the **recognition and measurement** of foreign currency transactions:

- Use the spot rate ruling at transaction date.
- If not settled in the same accounting period as incurred, the resultant monetary items (i.e., amounts to be received or paid in cash) are translated at the closing rate.
- Exchange differences on settlement of monetary items are recognized in income.
- Non-monetary items (e.g., inventories, property, plant, and equipment) carried at historical cost are reported at spot rate on transaction date.
- Non-monetary items carried at fair values are reported at spot rate on date of valuation.
- Exchange differences from the translation of monetary items at balance sheet date are recognized in income.
- In accordance with an **allowed alternative treatment,** exchange differences from a severe devaluation in a currency may under strict conditions be included in the carrying amount of assets; refer to *(SIC–11).*

CHAPITRE 17

EFFETS DES VARIATIONS DES COURS DES MONNAIES ÉTRANGÈRES (IAS 21)

17.1 OBJECTIFS

Le traitement comptable des transactions en monnaies étrangères et des activités à l'étranger est obligatoire. Les principaux aspects abordés sont :

- quel(s) taux de change faut-il utiliser pour enregistrer et convertir les opérations ?
- comment comptabiliser dans les états financiers les effets des variations des taux de change ?

17.2 CHAMP D'APPLICATION

La présente Norme doit être appliquée pour rendre compte :

- des transactions en monnaies étrangères ;
- de la conversion des états financiers des activités à l'étranger ;

17.3 TRAITEMENT COMPTABLE

TRANSACTIONS EN MONNAIE ÉTRANGÈRE

17.3.1 Les transactions en monnaie étrangère sont des transactions libellées en monnaie étrangère, telles que :

- acheter ou vendre des biens ou des services ;
- emprunter ou prêter des fonds ;
- être partie prenante à un contrat de change non réalisé ;
- acquérir ou vendre des actifs ;
- assumer ou régler des passifs.

17.3.2 Les règles suivantes doivent être utilisées pour **la comptabilisation et l'évaluation** des transactions en monnaie étrangère :

- utiliser le cours du jour (spot) en vigueur, à la date de la transaction ;
- si le règlement n'a pas lieu au cours du même exercice comptable que la transaction, les éléments monétaires correspondants (par exemple les montants à percevoir ou à payer en liquide) sont convertis au taux de clôture ;
- les écarts de change résultant de règlements d'éléments monétaires sont comptabilisés en produits ;
- les éléments non monétaires (par exemple, des stocks ou des immobilisations corporelles) qui sont comptabilisés au coût historique, sont enregistrés au cours du jour de la date de transaction ;
- les éléments non monétaires qui sont comptabilisés à leur juste valeur, doivent être enregistrés en utilisant le taux de change en cours à la date de la transaction ;
- les écarts de change provenant de la conversion à la date du bilan d'éléments monétaires, sont comptabilisés en produits ;
- selon un **autre traitement autorisé,** les écarts de change résultant d'une forte dévaluation d'une monnaie peuvent, sous certaines conditions strictes, être compris dans la valeur comptable de l'actif concerné (se référer à l'interprétation SIC-11) ;

- Exchange differences arising from an **intragroup monetary item** that forms part of an enterprise's net investment in a foreign entity are included in equity until disposal.
- Exchange differences arising from **a foreign liability that serves as a hedge of an enterprise's net investment** in a foreign entity are included in equity until disposal.

FOREIGN OPERATIONS

17.3.3 A foreign operation is a subsidiary, associate, joint venture, or branch, the activities of which are based or conducted in a country other than the country of the reporting enterprise. Two types are distinguished:

- **Foreign entity:** Foreign operation, the activities of which are not an integral part of those of the reporting enterprise.
- **Integrated foreign operation:** Foreign operation that is integral to the operations of the reporting enterprise.

For classification purposes, various indicators are taken into account based on how the foreign operation is **financed** and **operates** in relation to the reporting enterprise. The method used for translating financial statements of foreign operations is based on its classification.

17.3.4 The **closing rate method** is used for the translation of the financial statements **of foreign entities.** The translation rules are:

- All assets and liabilities should be translated at closing rate (on balance sheet date).
- Income and expenses should be translated at actual transaction dates. Approximate or average rates are also allowed for practical reasons.
- Special rules apply to foreign entities in countries with hyperinflation.
- All resulting exchange differences are taken directly to equity (i.e., foreign currency translation reserve, FCTR).
- On disposal of the net investment, the total amount in FCTR is recognized in income.

17.3.5 The **temporal method** is used for the translation of the financial statements of **integrated foreign operations.** The items in the financial statements are translated as if all transactions of the foreign operation were entered into by the reporting entity itself. The translation rules are:

- All monetary items should be translated at closing rate.
- Non-monetary items recorded at historical cost are translated at historical rates.
- Non-monetary items held by the foreign operation at acquisition of the investment in such operation are translated at the rate on date of acquisition.
- Revalued non-monetary items are translated at rates on the dates of valuation.
- Components of owners' interest are translated at historical rates.
- Income statement items are translated at rates on the dates of the transactions or at any appropriate weighted average exchange rate for the period.
- Exchange differences are taken to income.

- les écarts de change relatifs à un **élément monétaire intra groupe** qui fait partie intégrante de l'investissement net d'une entreprise dans une entité étrangère doivent être inscrits dans les capitaux propres jusqu'à la sortie de cet investissement ;
- les écarts de change relatifs à un **passif en monnaie étrangère comptabilisé en tant que couverture d'un investissement net d'une entreprise** dans une entité étrangère doivent être inscrits dans les capitaux propres jusqu'à la sortie de cet investissement.

ACTIVITÉS À L'ÉTRANGER

17.3.3 Une activité à l'étranger est une filiale, une société affiliée, une co-entreprise ou une succursale, dont les activités sont implantées ou réalisées dans un pays autre que celui où l'entreprise présente les états financiers. Deux cas sont différenciés :

- **les entités étrangères :** leurs activités ne font pas partie intégrante de celles de l'entreprise présentant les états financiers ;
- **les activités étrangères intégrées :** l'activité à l'étranger fait partie intégrante des activités de l'entreprise présentant des états financiers.

Les divers indicateurs pris en compte pour classer l'entité, dépendent de la façon dont l'activité à l'étranger est **financée** et **gérée** par rapport à l'entreprise présentant les états financiers. La méthode utilisée pour convertir les états financiers d'une activité à l'étranger dépend de cette classification.

17.3.4 **La méthode du cours de clôture** est utilisée pour la conversion des états financiers des **entités étrangères.** Les règles de conversion sont :

- tous les actifs et les passifs doivent être convertis au cours de clôture (à la date de clôture) ;
- les produits et les charges doivent être convertis aux cours de change à la date de la transaction. L'utilisation d'un cours approchant le cours de change effectif ou d'un cours de change moyen est également autorisé pour des raisons pratiques ;
- des règles spéciales sont appliquées aux entités étrangères implantées dans des pays qui ont une hyper-inflation ;
- tous les écarts de change qui en résultent doivent être inscrits directement dans les capitaux propres (par exemple avec des provisions pour risque de change, PRC) ;
- lors de la sortie de l'investissement net, le montant total des PRC est comptabilisé en produits.

17.3.5 **La méthode temporelle** est utilisée pour la conversion des états financiers des **activités à l'étranger faisant partie intégrante des activités de l'entreprise** présentant les états financiers. Les éléments des états financiers sont convertis comme si toutes les transactions résultant de l'activité à l'étranger avaient été conclues par l'entreprise présentant les états financiers elle-même. Les règles de conversion sont :

- tous les éléments monétaires doivent être convertis au cours de clôture ;
- les éléments non-monétaires enregistrés au coût historique sont convertis au cours historique ;
- les éléments non-monétaires détenus par l'activité à l'étranger au moment de l'acquisition de l'investissement dans le cadre d'une telle activité sont convertis au cours de la date d'acquisition ;
- les éléments non-monétaires réévalués sont convertis au cours en vigueur à la date de la réévaluation ;
- les éléments liés aux intérêts des propriétaires sont traduits au cours historique ;
- les éléments du compte de résultat sont convertis au cours en vigueur à la date des transactions ou à n'importe quel taux de change moyen pondéré correspondant à cette période ;
- les écarts de change sont comptabilisés en produits ;

- Adjustments may be required in the group statements in terms of IAS 21.28 to reduce the carrying amount of an asset to recoverable amount or net realizable value.

17.3.6 A change in the classification of foreign operations may occur depending on the circumstances. The following translation procedures relating to the revised classification should be applied from the date of the change:

- **Integrated operation to a foreign entity:** Exchange differences from the translation on date of reclassification are taken to the FCTR.
- **Foreign entity to integrated operation:** The FCTR remains unchanged until the operation is sold. Non-monetary items are recorded at the rate on the date of the reclassification, which then becomes the "purchase date."

17.4 DISCLOSURE

Accounting policies

- Method to translate goodwill and fair value adjustments.
- Method to translate financial statements.
- State the reason if an alien reporting currency is used.
- Report a change in reporting currency.

Income statement

- The amount of foreign exchange differences included in the net profit or loss for the period.

Balance sheet

- Balance of the FCTR.

Notes

- A reconciliation of the opening and closing balance of the FCTR.
- For a change in the classification, state the nature, reason, impact on equity, and impact on net profit or loss for each period presented.
- The effect on foreign monetary items and on the financial statements of a foreign operation of significant changes in exchange rates occurring after balance sheet, in terms of IAS 10.

- des ajustements peuvent être nécessaires dans les états financiers du groupe en vertu de l'IAS 21.28 afin de réduire la valeur comptable d'un actif à son montant recouvrable ou à sa valeur nette réalisable.

17.3.6 Une modification dans la classification des activités à l'étranger peut intervenir en fonction des circonstances. Les procédures de conversion suivantes, liées à la classification révisée, doivent être appliquées dès la date du changement :

- **activité faisant partie intégrante des activités de l'entreprise (présentant les états financiers) reclassée en entité étrangère :** les écarts de change résultant de la conversion à la date de la modification sont comptabilisés dans les provisions pour risques de change (PRC) ;
- **entité étrangère reclassée en activité faisant partie intégrante des activités de l'entreprise (présentant les états financiers) :** la PRC reste inchangée jusqu'à ce que l'activité soit vendue. Les éléments non-monétaires sont enregistrés à la date de la modification qui devient dès lors la « date d'acquisition ».

17.4 INFORMATIONS A FOURNIR

Les méthodes comptables :

- préciser la méthode de conversion du goodwill et des ajustements à la juste valeur ;
- préciser la méthode de conversion des états financiers ;
- énoncer les raisons de l'utilisation d'une monnaie étrangère dans la présentation des états financiers ;
- indiquer le changement de monnaie utilisée dans la présentation des états financiers.

Le compte de résultat :

- préciser le montant des écarts de change figurant dans le résultat net de l'exercice.

Le bilan :

- préciser le montant de la provision pour risque de change (PRC).

Les annexes :

- faire un rapprochement du montant de la provision pour risque de change au début de l'exercice et à la clôture ;
- s'il y a un changement dans la classification, en indiquer la nature, la raison et l'impact sur les capitaux propres, ainsi que sur le résultat net de chaque exercice présenté ;
- indiquer l'effet, sur les éléments monétaires en monnaies étrangères, et sur les états financiers d'une activité à l'étranger, d'un changement significatif des cours de change survenant après la date de clôture (se référer à la Norme IAS 10).

CASE STUDY

THE EFFECTS OF CHANGES IN FOREIGN EXCHANGE RATES

Bark Incorporated purchased manufacturing equipment from the United Kingdom. The transaction was financed by means of a loan from a bank in England.

Equipment that costs £400,000 was purchased on 2 January 20x7 and the loan amount was paid by the bank to the supplier on that same day. The loan must be repaid on 31 December 20x8 and interest is payable at 10 percent bi-annually in arrears. The balance sheet date is December 31.

The following exchange rates apply:

	£1 = $
2 January 20x7	1.67
30 June 20x7	1.71
31 December 20x7	1.75
30 June 20x8	1.73
31 December 20x8	1.70

The **interest payments** would be recorded at the spot rates applicable on the dates of payment in the following manner:

	$
30 June 20x7 (£20,000 × 1.71)	34,200
31 December 20x7 (£20,000 × 1.75)	35,000
Total interest for 20x7	69,200
30 June 20x8 (£20,000 × 1.73)	34,600
31 December 20x8 (£20,000 × 1.70)	34,000
Total interest for 20x8	68,600

The **loan** is initially recorded on 2 January 20x7 and restated at spot rate on 31 December 20x7 as well as 31 December 20x8, after which it is repaid at spot rate. The movements in the balance of the loan are reflected as follows:

	$
Recorded at 2 January 20x7 (£400,000 × 1.67)	668,000
Foreign currency loss on restatement of loan	32,000
Restate at 31 December 20x7 (£400,000 × 1.75)	700,000
Foreign currency profit on restatement of loan	(20,000)
Restate and pay at 31 December 20x8 (£400,000 × 1.70)	680,000

The loan will be stated at an amount of $700,000 in the **balance sheet** on 31 December 20x7.

The following amounts will be recognized in the **income statements:**

	20x8	**20x7**
	$	$
Interest	68,600	69,200
Foreign currency loss/(profit)	(20,000)	32,000

ÉTUDE DE CAS

EFFETS DES VARIATIONS DES COURS DES MONNAIES ÉTRANGÈRES

La société Bark Inc. a acheté des équipements industriels au Royaume-Uni. La transaction a été financée au moyen d'un emprunt auprès d'une banque située en Angleterre.

Les équipements, qui ont coûté £ 400 000, ont été achetés le 2 janvier 20x7 et le montant du prêt a été versé le même jour par la banque au fournisseur. Le prêt doit être remboursé au 31 décembre 20x8 et les intérêts sont payables semestriellement à terme échu au taux de 10 %. La date de clôture est le 31 décembre.

Les cours de change suivants sont appliqués :

	£ 1 = $
2 janvier 20x7	1,67
30 juin 20x7	1,71
31 décembre 20x7	1,75
30 juin 20x8	1,73
31 décembre 20x8	1,70

Les **paiements d'intérêts** seront enregistrés au taux en vigueur aux dates de paiement de la manière suivante :

	$
30 juin 20x7 (£ 20 000 × 1,71)	34 200
31 décembre 20x7 (£ 20 000 × 1,75)	35 000
Intérêt total pour 20x7	69 200
30 juin 20x8 (£ 20 000 × 1,73)	34 600
31 décembre 20x8 (20 000 × 1,70)	34 000
Intérêt total pour 20x8	68 600

Le **prêt** est initialement enregistré le 2 janvier 20x7 et réévalué au taux en vigueur le 31 décembre 20x7 ainsi qu'au 31 décembre 20x8, puis il est remboursé au taux en vigueur. Les mouvements du compte « prêt » sont présentés comme suit :

	$
Enregistré le 2 janvier 20x7 (£ 400 000 × 1,67)	668 000
Perte de change liée à la réévaluation du prêt	32 000
Réévaluation au 31 décembre 20x8 (£ 400 000 × 1,75)	700 000
Gain de change lié à la réévaluation du prêt	(20 000)
Réévaluation et paiement au 31 décembre 20x8 (£ 400 000 × 1,70)	680 000

Le prêt sera évalué au **bilan** pour un montant de $ 700 000 le 31 décembre 20x7.

Les montants suivants seront présentés au **compte de résultat :**

	20x8	**20x7**
	$	$
Intérêts	68 600	69 200
Pertes et gains de change	(20 000)	32 000

CHAPTER 18

BUSINESS COMBINATIONS (IAS 22)

18.1 PROBLEMS ADDRESSED

The standard prescribes the accounting treatment for business combinations. It is directed principally to a group of enterprises where the acquirer is the parent enterprise and the acquiree a subsidiary. The focus is on the accounting treatment **at date of acquisition.**

18.2 SCOPE OF THE STANDARD

The IAS should be applied in accounting for both types of business combinations, namely an **acquisition** of one enterprise by another, and the rare situation of a **uniting of interests** when an acquirer cannot be identified *(SIC–9).*

18.3 ACCOUNTING TREATMENT

18.3.1 A business combination is the bringing together of separate enterprises into one economic entity as a result of one enterprise uniting with or obtaining control over the net assets and operations of another enterprise. Two types are identified:

- **Acquisition:** One of the enterprises (the acquirer) obtains control over the net assets and operations of another enterprise (the acquiree) in exchange for the transfer of assets, incurrence of a liability, or issue of equity.
- **Uniting of interests:** The shareholders of the combining enterprises combine control over their net assets and operations to achieve a continuing mutual sharing in the risks and benefits attaching to the combined entity such that neither party can be identified as the acquirer.

An acquisition is in substance different from a uniting of interests: the **substance rather than the form** of the transaction needs to be reflected in the financial statements; accordingly, a different accounting method is prescribed for each.

ACQUISITIONS

18.3.2 An acquisition should be accounted for by use of the **purchase method** of accounting. From the date of acquisition, an acquirer should:

- incorporate into the income statement the results of operations of the acquiree, and
- recognize in the balance sheet the identifiable assets and liabilities of the acquiree and any goodwill or negative goodwill arising from the acquisition.

18.3.3 The identifiable assets and liabilities acquired should be those of the acquiree that existed at the date of acquisition together with any liabilities arising from provisions for the termination or reduction of the activities of the acquiree (restructuring program).

18.3.4 **Two alternatives** are allowed for allocating the cost of acquisition:

- The identifiable assets and liabilities should be measured at the aggregate of their fair values at the date of the exchange transaction (to the extent of the acquirer's interest obtained in the exchange transaction) and the minority's proportion of their pre-acquisition carrying amounts.

Chapitre 18

Regroupements d'entreprises (IAS 22)

18.1 OBJECTIFS

La présente Norme prescrit le traitement comptable applicable aux regroupements d'entreprises. Cette Norme concerne principalement les regroupements d'entreprises où il existe une relation mère-fille dans laquelle l'acquéreur est la mère et l'entreprise acquise est une filiale de l'acquéreur. La Norme concerne le traitement comptable **à la date d'acquisition.**

18.2 CHAMP D'APPLICATION

La présente Norme IAS doit être appliquée à la comptabilisation de tous les types de regroupements d'entreprises, tant **l'acquisition** d'une entreprise par une autre que la situation rare d'une **mise en commun d'intérêts** dans laquelle un acquéreur ne peut être identifié *(Interprétation SIC-9).*

18.3 TRAITEMENT COMPTABLE

18.3.1 Un regroupement d'entreprises est la réunion d'entreprises distinctes en une entité économique unique à la suite d'une mise en commun d'intérêts ou d'une prise de contrôle de l'actif net et des activités d'une autre entreprise. Deux types de regroupements d'entreprises peuvent être identifiés :

- **L'acquisition :** l'une des entreprises (l'acquéreur) prend le contrôle de l'actif net et des activités d'une autre entreprise (l'entreprise acquise), en échange d'un transfert d'actifs, de la prise en compte d'un passif ou de l'émission d'actions.
- **La mise en commun d'intérêts :** les actionnaires des entreprises se regroupant prennent le contrôle de l'actif net et des activités de telle sorte que les risques et les avantages de l'entité issue du regroupement soient mutuellement partagés de façon durable et qu'aucune partie ne puisse être identifiée comme l'acquéreur.

Une acquisition est substantiellement différente d'une mise en commun d'intérêts : **la substance de l'opération, bien plus que la forme,** doit apparaître dans les états financiers ; en conséquence, une comptabilisation différente est prescrite pour chacune d'elle.

Acquisitions

18.3.2 Une acquisition doit être comptabilisée selon **la méthode de l'acquisition.** A compter de la date d'acquisition, un acquéreur doit :

- intégrer au compte de résultat les résultats de l'entreprise acquise, et
- comptabiliser au bilan les actifs et passifs de l'entreprise acquise et tout écart d'acquisition positif ou négatif (goodwill ou goodwill négatif) provenant de cette acquisition.

18.3.3 Les actifs et passifs identifiables acquis doivent être ceux qui existent dans l'entreprise acquise au jour de l'acquisition ainsi que tout passif né d'une prévision de cessation ou de réduction des activités de l'entreprise acquise (programme de restructuration).

18.3.4 **Deux traitements alternatifs** sont autorisés pour l'affectation du coût d'acquisition :

- les actifs et passifs identifiables doivent être évalués pour un montant égal au total de leur juste valeur à la date de l'opération d'échange (à concurrence de la part d'intérêt obtenu par l'acquéreur dans l'opération d'échange) et de la part des minoritaires dans les valeurs comptables antérieures à l'acquisition ;

- The identifiable assets and liabilities should be measured at their fair values at the date of acquisition. Any minority interest should be stated at the minority's proportion of their fair values.

18.3.5 The excess of the cost of acquisition over the acquirer's interest in the fair value of the identifiable assets and liabilities acquired is described as **goodwill** and recognized as an asset. The opposite case is described and recognized as **negative goodwill.**

18.3.6 Goodwill should be amortized on a systematic basis over its useful life. There is a rebuttable presumption that the useful life of goodwill will not exceed 20 years. The straight-line method is normally adopted unless another method is more appropriate. When the 20-year presumption is rebutted, the goodwill should be tested for impairment annually and the reason(s) for rebutting the presumption disclosed.

18.3.7 Negative goodwill is recognized as income as follows:

- To the extent that it relates to expectations of measurable future losses and expenses identified in the acquirer's plan, goodwill should be recognized as income when the identified future losses and expenses occur.
- To the extent that it does not relate to future losses and expenses, negative goodwill not exceeding the fair values of the non-monetary assets acquired should be recognized as income over the remaining average useful life of these assets. Negative goodwill in excess of the fair values of the non-monetary assets acquired should be recognized as income immediately.

18.3.8 The standard contains specific provisions about subsequent changes in the cost of acquisition or changes in the value of identifiable assets and liabilities, which may result in consequential changes in goodwill or negative goodwill *(SIC–22).*

UNITING OF INTERESTS

18.3.9 A uniting of interests should be accounted for by using the **pooling of interests method.** The financial statement items of the combining enterprises for the period in which the combination occurs (and for any comparative periods disclosed) should be included in the financial statements of the combined enterprise as if they had been combined from the beginning of the earliest period presented.

18.3.10 Expenditures incurred in relation to a uniting of interests should immediately be recognized as expenses.

TRANSITIONAL PROVISIONS

18.3.11 The IAS prescribes transitional provisions based on the manner in which the reporting enterprise has recognized goodwill/negative goodwill in the past. It recommends retrospective application of the standard's requirements.

18.4 DISCLOSURE

18.4.1 ALL BUSINESS COMBINATIONS

The following disclosures are made in the period **during which** the combination has taken place.

- Names and descriptions of the combining enterprises.
- Method of accounting.
- Effective date of the combination.
- Any operations resulting from the business combination that the enterprise has decided to dispose of.
- Transitional provisions adopted in the first annual financial statements.

- les actifs et passifs identifiables doivent être évalués à leur juste valeur à la date de l'opération d'acquisition. Tout intérêt minoritaire doit être évalué sur la base de la part des minoritaires dans les justes valeurs.

18.3.5 Tout excédent du coût d'acquisition sur la part d'intérêts de l'acquéreur dans la juste valeur des actifs et passifs identifiables acquis à la date de l'opération d'échange doit être décrit comme **goodwill** et comptabilisé en tant qu'actif. Le cas inverse est présenté en **goodwill négatif** et inscrit en produit comptabilisé d'avance.

18.3.6 Le goodwill doit être amorti de façon systématique sur sa durée d'utilité. La durée d'utilité d'un goodwill est présumée ne pas excéder 20 ans. La méthode de l'amortissement linéaire est normalement retenue à moins qu'une autre méthode ne soit plus appropriée. Si la présomption selon laquelle la durée d'utilité du goodwill est de 20 ans n'est pas retenue, la perte de valeur du goodwill doit être réexaminée annuellement et les raisons pour lesquelles la présomption n'est pas retenue doivent être indiquées.

18.3.7 Un goodwill négatif est comptabilisé en produit de la façon suivante :

- dans la mesure où le goodwill négatif correspond à des pertes et des dépenses futures attendues, identifiées dans le plan d'acquisition, le goodwill négatif doit être comptabilisé en produit lorsque les pertes et les dépenses futures ont lieu ;
- dans la mesure où il ne correspond pas à des pertes et des dépenses futures, la part du goodwill négatif n'excédant pas la juste valeur des actifs non monétaires acquis est comptabilisée en produit sur la durée d'utilité moyenne restante sur ces actifs. La part du goodwill négatif excédant la juste valeur des actifs non monétaires acquis est comptabilisée comme produit immédiatement.

18.3.8 La Norme contient des clauses spécifiques sur les modifications ultérieures dans le coût d'acquisition ou des changements dans la valeur des actifs et passifs identifiables, qui peuvent conduire à des modifications significatives au niveau de l'écart d'acquisition *(Interprétation SIC-22).*

Mise en commun d'intérêt

18.3.9 Une mise en commun d'intérêts doit être comptabilisée selon **la méthode de la mise en commun d'intérêts.** Les éléments des états financiers des entreprises se regroupant, pour l'exercice au cours duquel se produit le regroupement (et pour tous les exercices présentés à titre comparatif), doivent être inclus dans les états financiers des entreprises regroupées comme si elles avaient été regroupées dès l'ouverture du premier exercice présenté.

18.3.10 Les dépenses nées d'une mise en commun d'intérêts doivent être immédiatement comptabilisées en charges.

Dispositions transitoires

18.3.11 La Norme IAS prescrit des dispositions transitoires sur la manière selon laquelle l'entreprise a comptabilisé le goodwill ou le goodwill négatif dans le passé. Une application rétroactive des dispositions de la Norme est recommandée.

18.4 INFORMATIONS A FOURNIR

18.4.1 Ensemble des regroupements d'entreprises

Les informations suivantes doivent être données dans les états financiers de l'exercice **au cours duquel** le regroupement a eu lieu :

- noms et descriptions des entreprises se regroupant ;
- méthode de comptabilisation du regroupement ;
- date d'effet du regroupement ;
- toute activité résultant du regroupement dont l'entreprise a décidé de se séparer ;
- dispositions transitoires adoptées dans les premiers états financiers annuels.

18.4.2 ACQUISITIONS

The following additional disclosures are made in the financial statements for the period **during which** the **acquisition** has taken place:

- The percentage of voting shares acquired.
- The cost of acquisition and a description of the purchase consideration.
- If the fair values of the assets and liabilities or the purchase consideration can be determined only on a provisional basis, this should be stated and reasons given. **Subsequent adjustments** should be disclosed and explained.
- The aggregate amount of provisions for terminating or reducing the activities of an acquire is disclosed for each individual business combination.

The accounting treatment for **goodwill** and **negative goodwill** should be disclosed:

- Regarding the period over which goodwill is amortized or negative goodwill recognized.
- If goodwill is amortized over more than 20 years, the evidence that rebuts the presumption that the useful life will not exceed 20 years.
- If goodwill is not amortized on the straight-line basis, the basis used and the reason why that basis is more appropriate than the straight-line basis.
- To the extent that negative goodwill is deferred in accordance with IAS 22.61, the nature, amount, and timing of the expected future losses and expenses.
- The line item in the income statement in which the amortization of goodwill or the recognition of negative goodwill is included.
- A detailed itemized reconciliation of the carrying amount of goodwill/negative goodwill at the beginning and end of the accounting period; *comparatives are not required.*
- Negative goodwill presented in the balance sheet as a deduction from goodwill.

18.4.3 UNITING OF INTERESTS

The following additional disclosures are made in the financial statements for the period **during which** the **uniting of interests** has taken place:

- Description and number of shares issued.
- Percentage of each enterprise's voting shares exchanged to effect the uniting of interests.
- Amounts of assets and liabilities contributed by each enterprise.
- Sales revenue, other operating revenues, extraordinary items, and the net profit or loss of each enterprise prior to the date of the combination that are included in the net profit or loss of the combined enterprise.

18.4.4 BUSINESS COMBINATIONS AFTER THE BALANCE SHEET DATE

- As much of the disclosures (as is practicable) mentioned above should be furnished for all business combinations effected after balance sheet date. If it is impracticable to disclose any of this information, this fact should be disclosed.

18.4.2 Acquisitions

Les informations supplémentaires suivantes doivent figurer dans les états financiers de l'exercice **au cours duquel a eu lieu l'acquisition :**

- le pourcentage acquis d'actions avec droit de vote ;
- le coût d'acquisition et description des conditions d'acquisition ;
- si la juste valeur des actifs et passifs ou les conditions d'acquisition ne peuvent être déterminées que sur une base provisoire, cela doit être précisé et justifié. Les **ajustements ultérieurs** doivent être décrits et justifiés ;
- le montant global des provisions pour cessation ou réduction d'activité d'une entreprise acquise doit être communiqué pour chaque regroupement individuel.

Les états financiers doivent mentionner le traitement comptable des **goodwills** et des **goodwills négatifs :**

- l'exercice sur lequel le goodwill est amorti ou le goodwill négatif est repris ;
- si le goodwill est amorti sur une durée supérieure à 20 ans, la preuve qui justifie la présomption selon laquelle la durée d'utilité n'excède pas 20 ans n'est pas appliquée ;
- si le goodwill n'est pas amorti selon le mode linéaire, le mode retenu et la raison pour laquelle ce mode est plus approprié ;
- dans la mesure où un goodwill négatif est différé conformément à la Norme IAS 22.61, la nature, le montant et le rythme des pertes et des charges futures attendues ;
- la ligne du compte de résultat dans laquelle l'amortissement du goodwill ou la comptabilisation de la reprise du goodwill négatif est inscrit ;
- un rapprochement détaillé de la valeur comptable du goodwill ou du goodwill négatif au début et à la fin de l'exercice comptable ; *les données comparatives ne sont pas demandées ;*
- un goodwill négatif présenté au bilan en déduction d'un goodwill.

18.4.3 Mise en commun d'intérêts

Les informations supplémentaires suivantes doivent être fournies dans les états financiers de l'exercice **au cours duquel la mise en commun d'intérêts** a eu lieu :

- la description et le nombre des actions émises ;
- le pourcentage des actions ayant droit de vote de chacune des entreprises, échangées dans le cadre de la mise en commun d'intérêts ;
- le montant des actifs et passifs apportés par chaque entreprise ;
- les produits des ventes, autres produits opérationnels, éléments extraordinaires ainsi que le résultat net de chaque entreprise avant la date du regroupement, qui sont inclus dans le résultat net figurant dans les états financiers de l'entreprise regroupée.

18.4.4 Les regroupements d'entreprises effectués après la date de clôture du bilan

- Dans la mesure du possible, toutes les informations mentionnées ci-dessus doivent être fournies dans ce cas. S'il n'est pas possible de fournir l'une de ces informations, ce fait doit être indiqué.

CASE STUDY

BUSINESS COMBINATIONS

H Ltd. acquired a 70% interest in the equity shares of F Ltd. for an amount of $750,000 at 1 January 20x1. The abridged balance sheets of both companies at the date of acquisition were as follows:

	H Ltd.	F Ltd.
	$000	$000
Identifiable assets	8,200	2,000
Investment in F Ltd.	750	–
	8,950	2,000
Equity	6,000	1,200
Identifiable liabilities	2,950	800
	8,950	2,000

The fair value of the identifiable assets of F Ltd. amounts to $2,800,000.

The cost of acquisition may be allocated as follows in terms of the acceptable treatments:

Equity analysis of F Limited

		Benchmark		Alternative	
	Total	**H Ltd.**	**Minority**	**H Ltd.**	**Minority**
	$'000	$'000	$'000	$'000	$'000
Equity	1,200	840	360	840	360
Revaluation reserve	800	560	240	560	–
	2,000	1,400	600	1,400	360
Investment		(750)		(750)	
Negative goodwill		650		650	

The abridged consolidated balance sheet at the date of acquisition will appear as follows:

	Benchmark	Alternative
	$'000	$'000
Assets	11,000 [a]	10,760 [b]
Shareholders' equity	6,000	6,000
Minority interest *(comment)*	600	360
Negative goodwill	650	650
Liabilities	3,750 [c]	3,750 [c]
	11,000	10,760

a = 8,200 + 2,800

b = 8,200 + 2,000 + 70% × 800

c = 2,950 + 800

COMMENT: *Under the alternative treatment, the minority interest is stated at its proportion of the* ***pre-acquisition*** *carrying amounts of the net assets of the subsidiary [30% × (2,000 – 800)] = $360,000.*

ÉTUDE DE CAS

REGROUPEMENTS D'ENTREPRISES

La Société H Ltd. a acquis 70 % des capitaux de F Ltd. pour un montant de $ 750 000 au 1er janvier 20x1. Les bilans abrégés des deux entreprises à la date de l'acquisition se présentaient ainsi :

	H Ltd.	F Ltd.
	$ '000	$ '000
Actifs identifiables	8 200	2 000
Investissement dans F Ltd.	750	–
	8 950	2 000
Capitaux propres	6 000	1 200
Passifs identifiables	2 950	800
	8 950	2 000

La juste valeur des actifs identifiables de F Ltd. s'élève à $ 2 800 000.

D'après les traitements acceptables (traitement de référence et alternatif), le coût d'acquisition peut être affecté comme suit :

Analyse des capitaux propres de F Ltd.

		Référence		Alternatif	
	Total	H Ltd.	Minoritaire	H Ltd.	Minoritaire
	$' 000	$' 000	$ '000	$ '000	$'000
Capitaux propres	1 200	840	360	840	360
Écart de réévaluation	800	560	240	560	–
	2 000	1 400	600	1 400	360
Investissement		(750)		(750)	
Goodwill négatif		650		650	

Le bilan consolidé abrégé à la date d'acquisition se présente ainsi :

	Référence	Alternatif
	$ '000	$ '000
Actifs	11 000[a]	10 760[b]
Capitaux	6 000	6 000
Intérêt minoritaire *(commentaire)*	600	360
Goodwill négatif	650	650
Passifs externes	3 750[c]	3 750[c]
	11 000	10 760

a = 8 200 + 2 800

b = 8 200 + 2 800 + 70 % × 800

c = 2 950 + 800

COMMENTAIRE : *avec le traitement alternatif, l'intérêt minoritaire est évalué à sa proportion de la valeur comptable des actifs nets de la filiale* ***avant l'acquisition*** *[30 % × (2 000 – 800)] = $ 360 000.*

CHAPTER 19

BORROWING COSTS (IAS 23)

19.1 PROBLEMS ADDRESSED

The acquisition, construction, or production of some assets may take a substantial period. If borrowing costs are incurred during that period, it may be legitimate to regard these costs as forming part of the costs of getting such assets ready for their intended use or sale. The IAS prescribes the alternative accounting treatments of borrowing costs.

19.2 SCOPE OF THE STANDARD

The IAS should be applied in accounting for borrowing costs, which are interest and other costs incurred by an enterprise in connection with the borrowing of funds.

19.3 ACCOUNTING TREATMENT

19.3.1 Arguments for and against capitalization of borrowing costs are:

For capitalization:

- Borrowing costs form part of acquisition costs.
- Costs included in assets is matched against revenue of future periods.
- Results in better comparability between assets purchased and constructed.

Against capitalization:

- Attempts to link borrowing costs to a specific asset is arbitrary.
- Different financing methods may result in different amounts capitalized for the same asset.
- Expensing borrowing costs causes better comparable results.

19.3.2 **Qualifying assets** are those assets that require a substantial period of time to bring them to their intended use or saleable condition, for example:

- Inventories requiring a substantial period to bring them to a saleable condition.
- Other assets such as manufacturing plants, power generation facilities, and investment properties.

19.3.3 Two methods of accounting for borrowing costs are allowed:

- The **benchmark** treatment for borrowing costs dictates that they should be recognized as an expense in the period in which they are incurred.
- The **allowed alternative** dictates that they should be expensed when incurred, except to the extent that they are allowed to be capitalized. Borrowing costs directly attributable to the acquisition, construction, or production of a qualifying asset may be capitalized when:
- it is **probable** that they will result in future economic benefits to the enterprise, and
- the costs can be **measured reliably.**

*SIC-2 requires capitalization to **all** qualifying assets and periods.*

Chapitre 19

Coûts d'Emprunt (IAS 23)

19.1 OBJECTIFS

L'acquisition, la construction ou la production de certains actifs peuvent prendre un certain temps. Si des coûts d'emprunt sont supportés pendant cette période, on peut légitimement considérer ces coûts comme faisant partie du coût de préparation de ces actifs afin qu'ils puissent être utilisés comme prévus ou vendus. La présente Norme prescrit les traitements comptables alternatifs des coûts d'emprunt.

19.2 CHAMP D'APPLICATION

La présente Norme IAS doit être appliquée pour la comptabilisation des coûts d'emprunt, qui sont les intérêts et les autres coûts relatifs à l'emprunt supportés par une entreprise.

19.3 TRAITEMENT COMPTABLE

19.3.1 Les arguments pour ou contre l'incorporation des coûts d'emprunt sont les suivants :

pour l'incorporation :

- les coûts d'emprunt forment une partie des coûts d'acquisition ;
- les coûts incorporés dans les actifs sont liés à des produits de périodes futures ;
- il en résulte une meilleure comparabilité entre les actifs achetés et ceux qui sont construits.

contre l'incorporation :

- la tentative de liaison entre un coût d'emprunt et un actif spécifique est arbitraire ;
- des méthodes de financement différentes peuvent engendrer des montants incorporés différents pour le même actif ;
- comptabiliser les coûts d'emprunt en charges permet d'obtenir des résultats plus facilement comparables.

19.3.2 **Les actifs qualifiés** sont des actifs qui exigent une longue durée de préparation avant de pouvoir être utilisés ou vendus, comme par exemple :

- des stocks nécessitant une longue période de transformation avant d'être vendables ;
- d'autres actifs tels que les usines, les installations de production d'énergie, et les immeubles de placements.

19.3.3 Deux méthodes de comptabilisation des coûts d'emprunt sont autorisées :

- le **traitement de référence** pour les coûts d'emprunt exige qu'ils soient comptabilisés en charges de l'exercice au cours duquel ils sont encourus ;
- **l'alternative autorisée** exige qu'ils soient comptabilisés lorsqu'ils sont encourus sauf s'ils sont incorporés dans le coût d'un actif. Les coûts d'emprunt directement attribuables à l'acquisition, la construction ou la production d'un actif qualifié peuvent être incorporés lorsque :
  - il est **probable** qu'ils génèreront des avantages économiques futurs pour l'entreprise ;
  - les coûts peuvent être **évalués de façon fiable ;**

L'interprétation SIC-2 exige l'incorporation des coûts d'emprunt dans le coût de ***tous*** *les actifs et pour* ***tous*** *les exercices.*

19.3.4 Capitalization **commences** when:

- Expenditures on a qualifying asset are being incurred.
- Borrowing costs are being incurred.
- Activities necessary to prepare the asset for its intended sale or use are in progress.

19.3.5 Capitalization should **cease** when:

- The asset is materially ready for its intended use or sale.
- Active development is suspended for extended periods.
- Construction is completed in part and the completed part can be used independently (e.g., a business center).

19.3.6 Capitalization should **not cease:**

- When all of the components need to be completed before any part of the asset can be sold or used (e.g., a plant).
- For brief interruptions in activities.
- During periods when substantial technical and administrative work is being carried out.
- For delays that are inherent in the asset acquisition process (e.g., wines that need long periods of maturity).

19.3.7 The **amount to be capitalized** is the borrowing costs that could have been **avoided** if the expenditure on the qualifying asset had not been made:

- If funds are **specifically borrowed** to obtain a particular asset, the amount of borrowing costs qualifying for capitalization is the actual costs incurred during the period, less income earned on temporary investment of those borrowings.
- If funds are **borrowed generally** and used to obtain an asset, the amount of borrowing costs to be capitalized should be determined by applying the weighted average of the borrowing costs to the expenditure on that asset. The amount capitalized during a period should not exceed the amount of borrowing costs incurred during that period.

19.3.8 When the carrying value of an asset, inclusive of capitalized interest, exceeds the net realizable value, the asset should be written down to the latter value.

19.4 DISCLOSURE

The following should be disclosed:

- Accounting policy adopted for borrowing costs.
- Capitalization rate used to calculate capitalized borrowing costs.
- Total borrowing costs incurred with a distinction between:
  - Amount recognized as an expense.
  - Amount capitalized.

19.3.4 L'incorporation des coûts d'emprunt dans les coûts d'un actif **doit commencer** lorsque :

- des dépenses relatives au bien ont été réalisées ;
- des coûts d'emprunt sont encourus ;
- des activités qui sont indispensables à la préparation de l'actif préalablement à son utilisation ou à sa vente attendue sont en cours.

19.3.5 L'incorporation des coûts d'emprunt dans le coût d'un actif **doit cesser** lorsque :

- l'actif, dont la construction physique est achevée, est prêt à son utilisation ou à sa vente prévue ;
- l'activité productive est interrompue pendant de longues périodes ;
- la construction d'un actif est partiellement terminée, et que la partie terminée est utilisable indépendamment des autres (exemple : un centre d'affaires).

19.3.6 L'incorporation des coûts d'emprunt dans les coûts d'un actif **n'est pas suspendue :**

- quand tous les éléments d'un actif doivent être achevés avant qu'une partie quelconque puisse être utilisée ou vendue (exemple : une usine) ;
- pour des brèves interruptions d'activité ;
- pour une durée au cours de laquelle des travaux techniques et administratifs importants sont en cours ;
- lorsque les délais constituent une étape nécessaire dans le processus d'acquisition de l'actif (exemple : les périodes de maturation des vins).

19.3.7 **Le montant qui doit être incorporé** dans le coût d'un actif, correspond aux coûts d'emprunt qui auraient pu être **évités** si la dépense relative à l'actif qualifié n'avait pas été faite :

- dans la mesure où des fonds sont **empruntés spécifiquement** en vue de l'obtention d'un actif qualifié, le montant des coûts d'emprunt incorporables au coût de l'actif doit correspondre aux coûts d'emprunt réels encourus sur cet emprunt au cours de l'exercice, diminués de tout produit obtenu du placement temporaire de ces fonds ;
- dans la mesure où des fonds sont **empruntés de façon générale** et utilisés en vue de l'obtention d'un actif qualifié, le montant des coûts d'emprunt incorporables au coût de l'actif doit être déterminé en appliquant la moyenne pondérée des coûts d'emprunt aux dépenses relatives à l'actif. Le montant des coûts d'emprunt incorporés au coût de l'actif au cours d'un exercice donné, ne doit pas excéder le montant total des coûts d'emprunt supportés au cours de ce même exercice.

19.3.8 Lorsque la valeur comptable d'un actif, qui inclut les intérêts incorporés, est supérieure à sa valeur nette de réalisation, la valeur comptable est dépréciée afin d'atteindre cette dernière valeur.

19.4 INFORMATIONS A FOURNIR

Les états financiers doivent fournir les informations suivantes :

- méthode comptable utilisée pour les coûts d'emprunt ;
- le taux d'incorporation utilisé pour déterminer le montant des coûts d'emprunt pouvant être incorporés dans le coût d'actifs ;
- le montant total des coûts d'emprunt encourus en distinguant :
  - le montant comptabilisé en charges ;
  - le montant incorporé dans le coût de l'actif.

CASE STUDY

BORROWING COSTS

Morskoy Inc. is constructing a warehouse that will take about 18 months to complete. It began construction on 1 January 20x2. The following payments were made during 20x2:

	$
31 January	200,000
31 March	450,000
30 June	100,000
31 October	200,000
30 November	250,000

The first payment on 31 January was funded from the enterprise's pool of debt. However, the enterprise succeeded in raising a medium-term loan for an amount of $800,000 at 31 March 20x2 with simple interest of 9% per annum, calculated and payable monthly in arrears. These funds were specifically used for this construction. Excess funds were temporarily invested at 6% annum monthly in arrears and payable in cash. The pool of debt was again used to an amount of $200,000 for the payment on 30 November which could not be funded from the medium-term loan.

The construction project was temporarily halted for three weeks in May due to substantial technical and administrative work being carried out.

It is assumed that management of Morskoy Inc. adopted the accounting policy of capitalizing borrowing costs.

The following amounts of debt were outstanding at the balance sheet date, 31 December 20x2:

	$
• Medium-term loan (see above)	800,000
• Bank overdraft (The weighted average amount outstanding during the year was $750,000 and total interest charged by the bank amounted to $33,800 for the year)	1,200,500
• A 10%, 7-year note dated 1 October 19x7 with simple interest payable annually at 31 December	9,000,000

The amount to be capitalized to the cost price of the warehouse in 20x2 can be calculated as follows:

	$
Specific loan	
$800,000 × 9% × 9/12	54,000
Interest earned on unused portion of loan available during the year:	
• 1 April to 30 June [(800,000 – 450,000) × 3/12 × 6%]	(5,250)
• 1 July to 31 October [(800,000 – 550,000) × 4/12 × 6%]	(5,000)
• 1 November to 30 November [(800,000 – 750,000) × 1/12 × 6%]	(250)
	43,500
General pool of funds	
Capitalization rate is 9.58% **(Calculation a)**	
Paid on 31 January (200,000 × 11/12 × 9.58%)	17,563
Paid on 30 November (200,000 × 1/12 × 9.58%)	1,597
	19,160
TOTAL AMOUNT TO BE CAPITALIZED	62,660

ÉTUDE DE CAS

COÛTS D'EMPRUNT

La société Morskoy Inc. est en train de construire un entrepôt qui nécessite 18 mois avant d'être achevé. Les travaux de construction ont commencé le 1er janvier 20x2. Les paiements suivants ont été effectués au cours de l'année 20x2 :

	$
31 janvier	200 000
31 mars	450 000
30 juin	100 000
31 octobre	200 000
30 novembre	250 000

Le premier paiement du 31 janvier a été honoré grâce à l'ensemble des dettes non spécifiques. Cependant, la société a réussi à négocier un emprunt à moyen terme, pour un montant de $ 800 000, le 31 mars 20x2 au taux simple de 9 % par an, calculé et payable mensuellement à terme échu. Ces fonds ont été spécifiquement utilisés pour la construction de cet entrepôt. L'excédent des fonds a été placé temporairement à 6 % par an, payable mensuellement à terme échu. L'ensemble des dettes non spécifiques a été de nouveau utilisé pour un montant de $ 200 000 afin de pouvoir honorer les engagements du 30 novembre qui ne pourront pas être couverts par l'emprunt moyen terme.

Le projet de construction a été temporairement suspendu, pour une durée de trois semaines en mai, à cause de travaux techniques et administratifs importants entrepris à cette période.

On considère que la société Morskoy Inc. a adopté la méthode de l'incorporation des coûts d'emprunt dans le coût de l'actif.

Les montants de dette suivants sont à régler et apparaissent au bilan de la société du 31 décembre 20x2 :

	$
• Emprunt à moyen terme (voir ci-dessus)	800 000
• Découvert bancaire (le montant moyen à payer pour l'année est de $ 750 000, et le montant des intérêts prélevés par la banque s'élève à $ 33 800 pour l'année)	1 200 500
• Emprunt obligataire de 7 ans à 10 % contracté le 1er octobre 19x7 à un taux annuel simple payable le 31 décembre	9 000 000

Les montants qui doivent être incorporés dans le coût de l'entrepôt en 20x2 peuvent être calculés comme suit :

	$
Emprunt spécifique	
$ 800 000 × 9 % × 9/12	54 000
Intérêts gagnés par le placement de la partie de l'emprunt non utilisée pendant l'année :	
• du 1er avril au 30 juin [(800 000 – 450 000) × 3/12 × 6 %]	(5 250)
• du 1er juillet au 31 octobre [(800 000 – 550 000) × 4/12 × 6 %]	(5 000)
• du 1er novembre au 30 novembre [(800 000 – 750 000) × 1/12 × 6 %]	(250)
	43 500
Ensemble des dettes non spécifiques	
Taux de capitalisation de 9,58 % (**calcul a**)	
Paiement le 31 janvier (200 000 × 11/12 × 9,58 %)	17 563
Paiement le 30 novembre (200 000 × 1/12 × 9,58 %)	1 597
	19 160
MONTANT TOTAL INCORPORABLE	62 660

CASE STUDY

Borrowing Costs

Continued

NOTE: Although the activities had been interrupted by technical and administrative work during May 20x2, capitalization is not suspended for this period according to IAS 23.

CALCULATION

	$
a. Capitalization rate for pool of debt	
Total interest paid on these borrowings	
• Bank overdraft	33,800
• 7-year note (9,000,000 × 10%)	900,000
	933,800
Weighted average total borrowings	
• Bank overdraft	750,000
• 7-year note	9,000,000
	9,750,000

Capitalization rate = 933,800 ÷ 9,750,000

= 9,58% (rounded)

ÉTUDE DE CAS

COÛTS D'EMPRUNT

SUITE

NOTE : en dépit du fait que les activités ont été interrompues par des travaux administratifs et techniques durant le mois de mai 20x2, l'incorporation des coûts d'emprunt dans les coûts de l'actif n'est pas suspendue, conformément à la Norme IAS 23.

CALCULS

	$
a. taux de capitalisation pour l'ensemble des dettes non spécifiques	
Le montant total des intérêts payés :	
• Découvert bancaire	33 800
• Emprunt obligataire de 7 ans (9 000 000 × 10%)	900 000
	933 800
Moyenne pondérée de tous les fonds empruntés :	
• Découvert bancaire	750 000
• Emprunt obligataire à 7 ans	9 000 000
	9 750 000

Taux de capitalisation = 933 800 / 9 750 000

= 9,58 % (arrondi).

CHAPTER 20

RELATED PARTY DISCLOSURES (IAS 24)

20.1 PROBLEMS ADDRESSED

A related party relationship can have a significant influence on the financial position and operating results of the reporting entity. The objective of the IAS is to define related party relationships and transactions and to enhance disclosure thereof.

20.2 SCOPE OF THE STANDARD

The IAS should be applied when dealing with related parties and related party transactions. The requirements apply to the financial statements of **each** reporting related party.

20.3 ACCOUNTING TREATMENT

20.3.1 Parties are considered to be related if one party has the ability to control (or jointly control) the other party or exercise significant influence over the other party in making financing and operating decisions. Related party relationships **include**:

- Entities that directly control, are controlled by, or are under common control with the reporting entity (e.g., a group of companies).
- Associates.
- Jointly controlled entities.
- Individuals, including close family members, owning, directly or indirectly, interest in the voting power in the reporting entity that gives them significant influence.
- Key management personnel (including directors, officers, and close family members) responsible for planning, directing, and controlling the activities.
- Entities in which a substantial interest in the voting power is held, either directly or indirectly, by individuals (key personnel and close family members) or entities over which these people can exercise significant influence.

20.3.2 A related party transaction comprises a transfer of resources or obligations between related parties, regardless of whether or not a price is charged; this includes transactions concluded on an arms length basis. The following are examples of these transactions:

- Purchase or sale of goods.
- Purchase or sale of property or other assets.
- Rendering or receipt of services.
- Agency arrangements.
- Lease agreements.
- Transfer of research and development.
- License agreements.
- Finance, including loans and equity contributions.

CHAPITRE 20

INFORMATION RELATIVE AUX PARTIES LIÉES (IAS 24)

20.1 OBJECTIFS

Une relation entre parties liées peut avoir un effet sur la situation financière et les résultats opérationnels de l'entreprise présentant les états financiers. L'objectif de la présente Norme est de définir le champ des relations entre parties liées et des transactions qu'elles induisent, et par conséquent d'en favoriser la clarté.

20.2 CHAMP D'APPLICATION

La présente Norme doit être appliquée pour le traitement des parties liées et des transactions entre une entreprise présentant les états financiers et les parties qui lui sont liées. Les dispositions de la présente Norme s'appliquent aux états financiers de **toutes** les entreprises présentant des états financiers.

20.3 TRAITEMENT COMPTABLE

20.3.1 Des parties sont considérées comme étant liées si une partie peut contrôler l'autre partie ou exercer une influence notable sur l'autre partie lors de la prise de décisions financières et opérationnelles. Les relations entre parties liées **recouvrent :**

- les entreprises qui contrôlent directement, qui sont contrôlées par ou qui sont sous le contrôle conjoint de l'entreprise qui présente les états financiers (exemple : un groupe de sociétés) ;
- les entreprises associées ;
- les entreprises contrôlées conjointement ;
- les personnes, ainsi que les membres proches de leur famille, qui détiennent directement ou indirectement, dans l'entreprise qui présente ses états financiers, une part des droits de vote leur permettant d'exercer une influence notable ;
- les principaux dirigeants (directeurs, cadres et les membres proches de leur famille) qui ont la responsabilité de la planification, de la direction et du contrôle des activités ;
- les entreprises dans lesquelles une part substantielle des droits de vote est détenue, directement ou indirectement par des personnes (dirigeants, membre de leurs familles) ou par des entreprises sur lesquelles ces individus peuvent exercer une influence notable.

20.3.2 Une transaction entre parties liées correspond à un transfert de ressources ou d'obligations entre des parties liées, sans tenir compte du fait qu'un prix soit facturé ou non. Ceci inclut les transactions effectuées aux conditions du marché. Les exemples suivants illustrent ces transactions :

- achats et ventes de biens ;
- achats et ventes de biens immobiliers ou d'autres actifs ;
- prestation ou réception de services ;
- mandats ;
- contrats de location ;
- transfert de recherche et développement ;
- contrats de licence ;
- financement, y compris les prêts et les apports en capital ;

- Guarantees and collaterals.
- Management contracts.

20.3.3 Related party relationships are a normal feature in commerce. Many entities carry on separate parts of their activities through subsidiaries, associates, joint ventures, etc. These parties sometimes enter into transactions through atypical business terms and prices.

20.3.4 Related parties have a degree of flexibility in the price setting process that is not present in transactions between related parties, for example:

- Comparable uncontrolled price method.
- Resale price method.
- Cost-plus method.

20.4 DISCLOSURE

20.4.1 The following are to be disclosed in the **notes** to the financial statements:

- Specify the related party relationships where **control** exists, irrespective of whether or not there have been transactions between the parties.
- If related party transactions occurred:
  - Nature of related party relationships.
  - Types of the transactions.
  - Elements of the transactions, being:
    - . Volume (either as an amount or an appropriate proportion).
    - . Amount or appropriate proportions of outstanding items.
    - . Pricing policies.

20.4.2 **No disclosure** of transactions is required in:

- Consolidated financial statements in respect of intra-group transactions.
- Parent financial statements included with the consolidated financial statements.
- Financial statements of a wholly-owned subsidiary if its parent is in the same country and prepares group statements.
- Financial statements of state-controlled enterprises of transactions with similar enterprises.

- garanties et sûretés réelles ;
- contrats de gestion.

20.3.3 Les relations entre parties procèdent de la vie normale des affaires. De nombreuses entreprises exercent des parties distinctes de leurs activités par l'intermédiaire de filiales, d'entreprises associées, de coentreprises, etc. Celles-ci peuvent intervenir dans les transactions à travers des accords commerciaux et des fixations de prix atypiques.

20.3.4 Les parties liées peuvent avoir un degré de flexibilité dans l'établissement du prix que l'on ne rencontre pas dans les transactions entre parties non liées. Par exemple :

- utilisation de la méthode du prix comparable non contrôlé ;
- utilisation de la méthode du prix de revente ;
- utilisation de la méthode du coût majoré.

20.4 INFORMATIONS A FOURNIR

20.4.1 Les états financiers doivent fournir les éléments d'information suivants (1) :

- lorsqu'il y a une situation de **contrôle,** des informations sur les relations entre parties liées doivent être fournies, qu'il y ait eu ou non des transactions entre les parties liées ;
- si des transactions ont eu lieu entre des parties liées, l'entreprise doit indiquer :
  - la nature des relations entre les parties liées ;
  - les types de transactions ;
  - les éléments de transactions nécessaires, à savoir :
    - · le volume (soit en montant, soit en proportion) ;
    - · le montant ou la proportion des éléments existants ;
    - · les politiques de fixation des prix.

20.4.2 Aucune fourniture d'information sur les transactions n'est imposée :

- dans les états financiers consolidés, pour les transactions intra-groupe ;
- dans les états financiers de la société mère, lorsqu'ils sont publiés avec les états financiers consolidés ;
- dans les états financiers d'une filiale détenue à 100 %, si la société mère est du même pays et publie des états financiers consolidés ;
- dans les états financiers d'entreprises contrôlées par l'Etat, pour des transactions avec des entreprises similaires.

(1) en **notes annexes**

CASE STUDY

RELATED PARTY DISCLOSURES

Habitat Inc. is a subsidiary in a group structure, which is indicated by the following diagram:

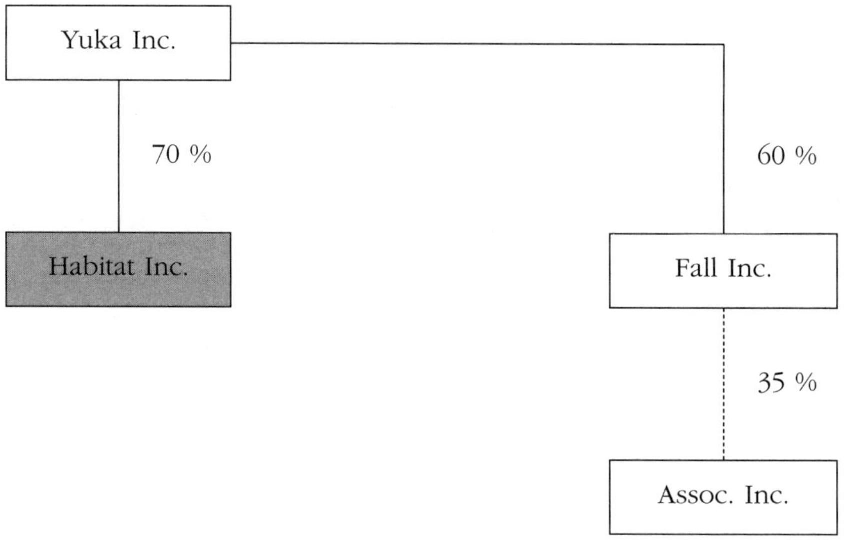

Solid lines indicate ***control*** *whereas dotted lines indicate the exercise of* ***significant influence.***

During the year Habitat Inc. acquired plant and equipment from Assoc. Inc. at an amount of \$23 million on which Assoc. Inc. earned a profit of \$4 million.

Habitat Inc. and Assoc. Inc. are deemed to be related parties in terms of IAS 24. The full details of the transaction should therefore be disclosed in the financial statement of **both** entities as required by IAS 24, namely:

- Nature of the related party relationship.
- The nature of the transaction.
- Amount involved.
- Any amount still due by Habitat Inc. to Assoc. Inc.
- Pricing policy for determining the transaction amount.

ÉTUDE DE CAS

INFORMATION RELATIVE AUX PARTIES LIÉES

La société Habitat Inc. est une filiale d'un groupe représenté par le schéma ci-dessous :

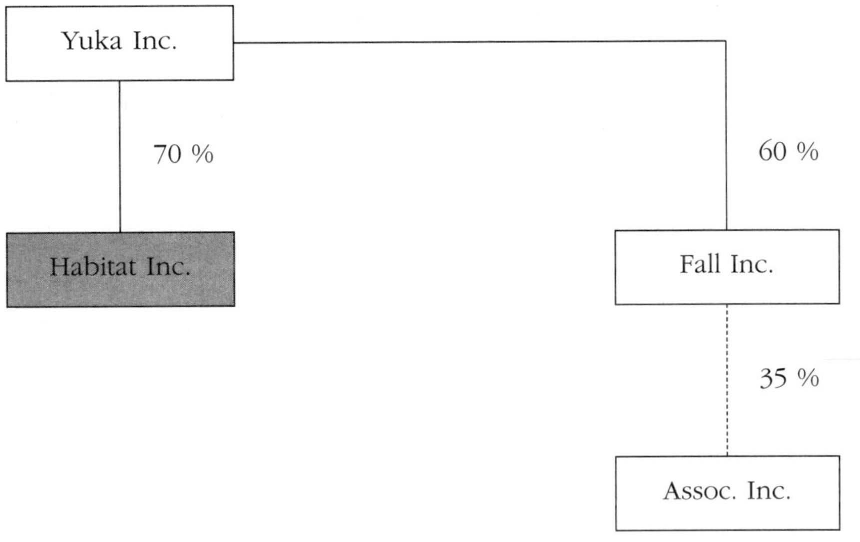

Les lignes pleines indiquent une relation de ***contrôle*** *alors que les pointillés soulignent l'existence d'une* ***influence notable.***

Pendant l'année, Habitat Inc. a fait l'acquisition d'une usine et de biens d'équipement en provenance d'Assoc. Inc pour un montant de 23 millions de dollars sur lequel Assoc. Inc a réalisé un profit de 4 millions de dollars.

Habitat Inc. et Assoc. Inc sont considérées comme des parties liées d'après les termes de la Norme IAS 24. Les détails complets de la transaction doivent donc être présentés dans les états financiers des **deux** entreprises tels que le stipule la Norme IAS 24, à savoir :

- nature des relations entre les parties liées ;
- nature de la transaction ;
- montant considéré ;
- montant toujours dû par Habitat Inc. à Assoc. Inc ;
- politique de prix appliquée lors de la détermination du prix de la transaction.

CHAPTER 21

ACCOUNTING AND REPORTING BY RETIREMENT BENEFIT PLANS (IAS 26)

21.1 PROBLEMS ADDRESSED

The IAS prescribes the information that should be reported by each retirement benefit plan about its nature, financial resources, and performance.

21.2 SCOPE OF THE STANDARD

The standard should be applied to the reports of retirement benefit plans that are directed to **all participants,** irrespective of whether a plan is:

- A separate fund or not.
- A defined contribution or a defined benefit plan.
- Managed by an insurance company.
- Sponsored by other parties than employees.
- A formal or informal agreement.

21.3 ACCOUNTING TREATMENT

21.3.1 Retirement benefit plans could either be **defined contribution** or **defined benefit plans** (refer to chapter 15).

21.3.2 The involvement of actuaries with retirement benefit plans could be summarized as follows:

- **Defined contribution plans:** An employer's obligation is usually discharged by its contributions. An actuary's advice is therefore not normally required.
- **Defined benefit plans:** Periodic advice of an actuary is required to assess the financial condition of the plan, review the assumptions, and recommend future contribution levels. An employer is responsible for restoring the level of a benefit plan when deficits occur, in order to provide the agreed benefits to current and former employees.

DEFINED CONTRIBUTION PLANS

21.3.3 The following principles apply to the valuation of assets owned by the plan:

- Investments should be carried at fair value.
- If carried at other amounts, the fair value should be disclosed.

21.3.4 The **report of a defined contribution plan** should contain a statement of net assets available for benefits and a description of the funding policy

DEFINED BENEFIT PLANS

21.3.5 Actuarial valuations are normally obtained every three years. The present value of the expected payments by a defined benefit plan may be calculated and reported using current salary levels **or** projected salary levels up to the time of retirement of participants.

21.3.6 The rules for the valuation of plan assets are similar to those for defined contribution plans.

21.3.7 The **report of a defined benefit plan** contains information that should be presented in **one** of the following formats:

Chapitre 21

Comptabilité et Rapports Financiers des Régimes de Retraite (IAS 26)

21.1 OBJECTIFS

La présente Norme IAS prescrit l'information qui doit être fournie par chaque régime de retraite en ce qui concerne sa nature, ses ressources financières et sa performance.

21.2 CHAMP D'APPLICATION

La présente Norme doit être appliquée aux rapports financiers présentés par les régimes de retraite à **tous les adhérents** que ce régime de retraite soit :

- un fonds séparé ou non ;
- un régime à cotisations définies ou à prestations définies ;
- un régime géré par une compagnie d'assurance ;
- un régime financé par d'autres personnes que par les employés ;
- un régime fondé sur un accord formel ou informel.

21.3 TRAITEMENT COMPTABLE

21.3.1 Les régimes de retraite peuvent être soit des **régimes à cotisations définies** soit des **régimes à prestations définies** (cf. chapitre 15).

21.3.2 L'intervention des actuaires dans les régimes de retraite peut être récapitulée de la manière suivante :

- **régimes à cotisations définies :** le versement des cotisations libère généralement l'employeur de ses obligations. Les conseils d'un actuaire ne sont en général pas nécessaires ;
- **régimes à prestations définies :** il est nécessaire d'avoir recours périodiquement aux conseils d'un actuaire pour apprécier la situation financière du régime, réviser les hypothèses et proposer des montants pour les cotisations futures. L'employeur est responsable de la remise à niveau de la situation financière du régime si des déficits apparaissent afin d'assurer les prestations dues aux anciens et aux actuels employés.

Régimes de retraite à cotisations définies

21.3.3 Les principes suivants doivent être appliqués lors de l'évaluation des actifs détenus par le régime de retraite :

- les investissements doivent être comptabilisés à leur juste valeur ;
- s'ils sont comptabilisés à des montants différents, leur juste valeur doit être précisée.

21.3.4 **Le rapport d'un régime à cotisations définies** doit comporter un état des actifs nets affectés au paiement des prestations ainsi qu'une description de la politique de financement.

Régimes de retraite à prestations définies

21.3.5 Des estimations actuaires sont normalement obtenues tous les trois ans. La valeur actualisée des paiements attendus versés par un régime à prestations définies peut être calculée et présentée en utilisant le niveau actuel des salaires ou le niveau des salaires projeté jusqu'au départ en retraite des adhérents.

21.3.6 Les Normes en matière d'évaluation des actifs détenus par le régime sont semblables à celles des régimes à cotisations définies.

21.3.7 Le **rapport financier d'un régime à prestations définies** doit contenir des données et les faire apparaître sous **une** des formes suivantes :

- The report shows the net assets available for benefits, the actuarial present value of retirement benefits expected to become payable in the future, and the resulting excess or deficit. It also contains statements of changes in net assets available for benefits, and changes in the actuarial present value of promised retirement benefits. The report **may** include a separate actuary's report supporting the actuarial present value of promised retirement benefits.
- The same information on net assets are provided as above, but the actuarial present value is disclosed in a note. The report **may** also include a separate actuary's report as above.
- The report includes a statement of net assets available for benefits and a statement of changes in those assets with the actuarial present value contained in a **separate** actuarial report.

21.4 DISCLOSURE

Description of the plan

Information such as the names of the employers and the employee groups covered, number of participants receiving benefits, type of plan, and other details are required.

Policies

- Significant accounting policies.
- Description of the investment policies.
- Description of the funding policy.

Statement of net assets available for benefits

This statement shows the amount of assets available to pay retirement benefits that are expected to become payable in future.

- Assets at year-end, suitably classified.
- Basis of valuation of assets.
- When plan investments are held because an estimate of fair value is not possible, disclosure is made of the reason.
- Details of any single investment exceeding either 5% of net assets available for benefits or 5% of any class or type of security.
- Details of any investment in the employer.
- Liabilities other than the actuarial present value of promised retirement benefits.

Statement of changes in net assets available for benefits

- Investment income.
- Employer contributions.
- Employee contributions.
- Other income.
- Benefits paid or payable (analyzed per category of benefit).
- Administrative expenses.
- Other expenses.
- Taxes on income.
- Profits and losses on disposal of investments and changes in value of investments.
- Transfers from and to other plans.

Actuarial information (for benefit plans only):

- The actuarial present value of promised retirement benefits, based on the benefits promised under the terms of the plan, on service rendered to date, and on using either current salary levels or projected salary levels.
- Description of main actuarial assumptions.
- Method used to calculate the actuarial present value of promised retirement benefits.
- Date of most recent actuarial valuation.

- le rapport présente les actifs nets affectés au paiement des prestations, la valeur actualisée actuarielle des prestations de retraites qui sont susceptibles d'être versées dans le futur et l'excédent ou le déficit en résultant. Il contient également des états sur les changements relatifs aux actifs nets affectés au paiement des prestations ainsi que sur les changements de la valeur actualisée actuarielle des prestations de retraite promises. Le rapport **peut** inclure de manière séparée le rapport de l'actuaire relatif à la valeur actualisée actuarielle des prestations de retraite promises ;
- le rapport présente les mêmes informations en matière d'actifs nets mentionnées ci-dessus, mais la valeur actuarielle est présentée dans une note. Le rapport **peut** aussi inclure un rapport de l'actuaire comme ci-dessus ;
- le rapport inclut un état des actifs nets affectés au paiement des prestations et un état des modifications apportées à ces derniers avec la valeur actualisée actuarielle mentionnée dans un rapport actuariel **séparé.**

21.4 INFORMATIONS A FOURNIR

Description du régime

Des informations telles que les noms des employeurs et des catégories de personnel couvertes, le nombre d'adhérents touchant des prestations, le type de régime de retraite et d'autres détails sont requis.

Les méthodes

- méthodes comptables principales ;
- description des politiques d'investissements ;
- description des politiques de financement.

État des actifs nets affectés au paiement des prestations

Cet état présente le montant des actifs disponibles pour le paiement des prestations de retraite qui sont susceptibles d'être versées dans le futur.

- les actifs en fin d'exercice, selon une classification adaptée ;
- la base d'évaluation des actifs ;
- quand des placements sont détenus et qu'il n'est pas possible d'estimer leur juste valeur, il faut présenter les raisons de cette impossibilité ;
- détails sur tout placement excédant soit 5 % des actifs nets affectés au paiement des prestations soit 5 % de tout type et catégorie de titres ;
- détail de tout placement effectué par l'employeur ;
- passifs autres que la valeur actualisée actuarielle des prestations de retraite promises.

État des changements dans les actifs nets disponibles pour le paiement des prestations

- produit des placements ;
- cotisations de l'employeur ;
- cotisations des employés ;
- autres produits ;
- prestations versées ou versables (analysée par catégorie de prestation) ;
- charges administratives ;
- impôt sur le revenu ;
- profits et pertes réalisés sur la cession de placement et les changements de la valeur des placements ;
- transferts inter régimes.

Information actuarielle (pour les régimes à prestations définies seulement)

- la valeur actualisée actuarielle des prestations de retraite promises, sur la base des prestations promises selon les termes du régime, des services rendus à cette date et en utilisant soit les niveaux de salaires actuels soit les niveaux de salaires projetés ;
- la description des principales hypothèses actuarielles ;
- la méthode utilisée pour calculer la valeur actualisée actuarielle des prestations de retraite promises ;
- la date des plus récentes évaluations actuarielles.

CASE STUDY

ACCOUNTING AND REPORTING BY RETIREMENT BENEFIT PLANS

The report of a retirement benefit plan should *inter alia* contain a statement of changes in net assets available for benefits.

The following extract was taken from the **World Bank Group: Staff Retirement Plan – 1996 Annual Report.** It contains such statements which complies with the IAS 26 requirements in all material respects:

Statements of changes in net assets available for benefits

	Year ended December 31,	
	1996 *$'000*	*1995* *$'000*
Investment income		
Net appreciation in fair value of investments	809,008	694,402
Interest and dividends	301,391	233,163
Total investment income	1,110,399	927,565
Contributions		
Contributions by Bank/IFC/MIGA	101,337	113,217
Contributions by participants	55,651	55,341
Net receipts from pension plans of other international organizations on behalf of transferred participants	1,768	640
Total contributions	158,756	169,198
Total additions	1,269,155	1,096,763
Benefit payments		
Pensions	(110,034)	(95,299)
Commutation payments	(47,041)	(38,736)
Contributions, withdrawal benefits, and interest paid to former participants on withdrawal	(7,810)	(7,625)
Lump sum death benefits	(1,803)	(899)
Total deductions	(166,688)	(142,559)
Net increase	1,102,467	954,204
Net assets available for benefits		
Beginning of year	6,475,709	5,521,505
End of year	**7,578,176**	**6,475,709**

ÉTUDE DE CAS

Comptabilité et Rapports Financiers des Régimes de Retraite

Le rapport des régimes de retraite peut contenir entre autres un état des changements des actifs nets disponibles pour le paiement des prestations.

L'extrait suivant provient de la **Banque Mondiale : Régime de retraite du personnel – Rapport Annuel 1996.** Il contient des états qui remplissent les critères de la Norme IAS 26 :

État des changements des actifs nets disponibles pour le paiement des prestations

	Exercice clos au 31 décembre	
	1996 *$'000*	*1995* *$'000*
Revenus des titres de participation et de placement		
Augmentation nette de la juste valeur nette des placements	809 008	694 402
Intérêts et dividendes	301 391	233 163
Total	1 110 399	927 565
Cotisations		
Cotisations de la Banque / IFC / MIGA	101 337	113 217
Cotisations des employés	55 651	55 341
Rentrées nettes provenant des régimes de retraite d'autres organisations internationales au titre des adhérents transférés	1 768	640
Total des cotisations	158 756	169 198
Total des revenus	1 269 155	1 096 763
Paiement des prestations		
Retraites	(110 034)	(95 299)
Montants versés à des adhérents ayant choisi de convertir une partie de leur retraite en somme forfaitaire	(47 041)	(38 736)
Contributions, prestations et intérêts payés à d'anciens adhérents ayant opté pour une sortie anticipée du plan de retraite	(7 810)	(7 625)
Montants forfaitaires versés aux ayants droit d'adhérents décédés	(1 803)	(899)
Total des charges	(166 688)	(142 559)
Revenu net	1 102 467	954 204
Actifs nets disponibles pour le paiement des prestations		
À l'ouverture de l'exercice	6 475 709	5 521 505
À la clôture de l'exercice	**7 578 176**	**6 475 709**

CHAPTER 22

CONSOLIDATED FINANCIAL STATEMENTS AND ACCOUNTING FOR INVESTMENTS IN SUBSIDIARIES (IAS 27)

22.1 PROBLEMS ADDRESSED

Users of the financial statements of a parent enterprise need information about the financial position, results of operations, and changes in financial position of the group as a whole. The IAS prescribes the following:

- Procedures for the preparation and presentation of consolidated financial statements.
- The accounting treatment of subsidiaries in a parent enterprise's separate financial statements.

22.2 SCOPE OF THE STANDARD

The IAS is applicable to a parent enterprise and the subsidiaries in the group that are controlled by the parent. Control is defined as the power to govern the financial and operating policies of an enterprise so as to obtain benefits from its activities. The existence of control is evidenced by *inter alia* one of the following:

- **Ownership:** parent owning (directly or indirectly) through subsidiaries more than 50% of the voting power.
- **Voting rights:** power over more than 50% of the voting rights by virtue of an agreement with other investors.
- **Policies:** power to govern the financial and operating policies of the enterprise under a statute or agreement.
- **Board of directors:** power to appoint or remove the majority of the members of the board of directors.
- **Voting rights of directors:** power to cast the majority of votes at meetings of the board of directors.

SIC–12 requires the consolidation of a ***special purpose entity*** *when, in substance, it is controlled by a parent enterprise.*

22.3 ACCOUNTING TREATMENT

CONSOLIDATED FINANCIAL STATEMENTS

22.3.1 A parent should present consolidated financial statements as if the group were a single enterprise. A wholly owned subsidiary, or one that is virtually wholly owned, need not present consolidated financial statements.

22.3.2 A parent should consolidate all subsidiaries, foreign and domestic, except for the following, which are excluded:

- Subsidiaries acquired and held with a view to its subsequent disposal in the near future.
- Subsidiaries operating under severe long-term restrictions that significantly impair its ability to transfer funds.

Such subsidiaries are accounted for as investments in terms of IAS 39; see chapter 34.

Chapitre 22

États Financiers Consolidés et Comptabilisation des Participations dans des Filiales (IAS 27)

22.1 OBJECTIFS

Les utilisateurs des états financiers d'une société mère ont besoin d'informations concernant la situation financière, le résultat des opérations et les changements dans la situation financière du groupe dans son ensemble. La présente Norme IAS fixe :

- les procédures de préparation et de présentation des états financiers consolidés ;
- la façon dont la participation de la mère dans les filiales doit être comptabilisée dans les états financiers de la mère.

22.2 CHAMP D'APPLICATION

La présente Norme s'applique à une société mère et à ses filiales dans un groupe contrôlé par la mère. Le contrôle est défini comme le pouvoir de diriger les politiques financière et opérationnelle d'une entreprise afin d'obtenir des avantages de ses activités. Le contrôle est présumé exister lorsque les éléments suivants sont *entre autres* présents :

- **propriété :** la mère détient (directement ou indirectement par l'intermédiaire de filiales), plus de 50 % des droits de vote d'une entreprise ;
- **droit de vote :** pouvoir sur plus de 50 % des droits de vote en vertu d'un accord avec d'autres investisseurs ;
- **politique :** pouvoir de fixer les politiques financière et opérationnelle de l'entreprise en vertu des statuts ou d'un contrat ;
- **conseil d'administration :** pouvoir de nommer ou de révoquer la majorité des membres du conseil d'administration ;
- **droit de vote des administrateurs :** pouvoir de réunir la majorité des droits de vote dans les réunions du conseil d'administration.

L'interprétation SIC-12 exige la consolidation d'une ***entité ad hoc*** *quand, en substance, elle est contrôlée par une société mère.*

22.3 TRAITEMENT COMPTABLE

États financiers consolidés

22.3.1 La société mère présente les états financiers consolidés comme si le groupe était une entreprise unique. Une société mère qui est elle-même détenue entièrement ou presque entièrement par une autre entreprise, n'est pas tenue de présenter des états financiers consolidés.

22.3.2 Une mère doit consolider toutes les filiales, étrangères ou nationales, autres que :

- les filiales acquises et détenues dans la perspective d'une revente dans un avenir proche ;
- les filiales soumises à des restrictions durables sévères limitant de façon importante leur capacité à transférer des fonds à la mère.

De telles filiales doivent être comptabilisées comme si elles constituaient des placements selon les termes de la Norme IAS 39 ; voir chapitre 34.

22.3.3 The basic approach to preparing a set of consolidated financial statements is to combine the financial statements of the parent and its subsidiaries on a line-by-line basis by adding together like items of assets, liabilities, equity, income, and expenses. Other basic procedures include:

- The carrying amount of the parent's investment and its portion of equity of each subsidiary are eliminated in accordance with the procedures of IAS 22; see chapter 18.
- Minority interests in the net assets of consolidated subsidiaries are identified and presented in the consolidated balance sheet separately.
- Intragroup balances and intragroup transactions are eliminated.
- Unrealized profits/losses are eliminated.
- Minority interests in the profit/loss of subsidiaries for the period are identified and presented separately in the income statement. It is adjusted against the profit/loss of the group in order to arrive at the net profit/loss attributable to the owners of the parent.
- Taxes are treated in terms of IAS 12.
- Consolidated profits are adjusted for the subsidiary's cumulative preferred dividends, whether or not dividends have been declared.
- An investment should be accounted for in terms of IAS 39, from the date that it ceases to be a subsidiary and does not become an associate.
- The losses applicable to the minority interest may exceed its interest in the equity of the subsidiary. The excess is charged against the **majority** interest except to the extent that the minority has a binding obligation to, and is able to, make good on the losses.

22.3.4 Other consolidation procedures include the following:

- Uniform accounting policies should be used.
- When the reporting dates of the parent and subsidiaries differ, adjustments are made for significant transactions or events that occur between those dates. The difference should be no more than 3 months.

PARENT ENTERPRISE'S OWN FINANCIAL STATEMENTS

22.3.5 In a parent enterprise's separate financial statements, investments in subsidiaries that are included in the consolidated financial statements should be either:

- carried at cost,
- equity accounted in terms of IAS 28, **or**
- accounted for as available-for-sale financial assets in terms of IAS 39.

22.4 DISCLOSURE

22.4.1 CONSOLIDATED FINANCIAL STATEMENTS

- Listing of significant subsidiaries:
  - Names.
  - Country of incorporation/residence.
  - Proportion of ownership interest or proportion of voting power (if different).
- Reasons for not consolidating a subsidiary.

22.3.3 L'approche fondamentale pour établir des états financiers consolidés est de combiner les états financiers individuels de la mère et de ses filiales ligne à ligne en additionnant les éléments semblables d'actifs, de passifs, de capitaux propres, de produits et de charges. Les étapes suivantes incluent :

- la valeur comptable de la participation de la mère dans chaque filiale et la quote-part de la mère dans les capitaux propres de chaque filiale sont éliminées conformément avec les procédures posées par la Norme IAS 22 (voir chapitre 18) ;
- les intérêts minoritaires dans l'actif net des filiales consolidées de l'exercice sont identifiées et présentées dans le bilan consolidé séparément des passifs et capitaux propres de la mère ;
- les soldes intra-groupe et les transactions intra-groupe doivent être éliminés ;
- les profits et les pertes latents intra-groupe sont éliminés ;
- les intérêts minoritaires dans le résultat de l'exercice (négatif ou positif) des filiales consolidées de l'exercice sont identifiés et présentés séparément dans le compte de résultat, soustraits au résultat du groupe afin d'obtenir le résultat net distribuable aux actionnaires de la mère ;
- les impôts sont comptabilisés selon la Norme IAS 12 ;
- si une filiale a des actions à dividendes prioritaires cumulatifs, la mère calcule sa quote-part de résultat après ajustement pour tenir compte des dividendes prioritaires de la filiale, que ceux-ci aient été décidés ou non ;
- une participation dans une entreprise doit être comptabilisée selon les principes de la Norme IAS 39, dès la date où elle cesse de correspondre à la définition d'une filiale et ce sans devenir une entreprise associée ;
- les pertes revenant aux minoritaires dans une filiale consolidée peuvent être supérieures aux intérêts minoritaires dans les capitaux propres de la filiale. Cet excédent est imputé aux intérêts **majoritaires** sauf si les minoritaires ont une obligation irrévocable de compenser les pertes et sont capables de le faire.

22.3.4 Autres procédures de consolidation :

- des méthodes comptables uniformes doivent être utilisées ;
- lorsque les dates de clôture des exercices de la mère et de ses filiales sont différentes, les ajustements appropriés sont à apporter aux états financiers pour des transactions et événements importants intervenus pendant cette période de décalage. Ce décalage ne peut être supérieur à 3 mois.

Les états financiers de la société mère

22.3.5 Dans les états financiers individuels de la mère, les participations dans des filiales incluses dans les états financiers consolidés doivent être comptabilisées :

- au coût ;
- selon la méthode de la mise en équivalence conformément à la Norme IAS 28 **ou**
- selon la méthode des actifs financiers disponibles conformément à l'IAS 39.

22.4 INFORMATIONS A FOURNIR

22.4.1 États financiers consolidés

- Liste des filiales importantes indiquant :
  - le nom ;
  - le pays d'enregistrement ou de résidence ;
  - la quote-part d'intérêt dans le capital ou celle dans les droits de vote (si différent).
- raisons de la non consolidation d'une filiale ;

- Nature of the relationship when the parent does not own (directly/indirectly) more than 50% of the voting power.
- Name of an enterprise in which more than 50% of the voting power is owned (directly/ indirectly), but which, because of the absence of control, is not a subsidiary.
- The effect of acquisition and disposal of subsidiaries on the financial position, and the results for the reporting period and on the comparative amounts.
- Where the parent is wholly owned, state:
  - Reasons for not preparing consolidated financial statements.
  - Bases on which subsidiaries are accounted in its own financial statements.
  - Name and registered office of its parent.
- If uniform accounting policies are not used:
  - The fact to be stated.
  - Proportions of items affected is shown.

22.4.2 PARENT ENTERPRISE'S OWN FINANCIAL STATEMENTS

- Method(s) used to account for subsidiaries.

- nature de la relation entre la mère et une filiale dont la mère ne détient pas, directement ou indirectement, plus de la moitié des droits de vote ;
- nom d'une entreprise dont plus de 50 % des droits de vote est détenue par la mère, directement ou indirectement, mais qui en raison de l'absence de contrôle n'est pas une filiale ;
- effet de l'acquisition et de la sortie de filiales sur la situation financière à la date de clôture, sur les résultats de l'exercice et sur les montants correspondants de l'exercice précédent ;
- si la mère est totalement détenue, indiquer :
  - raisons pour lesquelles des états financiers consolidés n'ont pas été préparés ;
  - principes selon lesquels les filiales sont comptabilisées dans les états financiers individuels de la mère ;
  - nom et siège social de la mère de la société mère.
- si des méthodes comptables uniformes ne sont pas appliquées :
  - le fait doit être indiqué ;
  - les proportions respectives des éléments concernés doivent être mentionnées.

22.4.2 États financiers individuels de la mère

- méthode(s) utilisée(s) pour comptabiliser les résultats des filiales.

CASE STUDY

CONSOLIDATED FINANCIAL STATEMENTS AND ACCOUNTING FOR INVESTMENTS IN SUBSIDIARIES

A. The following amounts of profit after tax relate to the Alpha group of entities:

	$
Alpha Inc.	150,000
Beta Inc.	40,000
Charlie Inc.	25,000
Delta Inc.	60,000
Echo Inc.	80,000

- Alpha Inc. owns 75% of the voting power in Beta Inc. and 30% of the voting power in Charlie Inc.
- Beta Inc. also owns 30% of the voting power in Charlie Inc. and 25% of the voting power in Echo Inc.
- Charlie Inc. owns 40% of the voting power in Delta Inc.

ISSUES: What is the status of each entity in the group and how is the minority share in the group profit after tax calculated?

Beta Inc. and Charlie Inc. are both **subsidiaries** of Alpha Inc. which owns, directly or indirectly through a subsidiary more than 50% of the voting power in the entities.

Charlie Inc. and Echo Inc. are deemed to be **associates** of Beta Inc., while Delta Inc. is deemed to be an **associate** of Charlie Inc. unless it can be demonstrated that significant influence does not exist.

The minority interest in the group profit after tax is calculated as follows:

	$	$
Profit after tax of Charlie Inc.		
• Own	25,000	
• Equity accounted:		
– Delta Inc. (40% × 60,000)	24,000	
	49,000	
• Minority interest of 40%		19,600
Profit after tax of Beta Inc.		
• Own	40,000	
• Equity accounted:		
– Charlie Inc. (30% × 49,000)	14,700	
– Echo Inc. (25% × 8,000)	20,000	
	74,700	
• Minority interest of 25%		18,675
		38,275

ÉTUDE DE CAS

États Financiers Consolidés et Comptabilisations des Participations dans des Filiales

A. Les résultats après impôt du groupe Alpha sont présentés ainsi :

	$
Société Alpha	150 000
Société Beta	40 000
Société Charlie	25 000
Société Delta	60 000
Société Echo	80 000

- Alpha détient 75 % des droits de vote de la société Beta et 30 % de ceux de la société Charlie.
- Beta détient aussi 30 % des droits de vote de Charlie et 25 % de ceux de Echo.
- Charlie détient 40 % des droits de vote de Delta.

QUESTIONS : Quel est le statut de chaque société dans le groupe et comment est calculée la part des minoritaires dans le résultat net du groupe ?

Les sociétés Beta et Charlie sont des **filiales** de la société Alpha, qui détient, directement ou indirectement par une filiale, plus de 50 % de leurs droits de vote.

Les sociétés Charlie et Echo sont considérées comme des **entreprises associées** de Beta, tandis que la société Delta est considérée comme une **entreprise associée** de Charlie, sauf à prouver l'absence d'influence notable.

Les intérêts minoritaires dans le résultat net du groupe sont calculés de la façon suivante :

	$	$
Résultat net de la société Charlie :		
• Son propre résultat net	25 000	
• Résultat de la filiale mise en équivalence :		
– Société Delta (40 % × 60 000)	24 000	
	49 000	
• Intérêts minoritaires de 40 %		19 600
Résultat net de la société Beta :		
• Son propre résultat net	40 000	
• Résultat des filiales mises en équivalence :		
– Société Charlie (30 % × 49 000)	14 700	
– Société Echo (25 % × 80 000)	20 000	
	74 700	
• Intérêts minoritaires de 25 %		18 675
		38 275

CASE STUDY

CONSOLIDATED FINANCIAL STATEMENTS AND ACCOUNTING FOR INVESTMENTS IN SUBSIDIARIES

CONTINUED

B. A European parent company, with subsidiaries in various countries, follows the accounting policy of LIFO costing for all inventories in the group. It has recently acquired a controlling interest in a South African subsidiary that is not allowed to follow this policy due to local accounting pronouncements.

ISSUE: How is this aspect dealt with on consolidation?

IAS 27 requires consolidated financial statements to be prepared using uniform accounting principles, as far as it is practicable. However, it does not demand that an entity in the group changes its method of accounting to that which is adopted for the group.

One of the following options may be followed:

- Appropriate adjustments may be made to the financial statements of the SA subsidiary to convert the value of inventories to a LIFO-based value for purposes of preparing the consolidated financial statements.
- If it is not practicable to use a uniform accounting policy for inventories (e.g., from a cost-benefit point of view to do the conversion), the fact should be disclosed, together with the amount of inventory that is not based on the LIFO formula.

ÉTUDE DE CAS

États Financiers Consolidés et Comptabilisations des Participations dans des Filiales

Suite

B. Une société mère européenne, ayant des filiales dans différents pays, applique la méthode comptable DEPS (Dernier Entré, Premier Sorti) à tous les stocks du groupe. La mère vient d'acquérir le contrôle d'une filiale en Afrique du Sud. La filiale ne peut pas utiliser DEPS à cause d'une interdiction comptable locale.

QUESTION : Comment cet aspect influence-t-il la consolidation du groupe ?

La Norme IAS 27 exige que les états financiers consolidés soient préparés en utilisant des méthodes comptables uniformes, si cela est réalisable. Cependant, elle n'impose pas qu'une filiale modifie sa méthode comptable pour s'aligner sur celle du groupe.

Les solutions suivantes pourront être envisagées :

- les ajustements appropriés peuvent être effectués dans les états financiers individuels de la filiale sud-africaine, afin de convertir la valeur de stock en DEPS dans la perspective de la préparation des états financiers consolidés ;
- s'il n'est pas possible pratiquement d'utiliser une méthode comptable uniforme de valorisation des stocks (par exemple, du point de vue du rapport coût-profit de la conversion), le fait doit être indiqué ainsi que le montant de stock qui n'est pas évalué par la méthode DEPS.

CHAPTER 23

ACCOUNTING FOR INVESTMENTS IN ASSOCIATES (IAS 28)

23.1 PROBLEMS ADDRESSED

This IAS describes the alternative accounting treatments for associates. Its main objective is to provide users with information concerning the investors' interest in the earnings and in the underlying assets and liabilities of the investee.

23.2 SCOPE OF THE STANDARD

This IAS is applicable to each investment in an associate; an associate is an enterprise that the investor has significant influence in, but is neither a subsidiary nor a joint venture of the investor.

23.3 ACCOUNTING TREATMENT

23.3.1 **Significant influence** is the power to **participate** in financial and operating policy decisions of an investee, but not to control these policies. Existence of significant influence is evidenced by, *inter alia:*

- Holding (directly or indirectly) greater than or equal to 20% of voting power unless no significant influence is demonstrated.
- Representation on the governing body.
- Participation in policy making processes.
- Material transactions between parties.
- Interchange of managerial personnel.
- Provision of essential technical information.

23.3.2 The following methods could be used to account for investments in associates:

- **The equity method:** A method whereby the investment is initially recorded at cost and adjusted for the post acquisition change in the investor's share of net assets of the investee. The carrying amount is reduced for distributions received (e.g., dividends).
- **The cost method:** A method whereby the investment is recorded at cost. The income statement reflects income only to the extent that the investor receives distributions from accumulated net profits of the investee that arise subsequent to the date of acquisition. Distributions in excess of such profits reduce the carrying amount.

23.3.3 Associates are normally accounted for in the **consolidated financial statements** under the equity method. However, such investment is accounted for in accordance with IAS 39 when:

- the investment is acquired and held for disposal in the near future, **or**
- it operates under severe long-term restrictions.

Chapitre 23

Comptabilisation des Participations dans des Entreprises Associées (IAS 28)

23.1 OBJECTIFS

La présente Norme décrit les traitements comptables alternatifs pour les entreprises associées. Son objectif principal est de fournir aux utilisateurs les informations sur les intérêts des investisseurs dans les résultats et dans les actifs sous-jacents et, les passifs de l'entreprise détenue.

23.2 CHAMP D'APPLICATION

La présente Norme est applicable à chaque participation dans une entreprise associée. Une entreprise associée est une entreprise dans laquelle l'investisseur exerce une influence notable. Cette entreprise n'est pour lui, ni une filiale, ni une coentreprise.

23.3 TRAITEMENT COMPTABLE

23.3.1 **L'influence notable** est le pouvoir de **participer** aux décisions de politique financière et opérationnelle de l'entreprise détenue sans toutefois exercer un contrôle sur ces politiques. L'existence de l'influence notable est mise en évidence par les indications suivantes :

- détention (directe ou indirecte) de 20 % ou plus des droits de vote dans l'entreprise détenue sauf à démontrer l'absence d'influence notable ;
- représentation dans les organes de direction ;
- participation au processus d'élaboration des politiques ;
- transactions significatives entre l'investisseur et les sociétés détenues ;
- échange de personnels dirigeants ;
- fournitures d'informations techniques essentielles.

23.3.2 Les méthodes suivantes peuvent être employées pour la comptabilisation des participations dans les entreprises associées :

- la **méthode de mise en équivalence :** méthode par laquelle la participation est initialement enregistrée au coût, et est ensuite ajustée pour prendre en compte les modifications de la quote-part de l'investisseur dans les actifs nets de l'entreprise détenue, survenues après la date d'acquisition. La valeur comptable de la participation est réduite pour prendre en compte les distributions perçues (par exemple, les dividendes) ;
- la **méthode du coût :** méthode par laquelle la participation est enregistrée au coût. Le compte de résultat ne reflète le résultat que dans la mesure où l'investisseur reçoit des distributions provenant des résultats nets cumulés, générés par l'entreprise détenue après la date d'acquisition. Les distributions qui excèdent ces résultats cumulés viennent en réduction du coût de la participation.

23.3.3 Les participations dans les entreprises associées doivent normalement être comptabilisées dans les **états financiers consolidés** selon la méthode de mise en équivalence. Toutefois, une telle participation peut être comptabilisée selon la Norme IAS 39 lorsque :

- la participation a été acquise et est détenue dans l'unique perspective d'une cession dans un avenir proche **ou**
- elle est soumise à des restrictions durables fortes.

23.3.4 In its **separate financial statements** the investor accounts for associates by either:

- carrying it at cost,
- using the equity method of accounting, **or**
- accounting for it as available-for-sale financial assets in terms of IAS 39.

23.3.5 Other accounting principles of **the equity method** are:

- Start equity accounting from the date that the investee meets the definition of an associate.
- Discontinue equity accounting when:
  - the investor ceases to have significant influence, but retains whole or part of the investment, **or**
  - the associate operates under severe long-term restrictions that significantly impair its ability to transfer funds.
- Many procedures for the equity method are similar to **consolidation procedures,** such as:
  - Eliminating unrealized profits/losses arising from transactions between the investor and the investee *(SIC–3)*.
  - Identifying the goodwill portion of the purchase price.
  - Amortization of goodwill.
  - Adjustments for depreciation of depreciable assets, based on their fair values.
  - Adjustments for the effect of cross holdings.
  - Using uniform accounting policies.
- The most recent financial statements of the associate are used for equity accounting.
- If reporting dates differ, make adjustments for significant events after the balance sheet date of the associate.
- The investor computes its share of profits or losses after adjusting for the cumulative preferred dividends, whether or not they have been declared.
- The investor recognizes losses of an associate until the investment is zero. Further losses are only provided for to the extent of guarantees given by the investor *(SIC–20)*.
- If there is an indication that an investment in an associate may be impaired, the enterprise applies IAS 36 (for each investment separately).

23.4 DISCLOSURE

Accounting policies

- Method used to account for:
  - Associates.
  - Goodwill and negative goodwill.
  - Amortization period for goodwill.

Income statement and notes

- Investor's share of:
  - Profits and losses for the period.
  - Extraordinary items.
  - Prior period items.

23.3.4 Dans les **états financiers individuels** de l'investisseur, la participation dans une société associée est comptabilisée :

- au coût ;
- en utilisant la méthode de mise en équivalence **ou**
- en actifs financiers disponibles à la vente selon la Norme IAS 39.

23.3.5 Les autres principes comptables de la **méthode de mise en équivalence** sont les suivants :

- une participation est comptabilisée selon cette méthode à partir de la date à laquelle cette participation répond à la définition d'une entreprise associée ;
- l'investisseur cesse d'appliquer la méthode de mise en équivalence quand :
  - il cesse d'avoir une influence notable dans l'entreprise associée mais conserve, tout ou partie de sa participation **ou**
  - l'entreprise associée est soumise à l'emprise de restrictions durables, qui limitent de façon importante sa capacité à transférer des fonds à l'investisseur ;
- de nombreuses procédures de la méthode de mise en équivalence sont les mêmes que les **procédures de consolidation,** telles que :
  - élimination de bénéfices / pertes non réalisées provenant des transactions entre l'investisseur et l'entreprise détenue *(Interprétation SIC-3)* ;
  - identification de l'écart d'acquisition dans le prix d'acquisition ;
  - amortissement de l'écart d'acquisition ;
  - ajustements pour tenir compte de l'amortissement des actifs amortissables, sur la base de leur juste valeur ;
  - ajustements pour tenir compte de l'effet des participations croisées ;
  - utilisation de méthodes comptables uniformes ;
- les états financiers les plus récents de l'entreprise associée sont utilisés pour appliquer la méthode de mise en équivalence ;
- si les dates de clôture des comptes entre l'investisseur et l'entreprise associée sont différentes, il faut faire des ajustements pour prendre en compte tout élément ou transaction importante survenu après la date de clôture des états financiers de l'entreprise associée ;
- si une entreprise associée a des actions de préférence cumulative en circulation détenues par des intérêts tiers, l'investisseur calcule sa quote-part de résultats après ajustement pour tenir compte des dividendes de préférence, que ceux-ci aient été décidés ou non ;
- l'investisseur comptabilise les pertes d'une entreprise associée jusqu'à ce que la participation soit présentée pour une valeur nulle. Les pertes supplémentaires sont uniquement provisionnées en fonction des garanties données par l'investisseur *(Interprétation SIC-20)* ;
- la valeur comptable est réduite pour comptabiliser une baisse autre que temporaire de la valeur de la participation (pour chaque participation séparément).

23.4 INFORMATIONS A FOURNIR

Méthodes comptables

- Méthodes employées pour comptabiliser :
  - les participations dans les entreprises associées ;
  - l'écart d'acquisition positif et négatif (goodwill et goodwill négatif) ;
  - la durée d'amortissement de l'écart d'acquisition.

Compte de résultat et annexes

- Part de l'investisseur dans :
  - le résultat net de l'exercice ;
  - les éléments extraordinaires ;
  - les éléments de la période précédente.

Balance sheet and notes

- Investment in associate(s) shown as a separate item on the face and classified as non-current.
- An appropriate list and description of significant associates, including:
  - Name.
  - Nature of the business.
  - Proportion of ownership interest or proportion of voting power (if different from the ownership interest).
- If the investor does not present consolidated financial statements and does not equity-account the investment, disclose what would have been the effect had the equity method been applied.
- If it is not practicable to calculate adjustments when associate(s) uses accounting policies other than those adopted by investor, the fact should be mentioned.
- The investor's share of the contingent liabilities and capital commitments of an associate for which it is contingently liable.

Bilan et annexes

- la participation dans une ou des entreprise(s) associée(s) est présentée séparément au bilan et classée dans les actifs à long terme ;
- une liste et une description des entreprises associées importantes, comprenant :
  - le nom ;
  - la nature des activités ;
  - la quote-part d'intérêt dans le capital ou celle des droits de vote détenus (si elle est différente de la quote-part).
- si l'investisseur ne présente pas les comptes consolidés et ne comptabilise pas la participation selon la méthode de la mise en équivalence, il est nécessaire de présenter l'effet qu'aurait eu l'application de la méthode de mise en équivalence ;
- s'il n'est pas pratique de calculer les ajustements lorsque la ou les entreprise(s) associée(s) emploient d'autres méthodes comptables que celles adoptées par l'investisseur, le fait doit être mentionné dans les notes ;
- la participation de l'investisseur à des engagements dont l'éventualité de matérialisation est incertaine ainsi qu'à des engagements d'investissements d'une entreprise associée pour lesquels celle-ci est éventuellement responsable.

CASE STUDY

ACCOUNTING FOR INVESTMENTS IN ASSOCIATED

Dolo Inc. acquired a 40% interest in the ordinary shares of Nutro Inc. on the date of incorporation, 1 January 20x0, for an amount of $220,000. This enabled Dolo Inc. to exercise significant influence over Nutro Inc. On 31 December 20x3 the shareholders' equity of Nutro Inc. was as follows:

	$
• Ordinary issued share capital	550,000
• Reserves	180,000
• Accumulated profit	650,000
	1,380,000

The following abstracts were taken from the financial statements of Nutro Inc. for the year ending 31 December 20x4:

	$
Income statement	
Profit after tax	228,000
Extraordinary item	(12,000)
Net profit for the period	216,000
Statement of changes in equity	
Accumulated profits at beginning of the year	650,000
Net profit for the period	216,000
Dividends paid	(80,000)
Accumulated profits at end of the year	786,000

During November 20x4, Dolo Inc. sold inventories to Nutro Inc. for the first time. The total sales amounted to $50,000 and Dolo Inc. earned a profit of $10,000 on the transaction. None of the inventories had been sold by Nutro Inc. by 31 December. The income tax rate is 30%.

The application of the equity method would result in the carrying amount of the investment in Nutro Inc. being reflected as follows:

	$
Original cost	220,000
Post-acquisition profits accounted for at beginning of the year [40% × (180,000 + 650,000)]	332,000
Carrying amount on 1 January 20x4	552,000
Attributable portion of net profit for the period **(Calculation a)**	83,600
Dividends received (40% × 80,000)	(32,000)
	603,600

ÉTUDE DE CAS

Comptabilisation des Participations dans des Entreprises Associées

La société Dolo Inc. a acquis 40 % d'intérêt dans les actions ordinaires de la société Nutro Inc. à la date de constitution, le 1er janvier 20x0, pour un montant de $ 220 000. Cela a permis à Dolo Inc. d'exercer une influence notable sur Nutro Inc. Au 31 décembre 20x3, les capitaux propres de Nutro Inc. se présentaient ainsi :

	$
• Capital social (actions ordinaires)	550 000
• Réserves	180 000
• Bénéfices cumulés	650 000
	1 380 000

Les extraits suivants sont tirés des états financiers de Nutro Inc. pour l'exercice clos le 31 décembre 20x4 :

	$
Compte de résultat	
Bénéfice après impôt	228 000
Opérations extraordinaires	(12 000)
Résultat net de l'exercice	216 000
Variation de capitaux propres	
Bénéfices cumulés au début de l'exercice	650 000
Résultat net de l'exercice	216 000
Dividendes distribués	(80 000)
Bénéfices cumulés en fin de l'exercice	786 000

En novembre 20x4, Dolo Inc. a vendu des stocks à Nutro Inc. pour la première fois. Le total du volume des ventes s'est élevé à $ 50 000 et Dolo Inc. a réalisé un profit de $ 10 000 sur cette transaction. Aucun des stocks n'a été vendu par Nutro Inc. au 31 décembre. L'impôt sur les bénéfices est de 30 %.

L'application de la méthode de mise en équivalence conduirait à la valeur comptable de l'investissement dans Nutro Inc. :

	$
Coût initial	220 000
Résultats après la date d'acquisition comptabilisés au début de l'exercice [40 % × (180 000 + 650 000)]	332 000
Coût d'investissement au 1er janvier 20x4	552 000
Part distribuable du bénéfice de l'exercice **(calcul a)**	83 600
Dividendes reçus (40 % × 80 000)	(32 000)
	603 600

CASE STUDY

ACCOUNTING FOR INVESTMENTS IN ASSOCIATED

CONTINUED

CALCULATION

a. Attributable portion of net profit

	$
Net profit (40% × 216,000)	86,400
After-tax effect of unrealized profit	(2,800)
[40% × (70% × 10,000)]	83,600

SIC–3 requires that unrealized gains and losses resulting from transactions with associates, under IAS 28.16, be eliminated proportionately.

ÉTUDE DE CAS

COMPTABILISATION DES PARTICIPATIONS DANS DES ENTREPRISES ASSOCIÉES

SUITE

CALCUL

a. Part des bénéfices distribuables

	$
Résultat net (40 % × 216 000)	86 400
Effet après impôt des bénéfices non réalisés	(2 800)
[40 % × (70 % × 10 000)]	83 600

L'interprétation SIC-3 exige que les bénéfices et les pertes non réalisés dans les transactions avec les entreprises associées, soient éliminés proportionnellement, conformément à la Norme IAS 28.16.

CHAPTER 24

FINANCIAL REPORTING IN HYPERINFLATIONARY ECONOMIES (IAS 29)

24.1 PROBLEMS ADDRESSED

In a hyperinflationary economy, reporting of operating results and financial position without **restatement** is not useful. Money loses purchasing power at such a rate that comparison of amounts from transactions and other events that have occurred, even within the same accounting period, is misleading. This IAS requires that the financial statements of an enterprise operating in a hyperinflationary economy be restated.

24.2 SCOPE OF THE STANDARD

The IAS should be applied by enterprises that report in hyperinflationary economies.

Characteristics of a hyperinflationary economy include:

- The general population prefers to keep its wealth in non-monetary assets or in a relatively stable foreign currency.
- Prices are normally quoted in a stable foreign currency.
- Credit transactions take place at prices that compensate for the expected loss of purchasing power.
- Interest, wages, and prices are linked to price indices.
- The cumulative inflation rate over three years is approaching or is greater than 100% (i.e. an average of more than 26% p.a.).

24.3 ACCOUNTING TREATMENT

24.3.1 The financial statements of an enterprise that reports in the currency of a hyperinflationary economy should be restated in the measuring unit current at the balance sheet date; i.e., the enterprise should adjust the amounts in the financial statements as if they occurred in the reporting currency **on the balance sheet date** only.

24.3.2 The restated financial statements **replace** the normal financial statement and do not serve as a supplement thereto. Separate presentation of the normal financial statements is even discouraged.

RESTATEMENT OF HISTORICAL COST FINANCIAL STATEMENTS

24.3.3 **General rules** of restatement include the following:

- Comparatives are restated in the measuring unit at the balance sheet date. This implies that even prior year cash amounts are adjusted by the current-year's inflation index.
- A reliable general price index should be used that reflects changes in general purchasing power. Where not available, a relatively stable foreign currency is used.
- Restatement starts from the beginning of the financial year in which hyperinflation is identified.
- When hyperinflation ceases, restatement is discontinued.

CHAPITRE 24

INFORMATION FINANCIÈRE DANS LES ÉCONOMIES HYPERINFLATIONNISTES (IAS 29)

24.1 OBJECTIFS

Dans une économie hyperinflationniste, la présentation en monnaie locale, sans **retraitement,** des résultats opérationnels et de la situation financière est sans utilité. La monnaie perd son pouvoir d'achat à un tel rythme que la comparaison de montants résultant de transactions et d'autres événements intervenus à des moments différents, même durant le même exercice, est trompeuse. La présente Norme nécessite que les comptes d'une entreprise opérant dans une économie hyperinflationniste soient retraités.

24.2 CHAMP D'APPLICATION

La présente Norme s'applique aux entreprises qui présentent des états financiers dans la monnaie d'une économie hyperinflationniste.

Les principales caractéristiques d'une économie hyperinflationniste sont les suivantes :

- la population en général préfère conserver sa richesse en actifs non monétaires ou en une monnaie étrangère relativement stable ;
- les prix sont normalement exprimés dans une monnaie étrangère stable ;
- les ventes et achats à crédit sont conclus à des prix qui tiennent compte de la perte de pouvoir d'achat attendu pendant la durée du crédit ;
- les intérêts, les salaires et les prix sont liés à un indice de prix ;
- le taux cumulé d'inflation sur trois ans approche ou dépasse 100 % (c'est-à-dire une moyenne de plus de 26 % par an).

24.3 TRAITEMENT COMPTABLE

24.3.1 Les états financiers d'une entreprise présentés dans la monnaie d'une économie hyperinflationniste doivent être exprimés dans l'unité de mesure ayant cours à la date de clôture, c'est-à-dire que l'entreprise doit ajuster les montants dans les états financiers comme s'ils n'avaient été enregistrés dans la monnaie de présentation qu'**à la date de clôture.**

24.3.2 Les états financiers après retraitement **remplacent** les états financiers « normaux » et, par conséquent, ne servent pas de complément. La présentation séparée des états financiers avant retraitement est même déconseillée.

RETRAITEMENT DES ÉTATS FINANCIERS ÉTABLIS AU COÛT HISTORIQUE

24.3.3 Les **règles générales** de retraitement comprennent les points suivants :

- les chiffres comparatifs sont retraités dans l'unité de mesure en vigueur à la date de clôture. Par conséquent, même les montants de trésorerie de l'année précédente doivent être ajustés sur le taux d'inflation de l'année en cours ;
- un indice général des prix fiable reflétant les changements du pouvoir d'achat, doit être utilisé. Si un tel indice n'est pas disponible, une monnaie étrangère relativement stable doit être utilisée ;
- les retraitements commencent au début de l'exercice durant lequel l'hyperinflation a été identifiée ;
- quand l'hyperinflation cesse, le retraitement est abandonné.

24.3.4 Rules applicable to the restatement of the **balance sheet** are:

- Monetary items are not restated.
- Index-linked assets and liabilities are restated in accordance with the agreement.
- Non-monetary items are restated in terms of the current measuring unit by applying the changes in the index or currency unit to the carrying values since date of acquisition (or the first period of restatement) or fair values on dates of valuation.
- Non-monetary assets are not restated if they are shown at net realizable value, fair value, or recoverable amount at balance sheet date.
- At the beginning of the first period in which the principles of IAS 29 are applied, components of owners' equity, except accumulated profits and any revaluation surplus, are restated from the dates the components were contributed.
- At the end of the first period and subsequently, all components of owners' equity are restated from the date of contribution.
- The movements in owners' equity are included in equity.

24.3.5 All items in the **income statement** are restated by applying the change in the reliable general price index from the dates when the items were initially recorded.

24.3.6 A **gain or loss on the net monetary position** is included in net income. This amount may be estimated by applying the change in the general price index to the weighted average of net monetary assets/liabilities.

RESTATEMENT OF CURRENT COST FINANCIAL STATEMENTS

24.3.7 Rules applicable to the restatement of the **balance sheet** are:

- Items shown at current cost are not restated.
- Other items are restated in terms of the rules above.

24.3.8 All amounts included in the **income statement** are restated into the measuring unit at balance sheet date by applying the general price index.

24.3.9 If a **gain or loss on the net monetary position** is calculated in terms of IAS 15, such an adjustment forms part of the gain or loss on the net monetary position calculated in terms of IAS 29.

24.3.10 All cash flows are expressed in terms of the measuring unit at **balance sheet date.**

24.3.11 When a foreign subsidiary, associate, or joint venture of a parent company reports in a hyperinflationary economy, the financial statements of such entities should first be **restated** in accordance with IAS 29 and then translated at **closing rate** as if they are foreign entities per IAS 21.

24.4 DISCLOSURE

The following aspects should be disclosed:

- The fact of restatement.
- The fact that comparatives are restated.
- Whether the financial statements are based on the historical cost approach or the current cost approach.
- The identity and the level of the price index or stable currency at balance sheet date.
- The movement in price index or stable currency during the current and previous financial years.

24.3.4 Les règles suivantes s'appliquent au retraitement du **bilan :**

- les éléments monétaires ne sont pas retraités ;
- les actifs et les passifs liés par des accords prévoyant des changements de prix sont ajustés selon ces accords ;
- les éléments non monétaires sont retraités en appliquant la variation de l'indice général des prix ou bien de l'unité monétaire, soit aux valeurs comptables depuis la date d'acquisition (ou bien la première période de retraitement), soit aux justes valeurs aux dates d'évaluation ;
- les actifs non monétaires ne sont pas retraités s'ils sont présentés à la valeur nette de réalisation, à leur juste valeur ou pour leur montant récupérable à la date du bilan ;
- à l'ouverture du premier exercice de l'application de la présente Norme, les éléments composant les capitaux propres, à l'exception des résultats non distribués et des écarts de réévaluation, sont retraités à compter des dates où ces éléments ont été apportés ou ont pris naissance ;
- à la fin du premier exercice et dans les exercices ultérieurs, tous les éléments composant les capitaux propres sont retraités par application d'un indice général des prix à compter de la date d'apport ;
- les mouvements des capitaux propres sont compris dans les capitaux propres.

24.3.5 Tous les éléments du **compte de résultat** sont retraités en appliquant la variation de l'indice général des prix à compter de l'enregistrement initial des éléments de produits et de charges dans les états financiers.

24.3.6 **Le profit ou la perte sur la situation monétaire nette** est inclus dans le résultat net. Ce montant peut être estimé en appliquant la variation d'un indice général des prix à la moyenne pondérée pour l'exercice de la différence entre les actifs monétaires et les passifs monétaires.

Retraitement des états financiers au coût actuel

24.3.7 Les règles suivantes s'appliquent au retraitement du **bilan :**

- les éléments évalués au coût actuel ne sont pas retraités ;
- les autres éléments sont retraités selon les règles ci-dessus ;

24.3.8 Tous les montants compris dans le **compte de résultat** sont retraités dans l'unité de mesure en vigueur à la date de clôture, par application d'un indice général des prix.

24.3.9 Si **un profit ou une perte sur la situation monétaire nette** est calculé selon les termes de la Norme IAS 15, un tel ajustement fait partie du profit ou de la perte sur la situation monétaire nette calculée selon les termes de la présente Norme.

24.3.10 Tous les éléments du tableau des flux de trésorerie sont exprimés dans l'unité de mesure en vigueur **à la date de clôture.**

24.3.11 Lorsqu'une filiale, une société associée ou une coentreprise étrangères d'une société mère présentent leurs états financiers dans une économie hyper-inflationniste, les états financiers de ces entités doivent d'abord être **retraités** en appliquant la présente Norme et seulement ensuite convertis au **taux de clôture** comme si elles étaient des filiales étrangères traitées selon la Norme IAS 21.

24.4 INFORMATIONS A FOURNIR

Les informations suivantes doivent être fournies :

- le fait qu'il y a eu retraitement ;
- le retraitement des chiffres comparatifs ;
- la convention de base – coût historique ou coût actuel – utilisée pour établir les états financiers ;
- la désignation et le niveau de l'indice des prix ou de la devise stable à la date de clôture ;
- l'évolution de cet indice ou de la devise stable au cours de cet exercice et de l'exercice précédent.

CASE STUDY

FINANCIAL REPORTING IN HYPERINFLATIONARY ECONOMIES

Darbrow Inc. was incorporated on 1 January of 20x2 with an equity capital of $40 million. The balance sheets of the entity at the beginning and end of the first financial year were as follows:

	Beginning $'000	**End** $'000
Assets		
Property, plant and equipment	60,000	50,000
Inventory	30,000	40,000
Receivables	50,000	60,000
	140,000	150,000
Equity and liabilities		
Share capital	40,000	40,000
Accumulated profit	–	10,000
Borrowings	100,000	100,000
	140,000	150,000

The income statement for the first year reflected the following amounts:

	$'000
Revenue	800,000
Operating expenses	(750,000)
Depreciation of plant and equipment	(10,000)
Operating profit	40,000
Interest paid	(20,000)
Profit before tax	20,000
Income tax expense	(10,000)
Profit after tax	10,000

Additional information

1. The rate of inflation was 120% for the year.
2. The inventory represents two months' purchases, and all income statement items accrued evenly during the year.

ÉTUDE DE CAS

INFORMATION FINANCIÈRE DANS LES ÉCONOMIES HYPERINFLATIONNISTES

La société Darbrow Inc. a été constituée le 1er janvier de 20x2 avec des capitaux propres s'élevant à $ 40 000 000. Les bilans du groupe au début et à la fin de la première période étaient les suivants :

	Début	**Fin**
	$'000	$'000
Actifs		
Immobilisations corporelles	60 000	50 000
Stocks	30 000	40 000
Créances	50 000	60 000
	140 000	150 000
Capitaux propres et passifs		
Capital	40 000	40 000
Réserves	–	10 000
Emprunts	100 000	100 000
	140 000	150 000

Le compte de résultat pour la première année reflétait les montants suivants :

	$'000
Produits	800 000
Charges opérationnelles	(750 000)
Dotations aux amortissements des immobilisations corporelles	(10 000)
Résultat opérationnel	40 000
Charges financières	(20 000)
Résultat avant impôt	20 000
Charge d'impôt sur le résultat	(10 000)
Résultat après impôt	10 000

Informations supplémentaires

1. Le taux d'inflation était de 120 % pour l'année.
2. Les stocks représentent deux mois d'achats, et tous les éléments du compte de résultat ont été comptabilisés de façon régulière au cours de l'année.

CASE STUDY

FINANCIAL REPORTING IN HYPERINFLATIONARY ECONOMIES

CONTINUED

The financial statements may be restated to the measuring unit at balance sheet date using a **reliable price index** as follows:

BALANCE SHEET

	Recorded $'000	**Restated** $'000	**Calculations**
Assets			
Property, plant and equipment	50,000	110,000	2.20/1.00
Inventory **(Calculation a)**	40,000	41,905	2.20/2.10
Receivables	60,000	60,000	
	150,000	211,905	
Equity and liabilities			
Share capital	40,000	88,000	2.20/1.00
Accumulated profits	10,000	23,905	balancing
Borrowings	100,000	100,000	
	150,000	211,905	

INCOME STATEMENT

	$'000	$'000	
Revenue **(Calculation b)**	800,000	1,100,000	2.20/1.60
Operating expenses	(750,000)	(1,031,250)	2.20/1.60
Depreciation **(Calculation c)**	(10,000)	(22,000)	2.20/1.00
Interest paid	(20,000)	(27,500)	2.20/1.60
Income tax expense	(10,000)	(13,750)	2.20/1.60
Net profit before restatement gain	10,000	5,500	
Gain arising from inflationary adjustment		18,405	balancing figure
Net profit after restatement gain		23,905	

CALCULATIONS

a. Index for inventory

Inventory purchased on average at 30 November

Index at that date = 1.00 + (1.20 × 11/12) = 2.10

b. Index for income and expenses

Average for the year = 1.00 + (1.20 ÷ 2) = 1.60

c. Index for depreciation

Linked to the index of property, plant, and equipment = 1.00

ÉTUDE DE CAS

INFORMATION FINANCIÈRE DANS LES ÉCONOMIES HYPERINFLATIONNISTES

SUITE

Les états financiers peuvent être retraités et exprimés dans l'unité de mesure à la date de clôture en utilisant **un indice général des prix fiable** comme ci-dessous :

BILAN

	Enregistré $'000	**Retraité** $'000	**Calculs**
Actifs			
Immobilisations corporelles	50 000	110 000	2,20/1,00
Stocks **(calcul a)**	40 000	41 905	2,20/2,10
Créances	60 000	60 000	
	150 000	211 905	
Capitaux propres et passifs			
Capital social	40 000	88 000	2,20/1,00
Réserves	10 000	23 905	solde
Emprunts	100 000	100 000	
	150 000	211 905	

COMPTE DE RÉSULTAT

	$'000	$'000	
Produits **(calcul b)**	800 000	1 100 000	2,20/1,60
Charges opérationnelles	(750 000)	(1 031 250)	2,20/1,60
Dotations aux amortissements **(calcul c)**	(10 000)	(22 000)	2,20/1,60
Frais financiers	(20 000)	(27 500)	2,20/1,60
Charge d'impôt sur le résultat	(10 000)	(13 750)	2,20/1,60
Résultat net avant retraitement	10 000	5 500	
Profit résultant du retraitement lié à l'inflation		18 405	solde
Résultat net après retraitement		23 905	

CALCULS

a. Indice pour l'inventaire

Achat des stocks en moyenne le 30 novembre

Indice à cette date = 1 + (1,20 × 11/12) = 2,10

b. Indice pour les recettes et les dépenses

Moyenne pour l'année = 1 + (1,20 ÷ 2) = 1,60

c. Indice pour l'amortissement

Lié à l'indice des immobilisations corporelles = 1,00

CHAPTER 25

DISCLOSURES IN THE FINANCIAL STATEMENTS OF BANKS AND SIMILAR FINANCIAL INSTITUTIONS (IAS 30)

It should be emphasized that all IASs are applicable to banks, particularly IAS 32 and 39. As IAS 30 was written before IAS 32 and 39, some of the requirements will overlap, and any other disclosure requirements per IAS 30 (mostly related to the risk-based classification of assets and liabilities) should be regarded as supplementary.

25.1 PROBLEMS ADDRESSED

The users of bank financial statements need a better understanding of the special operations of a bank, and in particular its **solvency, liquidity** and also the **relative degree of risk** that attaches to the different areas of its business. The objective of the IAS is to:

- Describe the **reporting requirements** of a bank.
- Encourage management to provide a commentary on the financial statements that describes the way it manages and controls its **liquidity** and **solvency,** as well as the **full spectrum of risks** associated with the operations of the bank.

Banks are exposed to various operational and financial risks. Although some of the banking risks may be reflected in the financial statements, users obtain a better understanding if management provides a commentary that describes the way it **manages** and **controls** these risks.

Although management commentary is only recommended by IAS 30, this is now a ***required*** *disclosure in IAS 32, paragraph 43A.*

25.2 SCOPE OF THE STANDARD

This standard is applicable to all banks. Banks are defined as those financial institutions that, *inter alia,* take deposits and borrow from the general public with the objective of lending and investing within the scope of banking or similar legislation.

25.3 ACCOUNTING TREATMENT

25.3.1 The standard does not establish specific recognition and measurement criteria for banks, because **the same exact accounting principles** (as set out in the other standards) should be applied by banks for the recording of transaction and events. The IAS therefore deals with **disclosures** only.

25.3.2 Although a bank is subject to supervision and provides the regulatory authorities with information, that information is not always available to all users. Therefore, disclosure in the financial statements needs to be sufficiently comprehensive to meet the needs of users (within the reasonable constraints).

Chapitre 25

Informations à fournir dans les États Financiers des Banques et des Institutions Financières Assimilées (IAS 30)

Il faut souligner que l'application de toutes les Normes IAS concerne aussi les banques, notamment les Normes IAS 32 et 39. Dans la mesure où la Norme IAS 30 a été écrite avant les Normes IAS 32 et 39, certains points se recoupent et toute autre information à fournir selon la Norme IAS 30 (le plus souvent en rapport avec les classifications d'actifs et passifs par catégories de risques) doit être considérée comme complémentaire.

25.1 OBJECTIFS

Les utilisateurs des états financiers des banques ont besoin de mieux appréhender les opérations spécifiques d'une banque, et en particulier, sa **solvabilité,** sa **liquidité** et le **degré de risque relatif** lié aux différentes natures de ses activités. L'objectif de la présente Norme IAS est de :

- décrire les **obligations de présentation de l'information financière** d'une banque ;
- encourager la direction à commenter les états financiers et à décrire la façon dont elle gère et contrôle sa **liquidité** et sa **solvabilité,** de même que **l'éventail complet des risques** liés aux opérations de la banque.

Les banques sont exposées à plusieurs risques opérationnels et financiers. Quoique quelques risques bancaires puissent être présentés dans les états financiers, les utilisateurs de ces états appréhendent mieux ces risques si les dirigeants décrivent la façon dont ils **gèrent** et **contrôlent** ces risques.

Quand bien même la Norme IAS 30 ne fait que recommander aux dirigeants d'ajouter ces commentaires, il s'agit désormais d'une information ***à fournir*** *selon la Norme IAS 32, paragraphe 43A.*

25.2 CHAMP D'APPLICATION

Cette Norme est applicable à toutes les banques. Une banque étant définie comme une institution financière dont l'activité consiste, entre autre, à recevoir des dépôts et à emprunter du grand public avec l'objectif de consentir des prêts et de faire des placements dans le cadre d'une législation bancaire ou assimilée.

25.3 TRAITEMENT COMPTABLE

25.3.1 La présente Norme n'établit pas une comptabilisation ou des critères d'évaluation spécifiques pour les banques parce qu'**exactement les mêmes principes comptables** (tels que définis dans les autres Normes IAS) doivent être appliqués par les banques pour l'enregistrement des transactions et des événements. La présente Norme IAS ne traite par conséquent que des **informations à fournir.**

25.3.2 Quoique les banques soient soumises à la supervision des autorités de régulation et doivent leur soumettre des informations, ces dernières ne sont pas toujours disponibles pour le grand public. Par conséquent, les informations dans les états financiers doivent être suffisamment complètes pour répondre aux besoins des utilisateurs (dans des limites raisonnables).

25.4 DISCLOSURE

25.4.1 The **accounting policy notes** should disclose the bases on which financial statements are prepared, including:

- Recognition of principal types of income.
- Valuation of investment and dealing securities.
- Distinction between those transactions and other events that result in the recognition of assets and liabilities (balance sheet items) and those only giving rise to contingencies and commitments (off balance sheet items).
- Determination of losses on loans and advances and for writing off uncollectable loans and advances.
- Determination of charges for general banking risks and the accounting treatment of such charges.

25.4.2 The **income statement** should group income and expenses by nature and disclose the amounts of the principal types of income and expenses. In addition to the requirements of other IASs, the income statement or the notes should include:

- Interest and similar income.
- Interest expense and similar charges.
- Dividend income.
- Fee and commission income.
- Fee and commission expense.
- Gains less losses arising from dealing securities.
- Gains less losses arising from investment securities.
- Gains less losses arising from dealing in foreign currencies.
- Other operating income.
- Losses on loans and advances.
- General administrative expenses.
- Other operating expenses.

Income and expense items should not be offset except for those relating to hedges and to assets and liabilities that have been offset in the balance sheet.

The following gains and losses are normally reported on a net basis:

- Disposals and changes in the carrying amount of dealing securities.
- Disposals of investment securities.
- Dealing in foreign currencies.

Management should provide a **commentary** about average interest rates, average interest-earning assets, and average interest-bearing liabilities for the period.

25.4.3 The balance sheet should group assets and liabilities by nature and list them in an order that reflects their relative liquidity. In addition to the requirements of other IASs, the balance sheet or the notes should include:

- **Assets**
  - Cash and balances with the central bank.
  - Treasury bills and other bills eligible for rediscounting with the central bank.
  - Government and other securities held for dealing purposes.
  - Placements with, and loans and advances to, other banks.
  - Other money market placements.
  - Loans and advances to customers.
  - Investment securities.

25.4 INFORMATIONS A FOURNIR

25.4.1 Les **notes relatives aux méthodes comptables** doivent indiquer les bases sur lesquelles les états financiers sont préparés, notamment :

- la comptabilisation des principaux types de produits ;
- l'évaluation des titres de placements et des titres de transactions ;
- la distinction entre les transactions et autres événements qui entraînent la comptabilisation d'actifs ou de passifs (éléments du bilan) et les transactions et autres événements qui ne donnent lieu qu'à des éventualités et des engagements (éléments hors bilan) ;
- la base de détermination des pertes sur prêts et avances et de sortie du bilan des prêts et avances irrécouvrables ;
- la base de détermination des charges pour risques bancaires généraux et le traitement comptable de ces charges.

25.4.2 Le **compte de résultat** doit regrouper les produits et charges par nature et indiquer les montants des principaux types de produits et de charges. En plus des exigences prescrites par d'autres Normes IAS, le compte de résultat ou les annexes doivent comprendre :

- les produits d'intérêts et assimilés ;
- les charges d'intérêts et assimilées ;
- les dividendes ;
- les produits d'honoraires et de commissions ;
- les charges d'honoraires et de commissions ;
- les profits nets des pertes sur titres de transactions ;
- les profits nets des pertes sur titres de placements ;
- les profits nets des pertes sur transactions en monnaies étrangères ;
- les autres produits opérationnels ;
- les pertes sur prêts et avances ;
- les charges administratives générales ;
- les autres charges opérationnelles.

Les comptes de produits et charges ne doivent pas être compensés sauf pour ceux qui sont relatifs à des couvertures et à des actifs et passifs qui ont été compensés dans le bilan.

Les gains et pertes suivants sont normalement présentés pour leurs montants nets :

- sorties et variations de la valeur comptable des titres de transaction ;
- sorties des titres de placements ;
- transactions en monnaies étrangères.

La direction doit fournir des **commentaires** sur les taux d'intérêts moyens, sur l'actif moyen productif d'intérêt et le passif moyen portant intérêt pour l'exercice.

25.4.3 Le bilan doit regrouper les actifs et passifs par nature et les lister dans un ordre correspondant à leur liquidité relative. En plus des exigences requises par d'autres Normes IAS, le bilan et les annexes doivent inclure :

- **Actifs :**
  - trésorerie et soldes avec la banque centrale ;
  - bons du Trésor et autres effets pouvant être mobilisés auprès de la banque centrale ;
  - titres d'État et autres titres détenus à des fins de transaction ;
  - placements auprès d'autres banques, prêts et avances accordés à d'autres banques ;
  - autres placements monétaires ;
  - prêts et avances aux clients ;
  - titres de placement.

- **Liabilities**
  - Deposits from other banks.
  - Other money market deposits.
  - Amounts owed to other depositors.
  - Certificates of deposits.
  - Promissory notes and other liabilities evidenced by paper.
  - Other borrowed funds.

Assets and liabilities may be offset only if:

- a legal right to set-off exists, and
- there is an expectation of realizing an asset or settling a liability on a net basis.

Disclose the market values of dealing securities and marketable investment securities if they differ from the carrying amounts.

25.4.4 Disclose the following **contingencies and commitments** required by IAS 37 as well as **off-balance sheet** items:

- Nature and amount of commitments to **extend credit that are irrevocable.**
- Nature and amount of contingent liabilities and commitments arising from **off-balance sheet items** such as:
  - Direct credit substitutes including general guarantees of indebtedness, bank acceptance guarantees, and standby letters of credit serving as financial guarantees for loans and securities.
  - Certain transaction-related contingent liabilities including performance bonds, bid bonds, warranties and standby letters of credit related to particular transactions.
  - Short-term, self-liquidating, trade-related contingent liabilities arising from the movement of goods, such as documentary credits where the underlying shipment is used as security.
  - Sale and repurchase agreements not recognized in the balance sheet.
  - Interest and foreign exchange rate related items including swaps, options, and futures.
  - Other commitments, note insurance facilities, and revolving underwriting facilities.

25.4.5 Disclose an analysis of **assets and liabilities into relevant maturity groupings** based on the remaining period at the balance sheet date to the contractual maturity date. Examples of periods used include:

- Up to 1 month.
- From 1 month to 3 months.
- From 3 months to 1 year.
- From 1 year to 5 years.
- Five years and over.

Maturities could be expressed in terms of the remaining period to the repayment date, original period to the repayment date, or remaining period to the next date at which interest rates may be changed.

Management should provide, in its **commentary,** information about the effective periods and about the way it manages and controls the risks and exposures associated with different maturity and interest rate profiles.

25.4.6 Disclose any **significant concentrations of the bank's assets, liabilities, and off balance sheet items** in terms of geographical areas, customer or industry groups, or other

- **Passifs :**
  - dépôts reçus des autres banques ;
  - autres dépôts reçus du marché monétaire ;
  - montants dus aux autres déposants ;
  - certificats de dépôts ;
  - billet à ordre et autres passifs attestés par document ;
  - autres fonds empruntés.

Actifs et passifs peuvent être compensés seulement si :

- il existe un droit de compenser ;
- la compensation représente ce qui peut être attendu de la réalisation ou du règlement de l'actif ou du passif.

Indiquer les valeurs du marché des transactions de titres et des titres de placement négociables s'ils diffèrent de leurs valeurs comptables.

25.4.4 En application de la Norme IAS 10, indiquer les **éventualités et les engagements** suivants, y compris les **engagements hors bilan** :

- nature et montant des engagements **d'extension de crédits irrécouvrables ;**
- nature et montant des éventualités et des engagements afférents à **des éléments hors bilan** comprenant :
  - des substituts à des crédits directs incluant des garanties générales couvrant les dettes, les garanties d'acceptation bancaire et les lettres de crédit « stand-by » servant de garanties financières des prêts et des titres ;
  - certaines éventualités liées à des transactions, incluant les garanties de bonne exécution, les garanties de soumission et les lettres de crédit « stand-by » liées à des transactions particulières ;
  - les éventualités liées à des transactions commerciales qui se dénouent d'elles-mêmes à court terme portant sur la circulation des biens, telles que les crédits documentaires pour lesquels les biens expédiés servent de garantie ;
  - les contrats de vente et de rachat qui ne sont pas comptabilisés dans le bilan ;
  - les opérations liées aux taux d'intérêt et aux cours de change, dont les swaps, les options et les contrats à terme normalisés ;
  - les autres engagements, facilités d'émission d'effets et facilités de souscription renouvelables.

25.4.5 Présenter une analyse des **actifs et des passifs en les regroupant par classe d'échéance pertinente** définie en fonction de la durée restant à courir entre la date de clôture et la date d'échéance contractuelle. Les périodes utilisées incluent :

- à 1 mois au plus ;
- entre 1 mois et 3 mois ;
- entre 3 mois et 1 an ;
- entre 1 an et 5 ans ;
- à 5 ans et au-delà.

Les échéances peuvent être exprimées en termes de durée restant à courir jusqu'à la date de remboursement, durée d'origine jusqu'à la date de remboursement ou durée restant à courir jusqu'à la prochaine date à laquelle les taux d'intérêts peuvent être modifiés.

La direction peut fournir dans son **commentaire** des informations sur les échéances effectives et sur la façon dont elle gère et maîtrise les risques et expositions liées à la diversité des échéances et des profils de taux d'intérêts.

25.4.6 Indiquer toute **concentration importante des actifs, passifs et éléments hors bilan de la banque** en termes de zones géographiques, de segments de clientèle ou secteur d'acti-

concentrations of risk. A bank should also disclose the amount of significant net foreign currency exposures.

25.4.7 A bank should disclose the following information regarding **losses on loans and advances:**

- Details of movements in the provision for losses on loans and advances during the period, disclosing separately:
  - Amount recognized as provision for current period.
  - Amount written off for uncollectables.
  - Amount credited for recovered amounts.
- Aggregate amount of the provision for losses on loans and advances at balance sheet date.
- Aggregate amount for loans and advances on which interest is not being accrued, and the basis used to determine the carrying amount.

25.4.8 **Amounts set aside for general banking risks** (including future losses and other unforeseeable risks or contingencies in addition to those for which accrual must be made in accordance with IAS 37) should be separately disclosed as appropriations of accumulated profits. Any reductions of such amounts are credited directly to accumulated profits.

25.4.9 Disclose the aggregate amount of secured liabilities and the nature and carrying amount of the **assets pledged as security.**

25.4.10 If the bank is engaged in significant **trust activities,** the fact and an indication of the extent of those activities should be disclosed.

25.4.11 Comply with the requirements of IAS 24. The following elements would normally be disclosed in respect of **related party transactions:**

- Lending policy of the bank.
- Amount included in or the proportion of:
  - Loans and advances, deposits and acceptances, and promissory notes.
  - The principal types of income, interest expense, and commissions paid.
  - The expense recognized in the period for losses on loans and advances and the amount of the provision at the balance sheet date.
  - Irrevocable commitments and contingencies, and commitments arising from off balance sheet items.

vité ou selon d'autres concentrations de risques. Une banque doit de même déclarer le montant de ses positions nettes importantes en monnaies étrangères.

25.4.7 Une banque doit indiquer les informations suivantes relatives aux **pertes sur prêts et avances :**

- détails des mouvements dans les provisions pour pertes sur prêts et avances pendant l'exercice, en détaillant séparément :
  - le montant comptabilisé en provision pour l'exercice courant ;
  - le montant sorti du bilan pour non-recouvrement ;
  - le montant crédité pour les créances recouvrées ;
- montant global de la provision pour pertes sur prêts et avances à la date de clôture ;
- montant global des prêts et avances sur lesquelles les intérêts ne sont pas comptabilisés et la méthode utilisée pour déterminer la valeur comptable.

25.4.8 Les **montants réservés au titre des risques bancaires généraux** (y compris les pertes futures et les autres risques imprévisibles ou les éventualités en complément de ceux qui doivent être comptabilisés selon la Norme IAS 37) doivent être indiqués séparément comme une affectation des résultats non distribués. Toute réduction de ces montants est créditée directement sur les résultats non distribués.

25.4.9 Indiquer le montant global des passifs garantis ainsi que la nature et la valeur comptable des **actifs donnés en garantie.**

25.4.10 Si la banque exerce d'importantes **activités de fiducie,** elle doit indiquer et préciser dans les états financiers l'importance de ces activités.

25.4.11 Conformément aux exigences de la Norme IAS 24, les éléments suivants concernant les **transactions avec des parties liées** sont normalement indiqués :

- la politique de prêts de la banque ;
- les montants ou le pourcentage inclus dans :
  - les prêts et avances, les dépôts et les acceptations et les billets à ordre ;
  - les types principaux de produits, de charges d'intérêts, et de commissions versées ;
  - les charges comptabilisées au cours de l'exercice au titre des pertes sur prêts et avances et le montant de la provision à la date de clôture ;
  - les engagements et éventualités irrévocables et les engagements provenant d'éléments hors bilan.

CASE STUDY

DISCLOSURES IN THE FINANCIAL STATEMENTS OF BANKS AND SIMILAR FINANCIAL INSTITUTIONS

The following abstracts from a bank's annual financial statements refer to "Advances", which are shown as separately disclosed assets on the face of the balance sheet:

ACCOUNTING POLICIES

1. Doubtful advances

Advances are stated net of specific and general provisions. Specific provisions are made against identified doubtful advances. General provisions are maintained to cover potential losses which, although not specifically identified, may be present in any portfolio of advances. Accrual of interest on advances is suspended when the recoverability of the advance becomes uncertain.

Advances are written off once the probability of recovering any significant amounts becomes remote. Repossessed assets, including properties in possession, are stated at the lower of cost and net realizable value.

NOTES TO THE FINANCIAL STATEMENTS

		$m
2. Advances		
Overdrafts and credit cards		16,000
Foreign currency loans		5,000
Installment finance		22,000
Mortgages		58,000
Overnight finance		2,000
Project finance		3,000
Other		10,000
		116,000
Provisions for bad and doubtful advances (refer to note 4)		
• Specific provisions	5,000	
• General provisions	1,800	(6,800)
		109,200

2.1 Sectoral analysis

Agriculture	3,000
Construction and property	2,000
Consumer	77,000
Finance	9,000
Manufacturing	7,000
Services	7,000
Transport	2,000
Wholesale	4,000
Other	5,000
	116,000

ÉTUDE DE CAS

INFORMATIONS À FOURNIR DANS LES ÉTATS FINANCIERS DES BANQUES ET DES INSTITUTIONS FINANCIÈRES ASSIMILÉES

Les extraits suivants des états financiers annuels d'une banque se réfèrent aux « avances » qui sont présentées dans le bilan séparément des autres actifs :

MÉTHODES COMPTABLES

1. Avances douteuses

Les avances sont comptabilisées nettes des provisions générales et spécifiques. Des provisions spécifiques sont faites sur les avances douteuses identifiées. Des provisions générales sont maintenues pour couvrir les pertes potentielles qui peuvent être présentes, quoique non identifiées spécifiquement, dans tout portefeuille d'avances. L'enregistrement des intérêts sur avances est suspendu lorsque le recouvrement de l'avance devient incertain.

Les avances sont sorties du bilan dès que la probabilité de recouvrement d'une somme significative devient incertaine. Les actifs recouvrés, dont les immobilisations en toute propriété, sont comptabilisés au plus faible du coût ou de la valeur nette réalisable.

ANNEXES AUX ÉTATS FINANCIERS

En millions de $

2. Avances

Découverts et cartes de crédit		16 000
Prêts en monnaie étrangère		5 000
Financement d'acomptes		22 000
Hypothèques		58 000
Financement à un jour		2 000
Financement de projets		3 000
Autres		10 000
		116 000
Provisions pour avances douteuses et irrécouvrables (se référer à la note 4)		
• Provisions spécifiques	5 000	
• Provision générale	1 800	(6.800)
		109 200

2.1 Analyse sectorielle

Agriculture	3 000
Construction et immobilier	2 000
Consommateur	77 000
Finance	9 000
Production	7 000
Services	7 000
Transport	2 000
Vente en gros	4 000
Autre	5 000
	116 000

CASE STUDY

DISCLOSURES IN THE FINANCIAL STATEMENTS OF BANKS AND SIMILAR FINANCIAL INSTITUTIONS

CONTINUED

2.2 Maturity analysis

Within 1 year	33,000
From 1 year to 5 years	28,000
More than 5 years	55,000
	116,000

2.3 Geographical analysis

Central Asia	114,000
Other Asian countries	100
Europe	700
Africa	800
Americas	400
	116,000

The maturity analysis is based on the remaining period from year-end to contractual maturity

3. Non-performing advances

	Gross balance	Non-performance balance	Security	Provision raised
	$m	$m	$m	$m
Overdrafts and credit cards	16,000	2,000	1,300	1,000
Installment finance	22,000	1,000	900	500
Mortgages	58,000	5,000	6,700	2,500
Other	20,000	2,000	1,200	1,000
	116,000	10,000	10,100	5,000

4. Provisions for bad and doubtful advances

Balance	$m
Balance at beginning of year	5,600
Amounts written off during year	(1,100)
	4,500
Provisions raised during year	2,300
Balance at end of year	6,800
Comprising:	
• Specific provisions	5,000
• General provisions	1,800
	6,800
Charge in income statement	
Provision raised in current year	2,300
Recoveries of advances previously written off	(400)
	1,900

ÉTUDE DE CAS

INFORMATIONS À FOURNIR DANS LES ÉTATS FINANCIERS DES BANQUES ET DES INSTITUTIONS FINANCIÈRES ASSIMILÉES

SUITE

2.2 Analyse des échéances

Moins d'un an	33 000
De 1 an à 5 ans	28 000
Plus de 5 ans	55 000
	116 000

2.3 Analyse géographique

Asie centrale	114 000
Autres pays d'Asie	100
Europe	700
Afrique	800
Amérique	400
	116 000

L'analyse des échéances est basée sur la durée restant à courir de la date de clôture jusqu'à l'échéance.

3. Avances douteuses

	Solde Brut	Solde douteux	Garantie	Provisions
		En millions de $		
Découverts et cartes de crédit	16 000	2 000	1 300	1 000
Financement d'acomptes	22 000	1 000	900	500
Hypothèques	58 000	5 000	6 700	2 500
Autres	20 000	2 000	1 200	1 000
	116 000	10 000	10 100	5 000

4. Provisions pour avances douteuses et irrécouvrables

Solde	En millions de $
Solde au début de l'exercice	5 600
Montants sortis du bilan durant l'exercice	(1 100)
	4 500
Provisions de l'exercice	2 300
Solde en fin d'exercice	6 800
Comprenant :	
• Provisions spécifiques	5 000
• Provision générale	1 800
	6 800

Charges dans le compte de résultat

Provisions de l'exercice	2 300
Recouvrements des avances éliminées précédemment	(400)
	1 900

CASE STUDY

DISCLOSURES IN THE FINANCIAL STATEMENTS OF BANKS AND SIMILAR FINANCIAL INSTITUTIONS

CONTINUED

The usefulness of the disclosures above are evaluated as follows.

a. **IAS 30, par 30: Analysis of assets into relevant maturity grouping based on time (Note 2.2).**

   The maturities of assets and liabilities and the ability to replace, at an acceptable cost, liabilities as they mature, are important factors in assessing the liquidity of a bank and its exposure to changes in interest rates and exchange rates.

b. **IAS 30, par. 40: Significant concentrations of assets in terms of geographical areas and customer/industry groups (Notes 2.1 & 2.3).**

   This information is a useful indication of the potential risks inherent in the realization of the assets and the funds available to the bank.

c. **IAS 30, par. 43(a): Accounting policy for the recognition and write-off of uncollectable loans and advances (Note 1).**

   It assists the users in understanding the way in which transactions and events are reflected in the financial statements.

d. **IAS 30, par. 43(b): Details of the movements in the provision for losses on loans and advances during the period; separately disclosing the amount recognized as an expense in the period, the amount charged in the period for loans and advances written off; and the amount credited in the period for loans and advances previously written off that have been recovered (Note 4).**

   Users of the financial statements of a bank need to know the impact that losses on loans and advances have had on the financial position and performance of the bank; this helps them judge the effectiveness with which the bank has employed its resources.

e. **IAS 30, par 43(c): The aggregate amount of the provisions for losses on loans and advances at the balance sheet date (Note 4).**

   The amount of potential losses for future bad debts is reflected in the balance sheet.

f. **IAS 30, par 43(d): The aggregate amount included in the balance sheet for loans and advances on which interest is not being accrued and the basis used to determine the carrying amount of such loans and advances (Notes 1 & 3).**

   The impact that the non-accrual of interest has on the income statement is reflected.

ÉTUDE DE CAS

INFORMATIONS À FOURNIR DANS LES ÉTATS FINANCIERS DES BANQUES ET DES INSTITUTIONS FINANCIÈRES ASSIMILÉES

SUITE

L'utilité de l'information est évaluée comme suit :

a. IAS 30, paragraphe 30 : Analyse des actifs en les regroupant par date d'échéance (note 2.2).

Les échéances des actifs et passifs et la possibilité de remplacer, à un coût acceptable, les passifs échus, sont des facteurs importants pour l'évaluation de la liquidité d'une banque et son exposition aux changements des taux d'intérêts et des cours de change.

b. IAS 30, paragraphe 40 : Concentrations importantes d'actifs en terme de dispersion géographique et de groupes clients / industrie (notes 2.1 & 2.3).

Cette information est une indication utile des risques potentiels inhérents à la réalisation des actifs et à la mise à disposition de fonds pour la banque.

c. IAS 30, paragraphe 43(a) : Méthode comptable pour comptabiliser et sortir du bilan les prêts et avances irrécouvrables (note 1).

Cela aide les utilisateurs à comprendre la manière selon laquelle les transactions et les événements sont présentés dans les états financiers.

d. IAS 30, paragraphe 43(b) : Détails des mouvements dans les provisions pour pertes sur prêts et avances durant l'exercice ; présentation séparée du montant comptabilisé en charge de l'exercice, au titre des pertes sur prêts et avances irrécouvrables ; et du montant crédité pendant l'exercice au titre des prêts et avances précédemment sorties du bilan et qui ont été recouvrés (note 4).

Les utilisateurs des états financiers d'une banque ont besoin de connaître l'impact que les pertes sur prêts et avances ont eu sur la position financière et la performance d'une banque ; cela leur permet d'évaluer l'efficience avec laquelle la banque a employé ses ressources.

e. IAS 30, paragraphe 43(c) : Le montant global des provisions pour pertes sur les prêts et avances à la date de clôture (note 4).

Le montant des pertes potentielles pour de futures dettes irrécouvrables est indiqué dans le bilan.

f. IAS 30, paragraphe 43(d) : Le montant global au bilan des prêts et avances pour lesquels les intérêts ne sont pas comptabilisés et la méthode utilisée pour déterminer la valeur comptable de ces prêts et avances (notes 1 & 3).

L'impact que la non-accumulation des intérêts a sur le compte des résultats est ainsi indiqué.

CHAPTER 26

FINANCIAL REPORTING OF INTERESTS IN JOINT VENTURES (IAS 31)

26.1 PROBLEMS ADDRESSED

The alternative accounting treatments for joint ventures are described. The main objective is to provide users with information concerning the investing owners' (venturers) interest in the earnings and the underlying net assets of the joint venture.

26.2 SCOPE OF THE STANDARD

This IAS applies to interests in joint ventures and the reporting of their assets, liabilities, income, and expenses, regardless of their structures or forms **(substance over form).** A joint venture is a contractual arrangement whereby two or more parties undertake an economic activity that is subject to joint control.

26.3 ACCOUNTING TREATMENT

26.3.1 The following are characteristics of all joint ventures:

- Two or more venturers are bound by a contractual arrangement.
- This arrangement establishes joint control; i.e., the contractually agreed sharing of control over a joint venture such that not one of the parties can exercise unilateral control.

26.3.2 The existence of a **contractual arrangement** distinguishes joint ventures from associates. It is usually in writing and deals with such matters as:

- Activity, duration, and reporting.
- Appointment of a board of directors or equivalent body and voting rights.
- Capital contributions by venturers.
- Sharing by the venturers of the output, income, expenses, or results of the joint venture.

26.3.3 Joint ventures take many different forms and structures, namely **jointly controlled operations, assets, and entities.**

26.3.4 **Jointly controlled operations** involve the use of resources of the venturers rather than establishing separate structures. An example is when two or more parties combine resources and efforts to manufacture, market, and jointly sell a product. In respect of its interests in jointly controlled operations, a venturer should recognize in its **own** and **consolidated financial statements:**

- The assets that it controls.
- The liabilities that it incurs.
- The expenses that it incurs.
- Its share of the income that it earns.

Chapitre 26

Information Financière Relative aux Participations dans les Coentreprises (IAS 31)

26.1 OBJECTIFS

Les traitements comptables alternatifs pour les coentreprises sont décrits. Le principal objectif est de fournir aux utilisateurs des informations concernant la participation des propriétaires investisseurs (coentrepreneurs) dans les bénéfices et les actifs nets correspondants de la coentreprise.

26.2 CHAMP D'APPLICATION

Cette Norme IAS s'applique aux participations dans les coentreprises et à l'information relative à leurs actifs, passifs, produits et charges, indépendamment de leur structure ou de leur forme **(la substance prime sur la forme).** Une coentreprise est un accord contractuel par lequel deux parties ou plus conviennent d'exercer une activité économique sous contrôle conjoint.

26.3 TRAITEMENT COMPTABLE

26.3.1 Les caractéristiques des coentreprises sont les suivantes :

- deux entrepreneurs ou plus sont liés par un accord contractuel ;
- cet accord établit un contrôle conjoint ; ainsi, le partage du contrôle d'une coentreprise, accepté contractuellement, est tel qu'aucune des parties ne peut exercer de contrôle exclusif.

26.3.2 L'existence d'un **accord contractuel** différencie les coentreprises des entreprises associées. En règle générale, il s'agit d'un écrit et il mentionne des éléments tels que :

- l'activité, la durée et les obligations de communication financière ;
- la désignation des membres du conseil d'administration ou de l'organe équivalent et les droits de vote ;
- les apports en capital des coentrepreneurs ;
- le partage entre les coentrepreneurs de la production, des produits, des charges ou des résultats de la coentreprise.

26.3.3 Les coentreprises peuvent prendre différentes formes et avoir différentes structures. Il peut s'agir **d'activités contrôlées conjointement, d'actifs contrôlés conjointement ou d'entités contrôlées conjointement.**

26.3.4 **Les activités contrôlées conjointement** concernent l'utilisation des ressources des coentrepreneurs plutôt que l'établissement de structures séparées. C'est par exemple le cas lorsque deux parties ou plus associent leurs ressources et leurs efforts pour fabriquer, promouvoir et vendre conjointement un produit. En fonction de ses intérêts dans les activités contrôlées conjointement, un coentrepreneur doit enregistrer dans ses **états financiers individuels et consolidés :**

- les actifs qu'il contrôle ;
- les passifs qu'il encourt ;
- les charges qu'il encourt ;
- sa quote-part dans les produits dégagés.

26.3.5 Jointly controlled assets: Some joint ventures involve the joint control and ownership of one or more assets acquired for and dedicated to the purpose of the joint venture (e.g., factories sharing the same railway line). The establishment of a separate enterprise is unnecessary. A venturer should recognize in its **own** and **consolidated financial statements:**

- Its share of the assets.
- Any liabilities that it has incurred.
- Its share of any liabilities incurred jointly with the other venturers in relation to the joint venture.
- Any income it receives from the joint venture.
- Its share of any expenses incurred by the joint venture.
- Any expenses that it has incurred in respect of its interest in the joint venture.

26.3.6 Jointly controlled entities: Such a joint venture is conducted through **a separate enterprise** in which each venturer owns an interest. An example is when two enterprises combine their activities in a particular line of business by transferring assets and liabilities into a joint venture. A venturer reports its interest in a jointly controlled entity by choosing one of the following methods:

- **Benchmark:** Proportionate consolidation, whereby a venturer's share of each of the assets, liabilities, income, expenses, and cash flows of a jointly controlled entity is combined with similar items of the venturer or reported separately. The following principles apply:
  - Two formats may be used, namely:
    - combining items line by line, **or**
    - separate line items.
  - The interests in the joint ventures are included in the consolidated financial statements of the venturer, even if it has no subsidiaries.
  - Commence proportionate consolidation when the venturer acquires joint control.
  - Cease proportionate consolidation when the venturer loses joint control.
  - Many procedures for proportionate consolidation are similar to **consolidation procedures,** described in IAS 26.
  - Assets and liabilities may be offset only if:
    - a legal right to set-off exists, and
    - there is an expectation of realizing an asset or settling a liability on a net basis.

- **Alternative:** The equity method is an allowed alternative but not recommended. The method should be discontinued when joint control or significant influence is lost by the venturer.

The following **exceptions** to both treatments apply:

- Account for a joint venture as an investment in accordance with IAS 39, if:
  - Acquired and held with a view to subsequent disposal in the near future.
  - The joint venture operates under severe long-term restrictions that significantly impair its ability to transfer funds to the venturer.
- When the joint venture becomes a subsidiary, it is accounted for in terms of IAS 27.

26.3.7 The following **general accounting considerations** apply:

- Transactions between a venturer and a joint venture are treated as follows:

26.3.5 Les actifs contrôlés conjointement : certaines coentreprises impliquent le contrôle conjoint et la copropriété d'un ou plusieurs actifs acquis et dévolus à l'objet de la coentreprise (par exemple, des usines partageant l'accès à la même ligne ferroviaire). L'établissement d'une entreprise séparée n'est pas nécessaire. Un coentrepreneur doit enregistrer dans ses **états financiers individuels et consolidés :**

- sa quote-part dans les actifs ;
- tout passif qu'il encourt ;
- sa quote-part dans tout passif qu'il encourt conjointement avec les autres coentrepreneurs et liée à la coentreprise ;
- tout produit reçu de la coentreprise ;
- sa quote-part dans toute charge encourue par la coentreprise ;
- toute charge encourue au titre de sa participation dans la coentreprise.

26.3.6 Les entités contrôlées conjointement : une telle coentreprise fonctionne par l'intermédiaire d'une **entreprise séparée** dans laquelle chaque entrepreneur détient une participation. C'est par exemple le cas lorsque deux entreprises associent leurs activités dans une branche particulière par le transfert d'actifs et de passifs dans une coentreprise. Le coentrepreneur comptabilise sa participation dans l'entité contrôlée conjointement en choisissant l'une des méthodes suivantes :

- **méthode de référence :** la méthode de l'intégration proportionnelle, par laquelle la quote-part du coentrepreneur dans les actifs, les passifs, les produits, les charges et les flux de trésorerie d'une entité contrôlée conjointement est fusionnée avec ces mêmes postes dans les comptes de l'entrepreneur ou comptabilisée séparément. Les principes suivants s'appliquent :
  - deux présentations peuvent être utilisées, à savoir :
    · combiner les postes ligne par ligne **ou**
    · utiliser des lignes séparées pour chacun des postes ;
  - les participations détenues dans les coentreprises sont comptabilisées dans les comptes consolidés du coentrepreneur, même s'il n'a pas de filiale ;
  - la méthode de l'intégration proportionnelle commence à s'appliquer quand l'entrepreneur acquiert le contrôle conjoint ;
  - de nombreuses procédures utilisées pour l'intégration proportionnelle sont semblables aux **procédures de consolidation** décrites dans l'IAS 27 ;
  - les actifs et les passifs peuvent être compensés uniquement si :
    · il existe un droit légal pour le faire, et
    · la compensation représente la réalisation attendue de l'actif ou le règlement attendu du passif sur une base nette.
- **alternative :** la méthode de mise en équivalence est une alternative autorisée mais elle n'est pas recommandée. Cette méthode doit être interrompue quand l'entrepreneur perd le contrôle conjoint ou l'influence notable.

Il existe des **exceptions** à ces deux traitements :

- comptabilisation des participations d'une coentreprise comme un placement selon la Norme IAS 39 si :
  - elle a été acquise et détenue exclusivement en vue de sa cession dans un avenir proche ;
  - la coentreprise est confrontée à des restrictions durables et fortes qui limitent de façon importante sa capacité à transférer des fonds au coentrepreneur ;
- lorsque la coentreprise devient une filiale, il convient de se référer à l'IAS 27.

26.3.7 Les **considérations générales de comptabilité** suivantes s'appliquent :

- les transactions entre un coentrepreneur et une coentreprise font l'objet des retraitements suivants :

- Eliminate the venturer's share of unrealized profits on sales or contribution of assets to a joint venture.
- Eliminate full unrealized loss on sale or contribution of assets to a joint venture.
- Eliminate the venturer's share of profits or losses on sales of assets by a joint venture to the venturer.

SIC–13 addresses the accounting implications of non-monetary contributions by venturers.

- An investor in a joint venture, which does not have joint control, should report its interest in a joint venture in the **consolidated** financial statements in terms of IAS 39 or, if it has significant influence, in terms of IAS 28. In its **separate** financial statements the investment may also be reported at cost.
- Operators or managers of a joint venture should account for any fees as revenue in terms of IAS 18.

26.4 DISCLOSURE

The following should be disclosed:

- Amount of the following contingent liabilities (IAS 37) to be shown **separately** from others:
  - Incurred jointly with other venturers.
  - Share of a joint venture's contingent liabilities.
  - Contingencies for liabilities of other venturers.
- Amount of the following commitments:
  - Incurred jointly with other venturers.
  - Share of a joint venture's commitments.
- Listing of significant joint ventures:
  - Names.
  - A description of the interests in all joint ventures.
  - The proportion of ownership.
- A venturer that uses the line-by-line reporting format or the equity method, should disclose aggregate amounts of each of the current assets, long-term assets, current liabilities, long-term liabilities, income, and expenses related to the joint ventures.
- A venturer not issuing consolidated financial statements (because it has no subsidiaries) should still disclose the above information.

- élimination de la quote-part de l'entrepreneur dans les profits latents sur les ventes ou l'apport d'actifs à une coentreprise ;
- élimination de toutes les pertes latentes sur la vente ou l'apport d'actifs à une coentreprise ;
- élimination de la quote-part de l'entrepreneur dans les profits et pertes sur les actifs cédés à l'entrepreneur par une coentreprise ;

L'interprétation SIC-13 traite des implications comptables des contributions non-monétaires apportées par les coentrepreneurs.

- tout investisseur dans une coentreprise, qui n'exerce pas de contrôle conjoint, doit enregistrer sa participation dans la coentreprise dans les états financiers **consolidés** conformément à l'IAS 39 ou, s'il a une influence notable, conformément à l'IAS 28. Dans les états financiers **séparés,** l'investissement doit être reporté en coût ;
- les gestionnaires ou les gérants d'une coentreprise doivent comptabiliser leurs honoraires comme un revenu conformément à l'IAS 18.

26.4 INFORMATIONS A FOURNIR

Il doit être fait mention des éléments suivants :

- le montant des risques divers ci-après (IAS 37) doit être mentionné **séparément** des autres :
  - ceux ayant été engagés conjointement avec les autres coentrepreneurs ;
  - la quote-part des risques divers d'une coentreprise ;
  - les risques divers liés aux dettes des autres coentrepreneurs ;
- le montant des engagements suivants :
  - ceux encourus conjointement avec les autres coentrepreneurs ;
  - la quote-part des engagements d'une coentreprise ;
- énumération des principales coentreprises :
  - leur nom ;
  - une description des participations dans toutes les coentreprises ;
  - la quote-part d'intérêt détenue.
- un coentrepreneur qui a recours à l'intégration globale ou à la méthode de mise en équivalence doit mentionner les montants globaux de l'actif circulant, des actifs à long terme, du passif exigible et des dettes à long terme, des revenus et des dépenses liées à l'activité des coentreprises ;
- un coentrepreneur qui ne publie pas d'états financiers consolidés (parce qu'il n'a pas de filiales) doit tout de même mentionner les informations ci-dessus.

CASE STUDY

FINANCIAL REPORTING OF INTERESTS IN JOINT VENTURES

Techno Inc. was incorporated after three independent engineering corporations decided to pool their knowledge to implement and market new technology. The three corporations acquired the following interests in the equity capital of Techno Inc. on the date of its incorporation:

- Electro Inc. 30%
- Mechan Inc. 40%
- Civil Inc. 30%

The following information was taken from the financial statements of Techno Inc. as well as one of the owners, Mechan Inc.:

ABRIDGED INCOME STATEMENT FOR THE YEAR ENDING 30 JUNE 20x1

	Mechan Inc.	**Techno Inc.**
	$'000	$'000
Revenue	3,100	980
Cost of Sales	(1,800)	(610)
Gross profit	1,300	370
Other operating income	150	–
Operating costs	(850)	(170)
Profit before tax	600	200
Income tax expense	(250)	(90)
Net profit for the period	350	110

Mechan Inc. sold inventories with an invoice value of $600,000 to Techno Inc. during the year. Included in Techno Inc.'s inventories at 30 June 20x1 is an amount of $240,000, which is inventory purchased from Mechan Inc. at a profit mark-up of 20%. The income tax rate is 30%.

Techno Inc. paid an administration fee of $120,000 to Mechan Inc. during the year. This amount is included under "Other operating income."

In order to combine the results of Techno Inc. with those of Mechan Inc. the following issues would need to be resolved:

- Is Techno Inc. an associate or joint venture for financial reporting purposes?
- Which is the appropriate method for consolidating the results?
- How are the above transactions between the corporations to be recorded and presented for financial reporting purposes in the consolidated income statement?

First issue: The existence of a **contractual agreement,** whereby the parties involved undertake an economic activity subject to joint control, distinguishes a joint venture from an associate. No one of the ventures should be able to exercise unilateral control. However, in the event that no contractual agreement exists, the investment would be regarded as being an associate because the investor holds more than 20 % of the voting power and is therefore presumed to have significant influence over the investee.

ÉTUDE DE CAS

INFORMATION FINANCIÈRE RELATIVE AUX PARTICIPATIONS DANS LES COENTREPRISES

Techno Inc. s'est constituée en société après que trois entreprises d'équipement indépendantes aient décidé d'associer leur savoir-faire en vue de mettre en œuvre et de promouvoir les nouvelles technologies. Les participations de ces trois sociétés dans le capital social de Techno Inc. au moment de sa constitution sont les suivantes :

- Electro Inc. 30 %
- Mechan Inc. 40 %
- Civil Inc. 30 %

Les informations suivantes proviennent des états financiers de Techno Inc. ainsi que de ceux d'un des investisseurs, Mechan Inc.

COMPTE DE RÉSULTAT RÉSUMÉ À LA CLÔTURE DE L'EXERCICE AU 30 JUIN 20x1

	Mechan Inc.	**Techno Inc.**
	$'000	$'000
Chiffre d'affaires	3 100	980
Coût des ventes	(1 800)	(610)
Marge brute	1 300	370
Autres produits opérationnels	150	–
Charges opérationnelles	(850)	(170)
Résultat avant impôt	600	200
Impôt sur les bénéfices	(250)	(90)
Résultat net de l'exercice	350	110

Pendant l'année Mechan Inc. a vendu à Techno Inc. des stocks pour un montant de $ 600 000. Les stocks de Techno Inc. au 30 juin 20x1 s'élèvent à $ 240 000, ce qui représente les stocks achetés à Mechan Inc. avec un taux de marge de 20 %. Le taux d'impôt sur les bénéfices est de 30 %.

Pendant l'année Techno Inc. a payé à Mechan Inc. des frais de gestion s'élevant à $ 120 000. Ce montant est compris dans le poste « Autres produits d'exploitation ».

Afin de combiner les résultats de Techno Inc. avec ceux de Mechan Inc., les questions suivantes doivent être résolues :

- en matière d'information financière Techno Inc. doit-elle être considérée comme une entreprise associée ou comme une coentreprise ?
- quelle est la méthode appropriée pour la consolidation des résultats ?
- comment les opérations réalisées entre les sociétés mentionnées ci-dessus doivent-elles être enregistrées et présentées dans le cadre de l'information financière relative au compte de résultat consolidé ?

Première question : L'existence d'un **accord contractuel,** par lequel les parties concernées entreprennent une activité économique soumise à un contrôle conjoint, différencie une coentreprise d'une entreprise associée. Aucune des entreprises ne doit être en mesure d'exercer un contrôle exclusif. Cependant, en cas d'absence d'engagement contractuel, l'investissement serait considéré comme une participation dans une entreprise associée car l'investisseur possède plus de 20 % des droits de vote et est par conséquent supposé avoir une influence notable sur cette entreprise.

CASE STUDY

FINANCIAL REPORTING OF INTERESTS IN JOINT VENTURES

CONTINUED

Second issue: If Techno Inc. is regarded as a joint venture, the proportionate consolidation method would be used. The equity method is also permitted as an allowed alternative treatment. However, if Techno Inc. is regarded as an associate, the equity method would be used.

Third issue: It is assumed that Techno Inc. is a joint venture for purposes of this illustration.

CONSOLIDATED INCOME STATEMENT FOR THE YEAR ENDING 30 JUNE 20x1

	$'000
Revenue **(Calculation a)**	3,252
Cost of sales **(Calculation b)**	(1,820)
Gross profit	1,432
Other operating income **(Calculation c)**	102
Operating costs **(Calculation d)**	(870)
Profit before tax	664
Income tax expense **(Calculation e)**	(281)
Net profit for the period	383

REMARKS

- The proportionate consolidation method is applied by adding 40 % of the income statement items of Techno Inc. to those of Mechan Inc.
- The transactions between the corporations are then dealt with by recording the following consolidation journal entries:

	Dr	Cr
	$'000	$'000
Sales (40% × 600)	240	
Cost of sales		240
(Eliminating intra-group sales)		
Cost of sales (40% × 20/120 × 240)	16	
Inventories		16
(Eliminating unrealized profit in inventory)		
Deferred taxation (B/S) (30% × 16)	4.8	
Income tax expense (I/S)		4.8
(Taxation effect on elimination of unrealized profit)		

- The administration fee is eliminated by reducing other operating income with Mechan Inc.'s portion of the total fee, namely $48,000, and reducing operating expenses accordingly. The net effect on the consolidated profit is nil.

ÉTUDE DE CAS

INFORMATION FINANCIÈRE RELATIVE AUX PARTICIPATIONS DANS LES COENTREPRISES

SUITE

Deuxième question : Si Techno Inc. est considérée comme une coentreprise, la méthode de l'intégration proportionnelle sera utilisée. La méthode de mise en équivalence est également possible en tant que traitement alternatif autorisé. Cependant, si Techno Inc. est considérée comme une entreprise associée, la méthode de mise en équivalence sera utilisée.

Troisième question : Pour les besoins de ce cas, on supposera que Techno Inc. est une coentreprise.

COMPTE DE RÉSULTAT CONSOLIDÉ À LA CLÔTURE DE L'EXERCICE AU 30 JUIN 20x1

	$'000
Chiffre d'affaires **(Calcul a)**	3 252
Coût des ventes **(Calcul b)**	(1 820)
Marge brute	1 432
Autres produits opérationnels **(Calcul c)**	102
Charges opérationnelles **(Calcul d)**	(870)
Résultat avant impôt	664
Impôt sur les bénéfices **(Calcul e)**	(281)
Résultat net de l'exercice	383

REMARQUES

- La méthode de l'intégration proportionnelle consiste à additionner 40 % des postes du compte de résultat de Techno Inc. au compte de Mechan Inc.
- Les opérations entre les entreprises sont alors comptabilisées en comptabilisant au journal de consolidation les écritures suivantes :

	Débit	**Crédit**
	$'000	$'000
Ventes (40 % × 600)	240	
Coût des ventes		240
(Élimination des ventes intra-groupe)		
Coût des ventes (40 % × 20/120 × 240)	16	
Profits sur stocks		16
(Élimination des profits latents sur stocks)		
Impôt différé (bilan) (30 % × 16)	4,8	
Impôt sur les bénéfices (compte de résultat)		4,8
(Impact fiscal lié à l'élimination de profits latents)		

- Les frais de gestion sont éliminés en diminuant les « autres produits opérationnels » de la quote-part de Mechan Inc. dans le total des frais, à savoir $ 48 000, et en diminuant les charges opérationnelles du même montant. L'impact net sur le résultat consolidé est nul.

CASE STUDY

FINANCIAL REPORTING OF INTERESTS IN JOINT VENTURES

CONTINUED

CALCULATIONS

	$'000
a. Sales	
Mechan	3,100
Intra-group sales (40% × 600)	(240)
Techno (40% × 980)	392
	3,252
b. Cost of sales	
Mechan	1,800
Intra-group sales	(240)
Unrealized profit (40% × 20/120 × 240)	16
Techno (40% × 610)	244
	1,820
c. Other operating income	
Mechan	150
Intra-group fee (40% × 120)	(48)
	102
d. Operating costs	
Mechan	850
Techno (40% × 170)	68
Intra-group fee (40% × 120)	(48)
	870
e. Income tax expense	
Mechan	250
Unrealized profit (30% × 16 rounded-up)	(5)
Techno (40% × 90)	36
	281

ÉTUDE DE CAS

INFORMATION FINANCIÈRE RELATIVE AUX PARTICIPATIONS DANS LES COENTREPRISES

SUITE

CALCULS

	$'000
a. Ventes	
Mechan	3 100
Ventes intra-groupe (40 % × 600)	(240)
Techno (40 % × 980)	392
	3 252
b. Coût des ventes	
Mechan	1 800
Ventes intra-groupe	(240)
Profit latent (40 % × 20/120 × 240)	16
Techno (40 % × 610)	244
	1 820
c. Autres produits opérationnels	
Mechan	150
Frais intra-groupe (40 % × 120)	(48)
	102
d. Charges opérationnelles	
Mechan	850
Techno (40 % × 170)	68
Frais intra-groupe (40 % × 120)	(48)
	870
e. Impôt sur les bénéfices	
Mechan	250
Profit latent (30 % × 16 arrondis)	(5)
Techno (40 % × 90)	36
	281

CHAPTER 27

FINANCIAL INSTRUMENTS: DISCLOSURE AND PRESENTATION (IAS 32)

IAS 32 and 39 were issued as separate standards but are applied in practice as a unit because they deal with exactly the same accounting phenomenon. IAS 39, which deals with the Recognition and Measurement issues of financial instruments, also contains some supplementary disclosures to those required by IAS 32. These requirements are listed in this chapter in order to provide a comprehensive list of all the Disclosure and Presentation aspects related to financial instruments.

27.1 PROBLEMS ADDRESSED

Users need information that will enhance their understanding of the significance of on- and off-balance sheet financial instruments regarding an enterprise's financial position, performance and cash flows, and the assessment of the amounts, timing, and certainty of future cash flows associated with those instruments. The IAS:

- Prescribes requirements for the **presentation** of on-balance-sheet financial instruments.
- Identifies information that should be **disclosed** about both on-balance-sheet (recognized) and off-balance-sheet (unrecognized) financial instruments.

27.2 SCOPE OF THE STANDARD

The IAS deals with **all types of financial instruments,** both recognized and unrecognized. A **financial instrument** is any contract that gives rise to both a financial asset of one enterprise and a financial liability or equity instrument of another.

27.3 ACCOUNTING TREATMENT

27.3.1 A **financial asset** is any asset that is:

- cash (e.g., deposit at a bank),
- a contractual right to receive cash or a financial asset (e.g., a debtor and derivative instrument),
- a contractual right to exchange financial instruments under potentially favourable conditions, **or**
- an equity instrument of another enterprise (e.g., investment in shares).

Physical assets (e.g., inventories and patents) are not financial assets, as they do not give rise to a present right to receive cash or other financial assets.

27.3.2 A **financial liability** is a contractual obligation to:

- deliver any financial asset (e.g., a creditor and derivative instrument), **or**
- exchange financial instruments under potentially unfavorable conditions.

Liabilities imposed by statutory requirements (e.g., income taxes) are not financial liabilities since they are not contractual.

CHAPITRE 27

INSTRUMENTS FINANCIERS : INFORMATIONS À FOURNIR ET PRÉSENTATION (IAS 32)

Les Normes IAS 32 et IAS 39 ont été émises séparément, mais, en pratique, elles sont appliquées comme une unité car elles concernent exactement les mêmes phénomènes comptables. L'IAS 39, qui s'attache aux questions de comptabilisation et d'évaluation des instruments financiers, comprend aussi certaines informations complémentaires à celles requises par l'IAS 32. Ces exigences sont présentées dans ce chapitre afin de fournir une liste exhaustive des aspects de la présentation et des informations à fournir liées aux instruments financiers.

27.1 OBJECTIFS

Les utilisateurs des états financiers ont besoin de disposer d'informations qui améliorent leur compréhension des instruments financiers apparaissant au bilan et hors bilan et de leur signification par rapport à la situation financière, la performance et les flux de trésorerie d'une entreprise. Ces informations doivent, aussi, permettre d'améliorer leur évaluation des montants, des échéances et du degré de certitude des flux de trésorerie futurs générés par les instruments financiers. La Norme :

- prescrit les exigences de la **présentation** des instruments financiers au bilan ;
- identifie l'**information qui doit être fournie** en ce qui concerne les instruments financiers inscrits (comptabilisés) au bilan et hors bilan (non comptabilisés).

27.2 CHAMP D'APPLICATION

La présente Norme s'applique à **tous les types d'instruments financiers** comptabilisés ou non. Un **instrument financier** est tout contrat qui donne lieu à la fois à un actif financier d'une entreprise et à un passif financier ou à un instrument de capitaux propres d'une autre entreprise.

27.3 TRAITEMENT COMPTABLE

27.3.1 **Un actif financier** est tout actif qui est :

- de la trésorerie (par exemple, un dépôt dans une banque) ;
- un droit contractuel de recevoir d'une autre entreprise de la trésorerie ou un autre actif financier (par exemple, un débiteur ou un instrument dérivé) ;
- un droit contractuel d'échanger des instruments à des conditions potentiellement favorables, **ou**
- un instrument de capitaux propres d'une autre entreprise (par exemple, des investissements en actions).

Des actifs physiques (par exemple, des stocks, des brevets et des marques) ne sont pas des instruments financiers, car ils ne donnent pas naissance à un droit actuel de recevoir de la trésorerie ou d'autres actifs financiers.

27.3.2 **Un passif financier** est une obligation contractuelle de :

- remettre à une autre entreprise de la trésorerie ou un autre actif financier (par exemple, un créditeur ou un instrument dérivé) ; **ou**
- échanger des instruments financiers à des conditions potentiellement favorables.

Les passifs imposés par des exigences statutaires (par exemple, des impôts sur le résultat) ne sont pas des passifs financiers car ils ne sont pas contractuels.

27.3.3 An **equity instrument** is any contract that evidences a residual interest in the assets of an enterprise after deducting all of its liabilities. An obligation to issue an equity instrument is not a financial liability because it results in an increase in equity and cannot result in a loss to the enterprise.

27.3.4 The issuer of a financial instrument classifies it or components thereof as a liability or as equity in accordance with the:

- Substance of the contractual arrangement on initial recognition.
- Definitions above.

Substance over form governs the classification (e.g., a redeemable preferred share creates an obligation, which makes it a financial liability rather than equity).

27.3.5 The issuer of a **compound financial instrument** that contains **both** a liability and equity element (e.g., convertible bonds), should classify the instrument's component parts separately:

- Total amount – liability portion = equity portion.
- Equity valuation + liability valuation = total value. Assign carrying amount *prorata* to the values so established.

Once so classified, the classification is not changed even if economic circumstances change. No gain or loss arises from recognizing and presenting the parts separately.

27.3.6 **Interest, dividends, losses, and gains** relating to a financial liability should be reported in the income statement as expense or income. Distributions to holders of an equity instrument should be debited **directly** to equity. The classification of the financial instrument determines the accounting treatment of the items mentioned above:

- Dividends on shares classified as liabilities would thus be classified as expense in the same way as interest payments on a loan. Furthermore, such dividends would have to be accrued over time.
- Gains and losses (presumably premiums and discounts) on redemption or refinancing of instruments classified as liabilities are reported in the **income statement,** while the gains and losses on instruments classified as **equity** of the issuer are reported as movements in equity.

27.3.7 A financial asset and a financial liability should be **offset** only when:

- a legal enforceable right to set-off exists, and
- there is an intention either to settle on a net basis, or to realize the asset and settle the liability simultaneously.

27.4 DISCLOSURE

27.4.1 Risk management policies

Describe the financial risk management objectives and policies, including the following:

- Policy for hedging each major type of forecasted transaction.
- Price risk (currency, interest rate, and market risk).
- Credit risk.
- Liquidity risk.
- Cash flow risk.

27.3.3 Un **instrument de capitaux propres** est tout contrat qui met en évidence un intérêt résiduel dans les actifs d'une entreprise après déduction de tous ses passifs. Une obligation d'émission d'un instrument de capitaux propres n'est pas un passif financier car elle conduit à une augmentation des capitaux propres et ne peut engendrer une perte pour l'entreprise.

27.3.4 L'émetteur d'un instrument financier classe l'instrument ou ses différentes composantes en passif ou en capitaux propres conformément :

- à la substance de l'accord contractuel lors de la comptabilisation initiale,
- aux définitions ci-dessus.

C'est la **substance plutôt que la forme juridique** qui détermine le classement au bilan (par exemple, une action à dividende prioritaire remboursable crée une obligation, ce qui en fait un passif financier plutôt qu'un élément de capitaux propres).

27.3.5 L'émetteur **d'un instrument financier composé** qui contient **à la fois** un élément de passif et un élément de capitaux propres (par exemple, une obligation convertible), doit classer séparément les différentes composantes de l'instrument :

- montant total – part des éléments de passif = part des éléments des capitaux propres ;
- évaluation des éléments de capitaux propres + évaluation des éléments de passif = valeur totale. Répartir la valeur comptable au prorata des valeurs ainsi évaluées.

Lorsque le classement est ainsi fait, celui-ci ne change pas, même si les circonstances économiques changent. Ainsi, aucun gain ni perte n'est réalisé du fait de la comptabilisation et de la présentation des éléments séparément.

27.3.6 **Les intérêts, dividendes, pertes et profits** sur un instrument financier doivent être comptabilisés dans le compte de résultat en charge ou produit. Les distributions aux porteurs d'instruments de capitaux propres doivent être **directement** débitées des capitaux propres. Le classement d'un instrument financier détermine le traitement comptable des éléments mentionnés ci-dessus :

- les dividendes versés sur les actions classées en passif sont, par conséquent, classés en charge de la même façon que les intérêts d'un emprunt. De plus, ces dividendes doivent être cumulés au cours du temps ;
- les profits et pertes (tels que des primes d'émission) associés à des remboursements ou à des refinancements d'instruments classés en tant que passifs sont présentés dans le **compte de résultat,** alors que les rachats ou les refinancements d'instruments classés en **capitaux propres** de l'émetteur sont présentés en variations de capitaux propres.

27.3.7 Un actif et un passif financier doivent être **compensés** seulement lorsqu'il existe :

- un droit juridiquement exécutoire de compenser ;
- une intention soit de régler sur une base nette soit de réaliser l'actif et d'éteindre le passif simultanément.

27.4 INFORMATIONS A FOURNIR

27.4.1 Méthodes de gestion des risques

Elles décrivent les objectifs et les méthodes de gestion des risques financiers, y compris :

- la méthode pour la couverture des principaux types de transactions prévues ;
- le risque de prix (risque de change, de taux d'intérêt, et de marché) ;
- le risque de crédit ;
- le risque de liquidité ;
- le risque de flux de trésorerie.

27.4.2 Terms, conditions, and accounting policies

For each class of **financial asset, financial liability,** and **equity instrument,** disclose:

- Information about the extent and nature, including significant terms and conditions that may affect the amount, timing, and certainty of future cash flows, for example:

Principal/notional amounts	Rates or amounts of interest and dividends
Dates of maturities or execution	Collateral held
Early settlement options and periods	Foreign currency information
Conversion options	Covenants, etc.

  Amounts and timing of future receipts or payments
- Accounting policies, including recognition criteria and measurement bases, such as:
  - Methods and assumptions applied in estimating fair value, separately for classes of financial assets and financial liabilities.
  - Whether gains/losses on remeasurement of available-for-sale financial assets are included in profit or loss for the period or recognized directly in equity.
  - Whether 'regular way' financial asset purchases and sales are accounted for at trade date or settlement date (for **each** of the categories of financial assets).

27.4.3 Interest rate risk

For each class of **financial asset** and **financial liability,** disclose:

- Contractual repricing or maturity dates, whichever dates are earlier.
- Effective interest rates.
- Other information about exposure to interest rate risk.

27.4.4 Credit risk

For each class of **financial asset,** disclose:

- The amount that best represents its maximum credit risk exposure **without** taking account of the fair value of collateral.
- Significant concentrations of credit risk.
- Other information about exposure to credit risk.

27.4.5 Fair value

For each class of **financial asset** and **financial liability,** disclose information about fair value:

- Fair value for traded instruments:
  - Asset held or liability to be issued: bid price.
  - Asset to be acquired or liability held: offer price.
- For an instrument not traded, it may be appropriate to disclose a range of amounts.
- When impracticable to determine the fair value reliably, the **fact** is disclosed together with **information** about the principal characteristics of the underlying financial instrument pertinent to its fair value.

27.4.2 Termes, conditions et méthodes comptables

Pour chaque classe **d'actifs financiers, de passifs financiers et d'instruments de capitaux propres,** l'entreprise doit fournir :

- une information sur la nature et l'ampleur des instruments financiers y compris les termes et conditions significatifs susceptibles d'affecter le montant, l'échéancier et le degré de certitude des flux de trésorerie futurs, par exemple :

Montant du principal/notionnel	Taux ou montants des intérêts et dividendes
Dates d'échéance ou d'exécution	Garanties reçues
Règlement anticipé d'options et périodes	Information sur la monnaie étrangère
Montants et échéanciers des encaissements et décaissements futurs	Clauses restrictives etc.

- les méthodes comptables, qui incluent les critères de comptabilisation et les bases d'évaluation tels que :
  - les méthodes et les hypothèses appliquées pour l'estimation de leur juste valeur, présentés séparément pour chaque classe d'actif et de passif financier ;
  - soit les gains / pertes sur la réévaluation des actifs financiers en vente sont inclus dans le profit et la perte pour l'exercice ou sont comptabilisés directement dans les capitaux propres ;
  - soit les achats et les ventes de l'actif financier « normal » sont comptabilisés au moment du contrat ou à la date du règlement (pour **toutes** les catégories d'actifs financiers).

27.4.3 Risque de taux d'intérêt

Pour chaque catégorie **d'actif et de passif financier,** indiquer :

- les dates contractuelles de refixation de prix ou les dates d'échéance selon la date la plus proche ;
- les taux d'intérêt effectif s'il y a lieu ;
- toute autre information sur l'exposition au risque de taux d'intérêt.

27.4.4 Risque de crédit

Pour chaque catégorie **d'actif financier,** indiquer :

- le montant qui représente le mieux son exposition maximum au risque **sans tenir compte** de la juste valeur de l'instrument de garantie ;
- les concentrations importantes de risque de crédit ;
- toute autre information sur l'exposition au risque de crédit.

27.4.5 Juste valeur

Pour chaque catégorie **d'actif et de passif financier,** donner les indications suivantes sur les justes valeurs :

- juste valeur pour les instruments négociés sur un marché financier organisé :
  - actif détenu ou passif à émettre : prix acheteur ;
  - actif destiné à être acheté ou passif destiné à être détenu : prix actuel offert ;
- pour un instrument non négocié, il est approprié de publier une fourchette de montants ;
- quand ce n'est pas possible pratiquement de déterminer la juste valeur de façon suffisamment fiable, le **fait** doit être expliqué et une **information** doit être donnée concernant les principales caractéristiques des instruments financiers qui sont pertinentes pour évaluer leur juste valeur.

27.4.6 Financial assets in excess of fair value

For **financial assets** carried in excess of fair value, disclose:

- Carrying amount and fair value, individually or for appropriate grouping of those assets.
- Reasons for not reducing the carrying amount, including evidence supporting recoverability of the amount.

27.4.7 Hedging

Disclose **separately** for designated fair value hedges, cash flow hedges and hedges of a net investment in a foreign entity:

- Description of the hedge.
- Description of financial instrument(s) designated as hedge, and its fair value(s).
- Nature of the risk being hedged.
- For hedges of forecasted transactions:
  - The period in which it is expected to occur.
  - When it is expected to enter into determination of net profit or loss.
  - Description of any forecasted transaction for which hedge accounting had previously been used but that is no longer expected to occur.
- For gains/losses related to cash flow hedges that have been recognized directly in equity (through the statement of changes in equity):
  - Amount recognized in equity.
  - Amount removed from equity to net profit or loss for the period.
  - Amount removed from equity and allocated to the carrying amount of the asset or liability in a hedged forecasted transaction.

27.4.8 Additional disclosures relating to financial instruments

- For gains/losses from remeasuring available-for-sale financial assets that have been recognized in equity:
  - Amount recognized.
  - Amount removed from equity to net profit or loss for the period.
- Significant items of income, expense, gains, and losses resulting from financial assets and financial liabilities:
  - Interest income and expense shown separately.
  - Realized and unrealized amounts shown separately.
  - Gains and losses from derecognition shown separately from those resulting from fair value adjustments.
  - Amount of interest income accrued on impaired loans shown separately.

- For financial assets measured at amortized cost:
  - A disclosure of that fact.
  - A description of the financial assets.
  - The carrying amount.
  - An explanation of why fair value cannot be measured reliably.

27.4.6 Actifs financiers comptabilisés pour un montant supérieur à la juste valeur

Pour ces **actifs financiers,** indiquer :

- la valeur comptable et la juste valeur soit des actifs pris individuellement, soit des regroupements appropriés des autres actifs pris individuellement ;
- les raisons pour ne pas diminuer la valeur comptable, notamment la nature des éléments probants qui permettent à la direction de croire que la valeur comptable sera recouvrée.

27.4.7 Couvertures

Informations à fournir **séparément** pour des couvertures désignées à leur juste valeur, des couvertures de flux de trésorerie et des couvertures d'investissement net dans une entité étrangère :

- description de la couverture ;
- description de(s) (l')instrument(s) financier(s) désigné(s) comme couverture, et de sa (ses) juste(s) valeur(s) ;
- nature du risque couvert ;
- pour les couvertures d'opérations de transactions futures anticipées :
  - le délai dans lequel elles doivent intervenir ;
  - le moment auquel elles sont jugées avoir un impact dans la détermination du résultat net ;
  - description de toute transaction anticipée pour laquelle la comptabilité de couverture a été utilisée auparavant mais qui n'a dorénavant plus lieu d'être utilisé.
- pour les gains / pertes liés aux couvertures de flux de trésorerie qui ont été comptabilisés directement dans les capitaux propres (grâce à l'établissement de l'état des variations des capitaux propres) :
  - montant comptabilisé dans les capitaux propres ;
  - montant sorti des capitaux propres et comptabilisé dans le résultat net au cours de l'exercice ;
  - montant qui a été sorti des capitaux propres et ajouté à la valeur comptable de l'actif et du passif dans une transaction prévue couverte.

27.4.8 Autres informations à fournir liées aux instruments financiers

- Pour les profits / pertes issus de la réévaluation des actifs financiers en vente qui ont été comptabilisés en capitaux propres :
  - montant comptabilisé ;
  - montant sorti des capitaux propres et comptabilisé au résultat net au cours de l'exercice ;
- Éléments importants des produits, charges, profits et pertes résultant des actifs et passifs financiers :
  - le total des produits financiers et le total des charges d'intérêt doivent être présentés séparément ;
  - montants enregistrés et non enregistrés présentés séparément ;
  - profits et pertes dus à une dé-comptabilisation présentés séparément de ceux résultant d'ajustements de la juste valeur ;
  - montant des produits financiers courus sur les prêts dépréciés qui n'a pas encore été encaissé, présenté séparément ;
- Pour les actifs financiers évalués au coût d'amortissement, indiquer :
  - qu'ils ont été évalués au coût d'amortissement ;
  - une description des actifs financiers ;
  - leur valeur comptable ;
  - expliquer pourquoi la juste valeur ne peut être mesurée de façon fiable ;

  - A range of estimates within which fair value is highly likely to lie.
  - Disclosure of the following when these assets are sold:
    . The fact.
    . Carrying amount at time of sale.
    . Gain or loss recognized.
- Reason for reclassification of any financial asset to be reported at amortized cost rather than fair value.
- For an impairment loss or reversal of such loss:
  - The nature of the loss.
  - The amount.
- The carrying amount of financial assets pledged as collateral for liabilities and any terms and conditions relating to the pledged assets.
- For securitization or repurchase agreements:
  - Nature and extent of transactions.
  - Description of collateral and quantitative information about key assumptions used in calculating fair values.
  - Whether the financial assets have been derecognized.

- A lender discloses:
  - The fair value of collateral accepted and that it is permitted to sell or repledge in absence of default.
  - The fair value of collateral that it has sold or repledged.
  - Any significant terms and conditions associated with the use of collateral.

- un éventail d'estimations dans lesquelles se trouve vraisemblablement la juste valeur ;
- lorsque ces actifs sont vendus, les informations à fournir sont les suivantes :
  . le fait générateur ;
  . la valeur comptable au moment de la vente ;
  . le gain ou la perte comptabilisé(e) ;

• si l'entreprise a reclassé un actif financier dans les actifs devant être comptabilisés au coût amorti et non à la juste valeur, indiquer la raison de ce reclassement ;

• pour la diminution ou l'annulation d'une perte :
- la nature de la perte ;
- le montant.

• la valeur comptable des actifs financiers mis en garantie de passifs et tous les termes et toutes les conditions relatifs aux actifs mis en garantie ;

• pour les accords de titrisation et de rachat, indiquer :
- la nature et l'impact des transactions ;
- une description des garanties données et fournir des informations quantitatives sur les principales hypothèses retenues pour le calcul de la juste valeur (des participations nouvelles et des participations conservées) ;
- si les actifs financiers ont été décomptabilisés.

• un porteur doit fournir les informations suivantes :
- indiquer la juste valeur de la garantie et la possibilité d'en disposer en l'absence de défaillance ;
- indiquer la juste valeur de la garantie dont on a disposé ;
- tous les termes ou toutes les conditions liés à l'utilisation d'une garantie.

CASE STUDY

FINANCIAL INSTRUMENTS: DISCLOSURE AND PRESENTATION

The extracts below were taken from the annual reports of several enterprises. They illustrate some of the disclosure requirements required by IAS 32 and 39.

The following extract from the **Bell Atlantic 1997 Annual Report** illustrates the disclosure of *risk management policies* and *interest rate risk.*

10. FINANCIAL INSTRUMENTS

Derivatives

We limit our use of derivatives to managing risk that could negatively impact our financing and operating flexibility, making cash flows more stable over the long run and achieving savings over other means of financing. Our risk management strategy is designed to protect against adverse changes in foreign exchange rates, interest rates and corporate tax rates, and to otherwise facilitate our financing strategies. We use several types of derivatives in managing these risks, including foreign currency forwards and options, interest rate swap agreements, interest rate caps and floors, and basis swap agreements. Derivative agreements are linked to specific liabilities or assets and hedge the related economic exposures. We do not hold derivatives for trading purposes. In 1997 and 1996, we recognized income of $17.3 million and $12.7 million before taxes in our statements of income related to all of our risk management activities.

Interest Rate Risk Management

The following table provides additional information about our interest rate swap agreements, interest rate caps and floors, and basis swap agreements. Certain of our interest rate swap agreements (included below as "Foreign Currency/Interest Rate Swaps") also contain a foreign exchange component which has been described in the "Foreign Exchange Risk Management" section below. We use these interest rate swap agreements to hedge the value of certain international investments. The agreements generally require us to receive payments based on fixed interest rates and make payments based on variable interest rates. The structured note swap agreements convert several structured medium-term notes to conventional fixed rate liabilities while reducing financing costs. The effective fixed interest rates on these notes averaged 6.1 percent and 6.2 percent at December 31, 1997 and 1996. Other interest rate swap agreements, which sometimes incorporate options, and interest rate caps and floors are all used to adjust the interest rate profile of our debt portfolio and allow us to achieve a targeted mix of floating and fixed rate debt. The basis swap agreements hedge a portion of our leveraged lease portfolio against adverse changes in corporate tax rates. The agreements require us to receive payments based on an interest rate index (LIBOR-based) and make payments based on a tax-exempt market index (J.J. Kenney). We account for these basis swap agreements at fair value and recognized income of $4.2 million and $20.2 million in 1997 and 1996 related to mark-to-market adjustments.

The notional amounts shown below are used to calculate interest payments to be exchanged. These amounts are not actually paid or received, nor are they a measure of our potential gains or losses from market risks. They do not represent our exposure in the event of nonperformance by a counterparty or our future cash requirements. Our financial instruments are grouped below based on the nature of the hedging activity.

ÉTUDE DE CAS

INSTRUMENTS FINANCIERS : INFORMATIONS À FOURNIR ET PRÉSENTATION

Le document ci-dessous est extrait du rapport annuel du groupe **Renault** au 31 Décembre 1997. Cette note figurant dans l'annexe des comptes consolidés illustre les informations à fournir tels que définies par la Norme IAS 32.

Annexe aux comptes consolidés

27. Instruments financiers

Dans le cadre de ses activités courantes, le Groupe Renault est exposé à des risques financiers divers, tels que le risque de change, le risque de taux et le risque de crédit. Le Groupe a établi de façon centralisée des politiques spécifiques pour gérer ces risques. Dans le cadre de la gestion de ces risques financiers, le Groupe a recours à des instruments financiers dérivés, mais il n'intervient jamais comme teneur de marché pour de tels instruments. Dans la mesure où la plupart des transactions effectuées servent à couvrir les positions prises par les activités courantes du Groupe, le risque de marché sur les instruments utilisés est en grande partie compensé sur les positions couvertes par des mouvements égaux et de sens opposé.

A. Gestion du risque de taux de change et d'intérêt

Les engagements correspondants (exprimés en valeur notionnelle, le cas échéant) sont présentés ci-après :

(En millions de francs)	1997	1996	1995
Risques de change :			
swap de devises			
Achats	**5 650**	5 505	3 392
Ventes	**5 631**	5 542	3 308
Autres opérations de change à terme ou conditionnelles :			
Achats	**71 721**	103 083	73 222
Ventes	**70 837**	103 657	74 152
Risques de taux :			
swap de taux	**182 395**	105 577	83 605
FRA			
Achats	**31 663**	21 450	21 933
Ventes	**35 640**	34 817	16 114
Autres instruments de gestion du risque de taux :			
Achats	**29 778**	17 565	1 372
Ventes	**30 030**	24 015	246

De plus, Renault, dans le cadre de ses activités courantes, a conclu un certain nombre de contrats financiers qui peuvent représenter un risque potentiel, tels que garanties accompagnant des cessions de créances, garanties financières, lettres de crédit. Ni les montants en cause ni les risques inhérents à ces contrats ne sont considérés comme pouvant présenter un risque significatif au 31 décembre 1997.

B. Risque de contrepartie

Le Groupe contrôle ses risques de contrepartie inhérents à l'utilisation de contrats d'instruments financiers en n'effectuant des transactions qu'avec les institutions financières de premier rang et en établissant des limites par institution.

Renault entretient des relations commerciales avec des clients, des concessionnaires et des partenaires dans le monde entier ; ses créances, ou les garanties qu'il accorde à ces clients, sont largement diversifiées et, dans de nombreux cas, garanties par des nantissements ou d'autres gages.

En conséquence, le Groupe considère qu'il n'est exposé à aucune concentration particulière de risque de crédit.

CASE STUDY

FINANCIAL INSTRUMENTS: DISCLOSURE AND PRESENTATION

CONTINUED

			(Dollars in Millions) Weighted Average Rate	
	Notional Amount	**Maturities**	**Receive**	**Pay**
On December 31	($)		(%)	(%)
Interest Rate Swap Agreements:				
Foreign Currency/Interest Rate Swaps				
1997	375.4	1998 – 2002	4.5	6.2
1996	928.4	1997 – 2002	3.3	5.9
Other Interest Rate Swaps				
Pay Fixed				
1997	260.0	1999 – 2005	5.7	5.9
1996	221.2	1997 – 2005	5.7	6.0
Pay Variable				
1997	783.7	1999 – 2006	6.6	6.1
1996	530.7	1997 – 2004	6.5	6.4
Structured Note Swaps:				
1997	60.0	1999		
1996	105.0	1997 – 2004		
Interest Rate Cap/Floor Agreements:				
1997	262.0	1999 – 2001		
1996	140.0	1999 – 2001		
Basic Swap Agreements:				
1997	1,001.0	2003 – 2004		
1996	1,001.0	2003 – 2004		

ÉTUDE DE CAS

INSTRUMENTS FINANCIERS : INFORMATIONS À FOURNIR ET PRÉSENTATION

RENAULT SUITE

C. Valeur de marché des instruments financiers

Les montants inscrits au bilan et les valeurs de marché estimées des instruments financiers du Groupe sont les suivants :

(En millions de francs)		1997 Valeur au bilan	1997 Valeur de marché	1996 Valeur au bilan	1996 Valeur de marché	1995 Valeur au bilan	1995 Valeur de marché
Actifs							
Autres titres de participation cotés (a)		**452**	**569**	2 160	3 042	2 207	2 632
Autres titres de participation non cotés (b)		**752**		737		644	
Autres titres de participation	(I)	**1 204**		2 897		2 851	
Titres inclus dans les autres immobilisations financières	(II)	**577**	**577**	673	681	844	899
Titres de transaction		**721**	**721**	96	96	427	427
Autres titres		**1 167**	**1 193**	1 095	1 165	1 104	1 163
Valeur mobilières de placement	(III)	**1 888**	**1 914**	1 191	1 261	1 531	1 590
Total portefeuilles titres	(I+II+III)	**3 669**		4 761		5 226	
Prêts à caratère de placement		**26 369**	**26 423**	36 306	36 418	39 638	39 713
Créances de financement des ventes		**64 009**	**63 652**	57 808	58 333	56 052	56 099
Disponibilités et assimilés		**10 392**		7 264	7 264	10 590	10 590
Passifs							
Emprunts obligataires		**(20 199)**	**(21 264)**	(19 782)	(20 922)	(17 000)	(17 753)
Autres emprunts		**(78 742)**	**(78 782)**	(86 254)	(86 389)	(88 107)	(88 474)
		5 498		103		6 399	

(a) Les écarts entre la valeur de marché et la valeur au bilan pour les années 1997, 1996 et 1995 se décomposent en :
- moins-values latentes respectivement pour 4 millions, 83 millions et 196 millions de francs ;
- plus-values latentes respectivement pour 121 millions, 1 044 millions et 736 millions de francs ;

(b) Il n'a pas été possible de déterminer la valeur de marché d'un certain nombre d'actions détenues dans des sociétés non cotées avec lesquelles le Groupe entretient des relations d'affaires et pour lesquelles des éléments de comparaison dans des sociétés cotées similaires ne sont pas disponibles.

Valeur de marché estimée des instruments hors bilan :

(En millions de francs)	1997 Actifs	1997 Passifs	1996 Actifs	1996 Passifs	1995 Actifs	1995 Passifs
Contrats de change à terme	**63 742**	**63 264**	90 720	91 352	64 442	65 616
Swaps de devises	**5 687**	**5 686**	4 854	5 444	3 451	3 368
Swaps de taux	**1 573**	**2 986**	1 511	2 066	1 150	901
« Futurs » de taux d'intérêt	**27**	**20**	21	51	21	25

CASE STUDY

FINANCIAL INSTRUMENTS: DISCLOSURE AND PRESENTATION

CONTINUED

The following extract from the **Chase Manhattan Bank Corporation 1999 Annual Report** illustrates the disclosure of *fair value of financial instruments.*

22 – FAIR VALUE OF FINANCIAL INSTRUMENTS

The fair value of a financial instrument is the current amount that would be exchanged between willing parties (other than in a forced sale or liquidation), and is best evidenced by a quoted market price, if one exists.

Quoted market prices are not available for all of Chase's financial instruments. As a result, the fair values presented are estimates derived using present value or other valuation techniques and may not be indicative of net realizable value. In addition, the calculation of estimated fair value is based on market conditions at a specific point in time and may not be reflective of future fair values.

Certain financial instruments and all nonfinancial instruments are excluded from the scope of SFAS 107. Accordingly, the fair value disclosures required by SFAS 107 provide only a partial estimate of the fair value of Chase. For example, the values associated with the various ongoing businesses that Chase operates are excluded. Chase has developed long-term relationships with its customers through its deposit base and its credit card accounts, commonly referred to as core deposit intangibles and credit card relationships. In the opinion of management, these items in the aggregate add significant value to Chase, but their fair value is not disclosed in this Note.

Fair values among financial institutions are not comparable due to the wide range of permitted valuation techniques and numerous estimates that must be made. This lack of an objective valuation standard introduces a great degree of subjectivity to these derived or estimated fair values. Therefore, readers are cautioned in using this information for purposes of evaluating the financial condition of Chase, compared with other financial institutions.

The following summary presents the methodologies and assumptions used to estimate the fair value of Chase's financial instruments required under the guidelines of SFAS 107.

FINANCIAL ASSETS

Assets for Which Fair Value Approximates Carrying Value: The fair values of certain financial assets carried at cost, including cash and amounts due from banks, deposits with banks, Federal funds sold and securities purchased under resale agreements, due from customers on acceptances, short-term receivables and accrued interest receivable, are considered to approximate their respective carrying values due to their short-term nature and generally negligible credit losses.

Trading Assets: Chase carries trading assets, which include debt and equity instruments as well as the positive fair value on derivative and foreign exchange instruments, at estimated fair value.

Securities: Available-for-sale securities and related derivative contracts are carried at fair value. Held-to-maturity securities are carried at amortized cost. The fair value of actively-traded securities is determined by the secondary market, while the fair value for nonactively traded securities is based on independent broker quotations.

Loans: Loans are valued using methodologies suitable for each type of loan.

ÉTUDE DE CAS

INSTRUMENTS FINANCIERS : INFORMATIONS À FOURNIR ET PRÉSENTATION

RENAULT SUITE

Hypothèses et méthodes retenues :

Les valeurs de marché estimées ont été déterminées en utilisant les informations disponibles sur les marchés et les méthodes d'évaluation appropriées selon les types d'instruments. Toutefois, les méthodes et hypothèses retenues sont par nature théoriques et une part importante de jugement intervient dans l'interprétation des données du marché. L'utilisation d'hypothèses différentes et/ou de méthodes d'évaluation différentes pourrait avoir un effet significatif sur les valeurs estimées.

Les valeurs de marché ont été déterminées sur la base des informations disponibles à la date de clôture de chaque exercice, et ne prennent donc pas en compte l'effet des variations ultérieures.

Les principales hypothèses et méthodes d'évaluation retenues sont les suivantes :

• Titres (valeurs mobilières de placement, titres de participation et autres titres)
Les valeurs de marché des titres sont déterminées principalement par référence aux prix du marché. Les titres de participation et autres titres, pour lesquels il n'existe pas de prix cotés, ont été estimés par référence aux prix de marché de titres similaires lorsqu'il en existe.

• Prêts à caractère de placement
Pour les prêts à moins de trois mois à l'origine et les prêts à taux variable, la valeur inscrite au bilan est considérée comme la valeur de marché. Les autres prêts à taux fixe ont été estimés en faisant l'actualisation des flux futurs aux taux proposés à Renault respectivement au 31 décembre 1997, au 31 décembre 1996 et au 31 décembre 1995 pour des prêts de conditions et échéances similaires.

• Créances de financement des ventes
Les créances de financement des ventes à taux fixe ont été estimées en actualisant les flux futurs au taux auquel des prêts similaires (conditions, échéances et qualité du débiteur) seraient accordés respectivement au 31 décembre 1997, au 31 décembre 1996 et au 31 décembre 1995.

• Disponibilités et assimilés
La valeur inscrite au bilan est considérée comme la valeur de marché.

• Emprunts et autres dettes financières
La valeur de marché des emprunts cotés (obligations) a été estimée à leur valeur de Bourse à la clôture de l'exercice. Pour les dettes de la Branche Financière, représentées par des titres avec une durée à l'émission inférieure à 90 jours, la valeur au bilan a été reprise comme valeur de marché. La valeur de marché des autres dettes financières a été déterminée par l'actualisation des flux futurs aux taux proposés à Renault respectivement au 31 décembre 1997, au 31 décembre 1996 et au 31 décembre 1995 pour des emprunts de conditions et échéances similaires.

• Instruments hors bilan de change
La valeur de marché des contrats à terme est estimée à partir des conditions du marché. La valeur de marché des swaps de devises est déterminée en actualisant les flux financiers, en utilisant les taux (change et intérêt) du marché respectivement au 31 décembre 1997, au 31 décembre 1996 et au 31 décembre 1995 pour les durées résiduelles des contrats.

• Instruments hors bilan de taux
La valeur de marché des swaps de taux représente ce que Renault recevrait (ou paierait) pour dénouer à la date de clôture les contrats en cours, en prenant en compte les plus- ou moins-values latentes déterminées à partir des taux d'intérêts courants et de la qualité de la contrepartie de chaque contrat respectivement au 31 décembre 1997, au 31 décembre 1996 et au 31 décembre 1995.

CASE STUDY

FINANCIAL INSTRUMENTS: DISCLOSURE AND PRESENTATION

CONTINUED

The fair value of Chase's commercial loan portfolio is estimated by assessing the two main risk components of the portfolio: credit and interest. The estimated cash flows are adjusted to reflect the inherent credit risk and then are discounted, using a rate appropriate for each maturity that incorporates the effects of interest rate changes. Generally, emerging market loans are valued based on secondary market prices.

For consumer installment loans (including auto financings) and residential mortgages for which market rates for comparable loans are readily available, the fair values are estimated by discounting cash flows, adjusted for prepayments. The discount rates used for consumer installment loans are current rates offered by commercial banks and thrifts. For residential mortgages, secondary market yields for comparable MBSs, adjusted for risk, are used. The fair value of credit card receivables is estimated by discounting expected cash flows. The discount rates used for credit card receivables incorporate the effects of interest rate changes only, since the estimated cash flows are adjusted for credit risk.

Other Assets: This caption consists primarily of private equity investments. Nonpublic investments are carried at cost, which is viewed as an approximation of fair value. The carrying value of nonpublic investments is adjusted for holdings in which a subsequent investment by an unaffiliated party indicates a valuation in excess of cost and for holdings for which evidence of an other-than-temporary decline in value exists.

Public securities held by Chase Capital Partners are valued at quoted market prices (prior to any liquidity discounts) for the purpose of fair value disclosure required by SFAS 107.

FINANCIAL LIABILITIES

Liabilities for Which Fair Value Approximates Carrying Value: SFAS 107 requires that the fair value disclosed for deposit liabilities with no stated maturity (i.e., demand, savings and certain money market deposits) be equal to the carrying value. SFAS 107 does not allow for the recognition of the inherent funding value of these instruments.

The fair value of foreign deposits, Federal funds purchased and securities sold under repurchase agreements, commercial paper, other borrowed funds, acceptances outstanding, accounts payable, and accrued liabilities are considered to approximate their respective carrying values due to their short-term nature.

Domestic Time Deposits: The fair value of time deposits is estimated by discounting cash flows based on contractual maturities at the interest rates for raising funds of similar maturity.

Trading Liabilities: Chase carries trading liabilities, which include securities sold, not yet purchased, structured notes, and derivative and foreign exchange contracts, at estimated fair value.

Long-Term Debt-Related Instruments: The valuation of long-term debt, including the guaranteed preferred beneficial interests in Chase's junior subordinated deferrable interest debentures, takes into account several factors, including current market interest rates and Chase's credit rating. Quotes are gathered from various investment banking firms for indicative yields for Chase's securities over a range of maturities.

Lending-Related Commitments: Chase has reviewed the unfunded portion of commitments to extend credit as well as standby and other letters of credit, and has determined that the fair value of such financial instruments is not material.

ÉTUDE DE CAS

INSTRUMENTS FINANCIERS : INFORMATIONS À FOURNIR ET PRÉSENTATION

RENAULT SUITE

D. Analyse de portefeuille titres

(En millions de francs)	1997 Valeur au bilan	1997 Valeur de marché	1996 Valeur au bilan	1996 Valeur de marché	1995 Valeur au bilan	1995 Valeur de marché
Titres détenus jusqu'à l'échéance						
Titres de dettes émis par des Etats ou des collectivités locales	**550**	**550**	529	537	500	538
Titres de dettes émis par des sociétés du Groupe			99	99	100	100
Autres titres de dettes	**27**	**27**	45	45	244	261
(I)	**577**	**577**	**673**	**681**	**844**	**899**
Titres de transaction (II)	**721**	**721**	**96**	**96**	**427**	**427**
Autres titres						
Titres de dettes émis par des Etats ou des collectivités locales	**37**	**37**	129	129		
Titres de dettes émis par des sociétés industrielles et commerciales						
Titres de dettes émis par des sociétés du Groupe	**380**	**380**	340	340	418	435
Autres titres de dettes	**552**	**578**	625	696	686	728
Actions	**650**	**767**	2 160	3 042	2 207	2 632
(III)	**1 619**	**1 762**	**3 254**	**4 207**	**3 311**	**3 795**
Valeur totale des titres pour lesquels une valeur de marché a été calculée (I+II+III)	**2 917**	**3 060**	**4 023**	**4 984**	**4 582**	**5 121**
Actions dont la valeur de marché n'est pas déterminable (IV)	**752**		**737**		**644**	
Total	**3 669**		**4 760**		**5 226**	

CASE STUDY

FINANCIAL INSTRUMENTS: DISCLOSURE AND PRESENTATION

CONTINUED

The following table presents the carrying value and estimated fair value of financial assets and liabilities valued under SFAS 107, and certain derivative contracts used for asset/liability activities related to these financial assets and liabilities.

December 31, 1999 (in millions)	Financial Assets/ Financial Liabilities		Derivative Contracts Used for Asset/ Liability Activities			
	Carrying Value[a b]	Estimated Fair Value[a b]	Carrying Value[c]	Gross Unrecognized Gains	Gross Unrecognized Losses	Estimated Fair Value[d]
FINANCIAL ASSETS						
Assets for Which Fair Value Approximates Carrying Value	$81,126	$81,126	$4	$15	$(9)	$10
Trading Assets	63,269	63,269	—	—	—	—
Securities Available-for-Sale	60,625	60,625	(22)	—	—	(22)
Securities Held-to-Maturity	888	876	—	—	—	—
Loans, Net of Allowance for Loan Losses	172,702	173,405	(19)	249	(179)	51
Other Assets[e]	8,804	10,168	93	28	(345)	(224)
Total Financial Assets	**$387,414**	**$389,469**	**$56**	**$292**	**$(533)**	**$(185)**
FINANCIAL LIABILITIES						
Liabilities for Which Fair Value Approximates Carrying Value	$292,343	$292,343	$227	$69	$(381)	$(85)
Domestic Time Deposits	30,022	30,207	243	27	(239)	31
Trading Liabilities	38,573	38,573	—	—	—	—
Long-Term Debt-Related Instruments	20,140	19,476	63	79	(213)	(71)
Total Financial Liabilities	**$381,078**	**$380,599**	**$533**	**$175**	**$(833)**	**$(125)**

ÉTUDE DE CAS

INSTRUMENTS FINANCIERS : INFORMATIONS À FOURNIR ET PRÉSENTATION

RENAULT SUITE

Les titres détenus autres que les titres de transaction s'analysent selon les échéances contractuelles suivantes :

(En millions de francs) 1997	Titres détenus jusqu'à l'échéance		Autres titres	
	Valeur au bilan	Valeur de marché	Valeur au bilan	Valeur de marché
A moins d'un an	574	574	440	458
Entre 1 et 5 ans	1	1	528	536
Entre 5 et 10 ans			1	1
Après 10 ans	2	2	0	0
Actions			650	767
Total	**577**	**577**	**1 619**	**1 762**

(En millions de francs) 1996	Titres détenus jusqu'à l'échéance		Autres titres	
	Valeur au bilan	Valeur de marché	Valeur au bilan	Valeur de marché
A moins d'un an	22	22	806	864
Entre 1 et 5 ans	649	657	267	279
Entre 5 et 10 ans			21	22
Après 10 ans	2	2		
Actions			2 160	3 042
Total	**673**	**681**	**3 254**	**4 207**

(En millions de francs) 1995	Titres détenus jusqu'à l'échéance		Autres titres	
	Valeur au bilan	Valeur de marché	Valeur au bilan	Valeur de marché
A moins d'un an	198	215	426	446
Entre 1 et 5 ans	645	683	570	608
Entre 5 et 10 ans			108	109
Après 10 ans	1	1		
Actions			2 207	2 632
Total	**844**	**899**	**3 311**	**3 795**

CASE STUDY

FINANCIAL INSTRUMENTS: DISCLOSURE AND PRESENTATION

CONTINUED

December 31, 1998

FINANCIAL ASSETS

Assets for Which Fair Value Approximates Carrying Value	$59,251	$59,251	$41	$70	$(159)	$(48)
Trading Assets	57,692	57,692	—	—	—	—
Securities Available-for-Sale	62,803	62,803	(151)	—	—	(151)
Securities Held-to-Maturity	1,687	1,703	—	—	—	—
Loans, Net of Allowance for Loan Losses	169,202	171,063	90	335	(678)	(253)
Other Assetse	5,103	5,444	118	283	(74)	327
Total Financial Assets	**$355,738**	**$357,956**	**$98**	**$688**	**$(911)**	**$(125)**

FINANCIAL LIABILITIES

Liabilities for Which Fair Value Approximates Carrying Value	$247,833	$247,833	$106	$159	$(413)	$(148)
Domestic Time Deposits	35,933	35,746	260	308	(112)	456
Trading Liabilities	38,502	38,502	—	—	—	—
Long-Term Debt-Related Instruments	18,375	18,438	68	430	(31)	467
Total Financial Liabilities	**$340,643**	**$340,519**	**$434**	**$897**	**$(556)**	**$775**

a Includes the carrying value and estimated fair value of derivative contracts used for asset/liability activities.

b The carrying value and estimated fair value of daily margin settlements on open futures contracts are primarily included in Other Assets on the balance sheet, except when used in connection with available-for-sale securities, which are carried at fair value and are included in Securities: Available-for-Sale on the balance sheet. Chase uses futures contracts in its asset/liability activities to modify the interest rate characteristics of balance sheet instruments such as available-for-sale securities, loans and deposits. Unrecognized net gains from daily margin settlements on open futures contracts were $22 million at December 31, 1999, in contrast to an unrecognized net loss of $8 million at December 31, 1998.

c The carrying value of derivatives used for asset/liability activities is recorded as receivables and payables and is primarily included in Other Assets on the balance sheet, except for derivatives used in connection with available-for-sale securities, which are carried at fair value and are included in Securities: Available-for-Sale on the balance sheet.

d Derivative contracts used for asset/liability activities were valued using market prices or pricing models consistent with methods used by Chase in valuing similar instruments used for trading purposes.

e At December 31, 1999, deferred gains and losses associated with anticipatory asset/liability transactions were insignificant.

CASE STUDY

FINANCIAL INSTRUMENTS: DISCLOSURE AND PRESENTATION

CONTINUED

The following extract from the **The World Bank 2000 Annual Report** illustrates the disclosure of *credit risk.*

NOTE E – CREDIT RISK

Country Credit Risk: This risk includes potential losses arising from protracted arrears on payments from borrowers. IBRD manages country credit risk through individual country exposure limits according to creditworthiness. These exposure limits are tied to performance on macroeconomic and structural policies. In addition, IBRD establishes absolute limits on the share of outstanding loans to any individual borrower. The country credit risk is further managed by financial incentives such as pricing loans using IBRD's own cost of borrowing and partial interest charge waivers conditioned on timely payment that give borrowers self-interest in IBRD's continued strong intermediation capacity. Collectibility risk is covered by the Accumulated Provision for Loan Losses. IBRD also uses a simulation model to assess the adequacy of its equity including reserves in case a major borrower, or group of borrowers, stops servicing its loans for an extended period of time.

Commercial Credit Risk: For the purpose of risk management, IBRD is party to a variety of financial instruments, certain of which involve elements of credit risk in excess of the amount recorded on the balance sheet. Credit risk exposure represents the maximum potential accounting loss due to possible nonperformance by obligors and counterparties under the terms of the contracts. Additionally, the nature of the instruments involve contract value and notional principal amounts that are not reflected in the basic financial statements. For both on- and off-balance sheet securities, IBRD limits trading to a list of authorized dealers and counterparties. Credit risk is controlled through application of eligibility criteria and volume limits for transactions with individual counterparties and through the use of mark-to-market collateral arrangements for swap transactions. IBRD may require collateral in the form of cash or other approved liquid securities from individual counterparties in order to mitigate its credit exposure. In addition, IBRD has entered into master derivatives agreements which contain legally enforceable close-out netting provisions. These agreements may further reduce the gross credit risk exposure related to the swaps shown below. Credit risk with financial assets subject to a master derivatives arrangement is eliminated only to the extent that financial liabilities to the same counterparty are settled after the assets are realized. Because the exposure is affected by each transaction subject to the arrangement, the extent of the reduction in exposure may change substantially within a short period of time following the balance sheet date.

CASE STUDY

FINANCIAL INSTRUMENTS: DISCLOSURE AND PRESENTATION

CONTINUED

The contract value/notional amounts and credit risk exposure, as applicable, of these financial instruments at June 30, 2000 and June 30, 1999 (prior to taking into account any master derivatives or collateral arrangements that have been entered into) are given below:

In millions

	2000	*1999*
INVESTMENTS - TRADING PORTFOLIO		
Options, futures and forwards		
• Long position	805	3,433
• Short position	1,250	3,653
• Credit exposure due to potential nonperformance by counterparties	*	1
Currency swaps		
• Credit exposure due to potential nonperformance by counterparties	77	182
Cross-currency interest rate swaps		
• Credit exposure due to potential nonperformance by counterparties	306	100
Interest rate swaps		
• Notional principal	13,687	12,924
• Credit exposure due to potential nonperformance by counterparties	3	1
BORROWING PORTFOLIO		
Currency swaps		
• Credit exposure due to potential nonperformance by counterparties	3,863	2,051
Interest rate swaps		
• Notional principal	69,625	55,633
• Credit exposure due to potential nonperformance by counterparties	869	731

** Less than $0.5 million.*

CHAPTER 28

EARNINGS PER SHARE (IAS 33)

28.1 PROBLEMS ADDRESSED

Principles for the determination and presentation of earnings per share are prescribed, with a focus on the denominator of the calculation. The standard requires the disclosure of **basic** as well as **diluted** earnings per share.

28.2 SCOPE OF THE STANDARD

This standard applies to entities whose shares are **publicly traded** or in the process of being issued in public securities markets, and other entities that choose to disclose earnings per share. This standard is applicable to consolidated information only if the parent prepares consolidated financial statements.

28.3 ACCOUNTING TREATMENT

28.3.1 An **ordinary share** is an equity instrument subordinate to all other classes of equity instruments. More than one category may be issued by an enterprise.

28.3.2 A **potential ordinary share** is a financial instrument or other contract that may entitle its holder to ordinary shares (e.g., debt or equity instruments that are convertible into ordinary shares, and share warrants and options that give the holder the right to purchase ordinary shares).

28.3.3 **Basic earnings per share (BEPS)** is calculated by dividing the net profit or loss for the period attributable to ordinary shareholders by the weighted average number of ordinary shares.

Basic earnings

- Net profit or loss for the period **after** deducting preference dividends.
- Deduction of preference dividends is:
  - Amount declared for the period on non-cumulative preference shares.
  - Full amount of cumulative preference dividends for the period, whether or not declared.

Weighted number of shares

- The weighted average number of shares outstanding during the period (i.e., the number of ordinary shares outstanding at the beginning of the period, adjusted by those bought back or issued during the period multiplied by a time-weighting factor).
- Contingently issuable shares are considered outstanding and included in the computation of BEPS only from the date when all necessary conditions have been satisfied.

Chapitre 28

Résultat par Action (IAS 33)

28.1 OBJECTIFS

La présente Norme a pour objectif de prescrire les principes de détermination et de présentation du résultat par action, et se concentre sur le dénominateur du calcul du résultat par action. La présente Norme nécessite la présentation du résultat **de base** par action aussi bien que du résultat **dilué** par action.

28.2 CHAMP D'APPLICATION

La présente Norme doit être appliquée par les entreprises dont les actions ordinaires sont **cotées** ou dans un processus d'émission d'actions ordinaires sur des marchés publics de valeurs mobilières, ainsi qu'aux entreprises qui choisissent de présenter le résultat par action. Cette Norme est applicable aux informations consolidées seulement si la société mère présente des états financiers consolidés.

28.3 TRAITEMENT COMPTABLE

28.3.1 Une **action ordinaire** est un instrument de capitaux propres qui est subordonné à toutes les autres catégories d'instruments de capitaux propres. Une entreprise peut avoir plus d'une catégorie d'actions ordinaires.

28.3.2 Une **action ordinaire potentielle** est un instrument financier ou autre contrat qui peut donner droit à des actions ordinaires à son détenteur (par exemple : instruments d'emprunts ou de capitaux propres convertibles en actions ordinaires, bons de souscription d'action ou options qui donnent à leur détenteur le droit d'acheter des actions ordinaires).

28.3.3 Le **résultat de base par action** est calculé en divisant le résultat net de l'exercice attribuable aux actionnaires ordinaires par le nombre moyen pondéré d'actions ordinaires.

Résultat de base :

- résultat net de l'exercice **après** déduction des dividendes préférentiels ;
- la déduction des dividendes préférentiels est :
  - le montant de tout dividende préférentiel sur des actions préférentielles à dividende non cumulatif décidés au titre de l'exercice ;
  - le montant intégral des dividendes préférentiels dus au titre des actions préférentielles à dividendes cumulatifs de l'exercice, que ces dividendes aient été ou non décidés.

Nombre pondéré d'actions :

- le nombre moyen pondéré d'actions ordinaires en circulation au cours de l'exercice (c'est-à-dire le nombre d'actions ordinaires en circulation en début d'exercice, ajusté du nombre d'actions ordinaires rachetées ou émises au cours de l'exercice, multiplié par un facteur de pondération en fonction du temps) ;
- les actions ordinaires qui peuvent être émises lorsque certaines conditions seront remplies (actions dont l'émission est éventuelle) sont considérées comme des actions en circulation et prises en compte dans le calcul du résultat de base par action à partir de la date où toutes les conditions nécessaires ont été remplies ;

- Adjust the number of shares for **current** and all **previous** periods presented for changes in shares without a corresponding change in resources (e.g., bonus issue and share split).
- Adjust the number of ordinary shares for all periods **prior** to a rights issue that includes a bonus element with the following factor:

$$\frac{\text{Fair value per share immediately prior to the exercise of rights}}{\text{Theoretical ex-rights fair value per share}}$$

28.3.4 Diluted earnings per share (DEPS): The net profit attributable to ordinary shareholders and the weighted average number of shares are adjusted for the effects of all dilutive potential ordinary shares.

Diluted earnings

- The basic earnings are adjusted for **after-tax effects** of the following items associated with dilutive potential ordinary shares:
  - Dividends for the period.
  - Interest for the period.
  - Other changes in income or expense that would result from a conversion of shares (e.g., the savings on interest related to these shares may lead to an increase in the expense relating to a non-discretionary employee profit-sharing plan).

Weighted number of shares

- The weighted average number of shares for BEPS **plus** those to be issued on conversion of all dilutive potential ordinary shares. Potential ordinary shares are treated as dilutive when their conversion would decrease net profit per share from continuing ordinary operations.
- These shares are deemed to have been converted into ordinary shares at the beginning of the period or, if later, the date of the issue of the shares.

28.3.5 Earnings per share amounts should be **restated** as follows:

- If the number of shares outstanding is affected as a result of a capitalization, bonus issue, share split, or a reverse share split, the calculation of BEPS and DEPS should be adjusted retrospectively.
- If these changes occur after balance sheet date but before issue of financial statements, the per share calculations are based on the new number of shares.
- BEPS and DEPS for all periods presented are adjusted for the effect of:
  - Fundamental errors.
  - Changes in accounting policies.
  - Uniting of interests.

28.4 PRESENTATION & DISCLOSURE

28.4.1 PRESENTATION

- BEPS and DEPS are shown with equal prominence on the face of the income statement for **each** class of ordinary share with different rights.
- Even basic and dilutive **losses** per share are shown.

- ajuster le nombre d'actions pour l'exercice **en cours** et tous les exercices **précédents** présentés pour prendre en compte les modifications du nombre d'actions sans modification correspondante des ressources (par exemple, émission d'actions gratuites ou fractionnement d'actions) ;
- ajuster le nombre d'actions ordinaires pour tous les exercices **antérieurs** à l'émission de droits qui incluent un élément gratuit avec le facteur suivant :

$$\frac{\text{juste valeur par action immédiatement antérieure à l'exercice des droits}}{\text{juste valeur théorique par action hors droits}}$$

28.3.4 Résultats dilués par action : le bénéfice net attribuable aux actionnaires ordinaires et le nombre moyen pondéré d'actions en circulation sont ajustés des effets de toutes les actions ordinaires potentielles dilutives.

Résultat dilué :

- le résultat de base est ajusté de **l'effet après impôt.** L'ajustement concerne les éléments suivants, liés aux actions ordinaires potentielles dilutives :
  - les dividendes de l'exercice ;
  - les intérêts de l'exercice ;
  - tout autre changement dans les produits ou charges qui résultent de la conversion des actions ordinaires potentielles dilutives (par exemple, la réduction de la charge d'intérêt liée aux actions ordinaires potentielles peut conduire à une augmentation des dépenses liées à un plan d'intéressement non discrétionnaire destiné aux membres du personnel).

Nombre pondéré d'actions :

- le nombre moyen d'actions ordinaires (se référer au paragraphe 28.3.3) **majoré** de celles qui seraient émises lors de la conversion en actions ordinaires de toutes les actions ordinaires potentielles dilutives. Les actions ordinaires potentielles doivent être traitées comme dilutives si, et seulement si, leur conversion en actions ordinaires aurait pour effet de réduire le bénéfice net par action des activités ordinaires poursuivies ;
- ces actions sont considérées avoir été converties en actions ordinaires au début de l'exercice, ou à la date d'émission de ces actions, si elle est ultérieure.

28.3.5 Les montants des résultats par action doivent être **ajustés** comme suit :

- si le nombre d'actions en circulation augmente à la suite d'une capitalisation, d'une émission d'actions gratuites, d'un fractionnement d'actions ou diminue à la suite d'un regroupement d'actions, le calcul du résultat de base par action et du résultat dilué par action est rétrospectivement ajusté pour tous les exercices présentés ;
- si ces changements interviennent après la date de clôture, mais avant celle de publication des états financiers, les calculs par action doivent être faits sur la base du nouveau nombre d'actions ;
- le résultat par action, de base et dilué, doit être ajusté pour tous les exercices présentés pour tenir compte :
  - des effets des erreurs fondamentales ;
  - des ajustements résultants des changements de méthodes comptables ;
  - des effets d'un regroupement d'entreprises qui est une mise en commun d'intérêts.

28.4 PRÉSENTATION ET INFORMATIONS À FOURNIR

28.4.1 Présentation

- une entreprise doit présenter le résultat de base par action et le résultat dilué par action au compte de résultat pour **chaque** catégorie d'actions ordinaires qui a des droits différents dans la répartition du bénéfice net de l'exercice ;
- une entreprise présente des résultats par action (de base et dilué), même si les montants indiqués sont **négatifs.**

28.4.2 DISCLOSURE

The following should be disclosed:

- Amounts used as numerators for BEPS and DEPS and a reconciliation of those amounts to the net profit or loss for the period.
- Weighted average number of ordinary shares used as the denominator in calculating BEPS and DEPS and a reconciliation of these denominators to each other.
- If an earnings per share figure is disclosed, **in addition** to BEPS and DEPS:
  - Provide a reconciliation of the numerator used with a line item reported in the income statement.
  - Use same denominator as for BEPS.

28.4.2 Informations à fournir

Les informations suivantes doivent être présentées :

- les montants utilisés aux numérateurs dans les calculs du résultat de base par action et du résultat dilué par action et un rapprochement de ces montants avec le résultat net de l'exercice ;
- le nombre moyen pondéré d'actions ordinaires utilisé au dénominateur dans les calculs du résultat de base par action et du résultat dilué par action et un rapprochement de ces dénominateurs l'un avec l'autre ;
- si une entreprise fournit des informations supplémentaires sur son résultat par action, il est nécessaire de :
  - fournir un rapprochement de la composante utilisée avec un poste présenté dans le compte de résultat ;
  - utiliser le même dénominateur que pour le résultat de base par action.

CASE STUDY

EARNINGS PER SHARE

The issued and fully paid share capital of Angli Inc. remained unchanged at the following amounts since the date of incorporation until the financial year ended 31 March 20x4:

- 1,200,000 ordinary shares with no par value.
- 300,000 6% participating preference shares of $1 each.

The corporation has been operating at a profit for a number of years. As a result of a very conservative dividend policy followed by the directors during previous years, there is a large accumulated profit balance on the balance sheet. On 1 July 20x4 the directors decided to issue to all ordinary shareholders, two capitalization shares for every one previously held.

The following abstract was taken from the consolidated income statement for the year ending 31 March 20x5:

	20x5	**20x4**
	$	$
Profit after tax	400,000	290,000
Minority interest	(30,000)	(20,000)
Net profit from ordinary activities	370,000	270,000
Extraordinary item	–	(10,000)
Net profit for the year	370,000	260,000

The following dividends have been paid/declared at the end of the reported periods:

	20x5	**20x4**
	$	$
• Ordinary	165,000	120,000
• Preference	34,500	30,000

The participating preference shareholders are entitled to share profits in the same ratio in which they share dividends, after payment of the fixed preference dividend. The shareholders will enjoy the same benefits during liquidation of the company.

The earnings per share (required by **IAS 33**) and the dividends per share (required by **IAS 1**) to be presented in the group financial statements for the year ending 31 March 20x5, is calculated as follows:

	20x5	**20x4**
EARNINGS PER SHARE:		
Attributable earnings **(Calculation b)** divided by weighted number of shares **(Calculation c)**		
• **Ordinary shares**	320,000	220,000
	3,600,000	3,600,000
	= $ 0.089	= $ 0.061
• **Participating preference shares**		
	50,000	40,000
	300,000	300,000
	= $ 0.167	= $ 0.133

ÉTUDE DE CAS

RÉSULTAT PAR ACTION

Le capital social émis et entièrement libéré d'Angli Inc. n'a pas été modifié depuis la date de création jusqu'à la fin de l'exercice clos le 31 mars 20x4 :

- 1 200 000 actions ordinaires ;
- 300 000 actions préférentielles à dividendes cumulatifs (fixe 6 %) d'une valeur nominale de 1 $ chacune.

L'entreprise a réalisé des bénéfices pendant un certain nombre d'années. Une politique de dividende très prudente suivie pendant les années précédentes a pour effet de présenter au bilan des réserves non distribuées importantes. Le 1er juillet 20x4, les administrateurs ont décidé d'émettre deux actions gratuites pour chaque action ordinaire déjà détenue.

L'extrait suivant a été tiré du compte de résultat consolidé pour l'exercice clos le 31 mars 20x5 :

	20x5	**20x4**
	$	$
Résultat après impôt	400 000	290 000
Intérêts minoritaires	(30 000)	(20 000)
Résultat net	370 000	270 000
Résultat exceptionnel	–	(10 000)
Résultat net de l'exercice	370 000	260 000

Les dividendes suivants ont été payés/déclarés à la fin des exercices

	20x5	**20x4**
	$	$
• Actions ordinaires	165 000	120 000
• Actions préférentielles	34 500	30 000

Les actionnaires détenant des actions préférentielles à dividendes cumulatifs partagent les bénéfices dans les mêmes proportions que les dividendes après paiement du dividende fixe. Les actionnaires auront la même répartition au moment de la liquidation de l'entreprise.

Les résultats par action (prévus par la norme **IAS 33**) et les dividendes par action (prévus par la norme **IAS 1**) devant être présentés dans les états financiers du groupe pour l'exercice clos le 31 mars 20x5, sont calculés de la façon suivante :

	20x5	**20x4**
RÉSULTAT PAR ACTION		
Résultats distribuables **(calcul b)** divisés par le nombre pondéré d'actions **(calcul c)**		
• Actions ordinaires	320 000	220 000
	3 600 000	3 600 000
	= $ 0,089	= $ 0,061
• Actions préférentielles		
	50 000	40 000
	300 000	300 000
	= $ 0,167	= $ 0,133

CASE STUDY

EARNINGS PER SHARE

CONTINUED

DIVIDENDS PER SHARE:

Dividends divided by actual number of shares in issue

- **Ordinary shares**

	20x5	20x4
	$	$
(20x4 adjusted for the capitalization issue for the	165,000	120,000
purposes of comparability)	3,600,000	3,600,000
	= $0.046	= $0.033

- **Preference shares**

	20x5	20x4
	34,5000	30,000
	300,000	300,000
	= $0.115	= $0.10

CALCULATIONS

a. Percentage of profits attributable to classes of equity shares

	20x5	20x4
	$	$
Total preference divided	34,500	30,000
Fixed portion (6 % × $ 300,000)	(18,000)	(18,000)
	16,500	12,000
Dividend paid to ordinary shareholders	165,000	120,000

Therefore: The participating preference shareholders share profits in the ratio 1 : 10 with the ordinary shareholders after payment of the fixed preference dividend out of profits.

b. Earnings per class of share

	20x5	20x4
	$	$
Net profit for the period	370,000	260,000
Fixed preference dividend	(18,000)	(18,000)
	352,000	242,000
Attributable to ordinary shareholders 10/11	320,000	220,000
Attributable to participating preferance shareholders 1/11	2,000	22,000
Fixed dividend	18,000	18,000
	50,000	40,000

c. Weighted number of ordinary shares in issue

	20x5 Shares	20x4 Shares
Balance, 1 April 20x3	1,200,000	1,200,000
Capitalization issue	2,400,000	2,400,000
	3,600,000	3,600,000

ÉTUDE DE CAS

RÉSULTAT PAR ACTION

SUITE

DIVIDENDES PAR ACTION

Dividendes divisés par le nombre réel d'actions émises

- **Actions ordinaires**

	20x5 $	20x4 $
(20x4 ajusté pour la comparabilité)	165 000	120 000
	3 600 000	3 600 000
	= $ 0,046	= $ 0,033

- **Actions préférentielles**

	20x5	20x4
	34 500	30 000
	300 000	300 000
	= $ 0,115	= $ 0,10

CALCULS

a. Pourcentage des bénéfices par catégorie d'actions

	20x5 $	20x4 $
Dividende total	34 500	30 000
Partie fixe (6 % × $ 300 000)	(18 000)	(18 000)
	16 500	12 000
Dividendes payés aux actionnaires ordinaires	165 000	120 000

Par conséquent : Les actionnaires détenant des actions préférentielles partagent les profits dans la proportion de 1 pour 10 avec les actionnaires ordinaires après le paiement des dividendes préférentiels fixes.

b. Résultat par catégorie d'actions

	20x5 $	20x4 $
Résultat net de l'exercice	370 000	260 000
Dividende préférentiel fixe	(18 000)	(18 000)
	352 000	242 000
Attribuable aux actionnaires 10/11	320 000	220 000
Attribuable aux actionnaires à participation préférentielle 1/11	32 000	22 000
Dividende fixe	18 000	18 000
	50 000	40 000

c. Nombre pondéré d'actions ordinaires émises

	20x5 Actions	20x4 Actions
Solde au 1er avril 20x3	1 200 000	1 200 000
Emission d'actions au 1er juillet 20x4	2 400 000	2 400 000
	3 600 000	3 600 000

CHAPTER 29

INTERIM FINANCIAL REPORTING (IAS 34)

29.1 PROBLEMS ADDRESSED

Interim financial information enhances the accuracy for forecasting earnings and share prices. This IAS prescribes the following for interim financial reports:

- Minimum content.
- Principles for recognition and measurement.

29.2 SCOPE OF THE STANDARD

This standard applies to all enterprises who are **required** (by law or regulatory bodies) or voluntarily **elect** to publish interim financial reports covering a period shorter than a full financial year (e.g., a semester or quarter).

29.3 ACCOUNTING TREATMENT

29.3.1 An interim financial report includes the following (comparative data requirements indicated in parentheses):

- **Condensed balance sheet** (end of interim period and comparative at end of prior full financial year).
- **Condensed income statement(s)** (current interim period and cumulative for current financial year to date, with comparatives for the comparable interim periods of the prior financial year. An enterprise who publishes interim financial reports quarterly would, for example, prepare four income statements in its 3rd quarter, i.e., one for the 9 months cumulatively since the beginning of the year, one for the 3rd quarter only, and comparative income statements for the exact comparable periods of the prior financial year.)
- **Condensed cash flow statement** (cumulative for the current financial year to date and comparative for the comparable interim period of the prior financial year).
- **Condensed changes in equity statement** (cumulative for the current financial year to date and comparative for the comparable interim period of the prior financial year).
- **Selected explanatory notes.**

29.3.2 The **form and content** of an interim financial report is prescribed as follows:

- Include at a **minimum:**
  - Each of the headings and subtotals that were included in the most recent annual financial statements.
  - Selected explanatory notes required by this IAS.
- Basic and diluted earnings per share to be presented on the face of the income statement.
- A parent should prepare the report on a consolidated basis.

CHAPITRE 29

INFORMATION FINANCIÈRE INTERMÉDIAIRE (IAS 34)

29.1 OBJECTIFS

L'information financière intermédiaire augmente la fiabilité des prévisions de résultats de l'entreprise et le cours des actions.

La présente Norme IAS prescrit pour l'élaboration des rapports financiers intermédiaires :

- le contenu minimum ;
- les principes de comptabilisation et d'évaluation.

29.2 CHAMP D'APPLICATION

La présente Norme s'applique à toutes les entreprises qui **doivent** (du fait de la loi ou des autorités de régulation) ou qui **choisissent** de publier un rapport financier intermédiaire couvrant une période plus courte qu'un exercice complet (par exemple, un semestre ou un trimestre).

29.3 TRAITEMENT COMPTABLE

29.3.1 Le rapport financier intermédiaire comprend (sont indiquées entre parenthèses les périodes pour lesquelles les états financiers intermédiaires sont exigés) :

- **un bilan résumé** (à la fin de la période intermédiaire et à la clôture de l'exercice précédent) ;
- **un compte de résultat résumé** (de la période intermédiaire, et cumulé depuis le début de l'exercice, ainsi que les comptes de résultat comparatifs pour les périodes intermédiaires comparables de l'exercice précédent. Une entreprise qui publie des rapports financiers trimestriellement doit préparer quatre comptes de résultat dans celui du troisième trimestre, c'est-à-dire un pour les 9 mois cumulés, un pour le 3e trimestre seul, et des comptes de résultats comparatifs pour les périodes similaires de l'exercice précédent) ;
- **un tableau résumé des flux de trésorerie** (depuis le début de l'exercice ainsi que le tableau comparatif pour la période cumulée comparable de l'exercice précédent) ;
- **un état résumé de toutes les variations des capitaux propres** (depuis le début de l'exercice ainsi qu'un état comparatif pour la période cumulée comparable de l'exercice précédent) ;
- **une sélection des notes explicatives.**

29.3.2 La **forme et le contenu** des états financiers intermédiaires doivent :

- comprendre au **minimum :**
  - chacune des rubriques et chacun des sous-totaux qui étaient présentés dans les états financiers annuels les plus récents ;
  - la sélection de notes explicatives imposée par la présente Norme ;
- le résultat par action (de base et dilué) doit être présenté au compte de résultat ;
- l'entreprise mère doit préparer son rapport intermédiaire sur une base consolidée.

29.3.3 In deciding how to recognize, measure, classify, or disclose an item for interim financial reporting purposes, **materiality** should be assessed in relation to the interim period financial data and not the estimated annual data.

29.3.4 An enterprise should apply the same **accounting policies** in its interim financial statements as in its latest annual financial statements, except for accounting policy changes made subsequently.

29.3.5 The frequency of interim reporting (e.g., half-yearly or quarterly) does not affect the **measurement** of an enterprise's annual results. Measurements for interim reporting purposes are therefore made on a year-to-date basis, the so-called **discrete method.**

29.3.6 **Revenues** received seasonally, cyclically, or occasionally (e.g., dividends, royalties, and government grants) should not be anticipated or deferred as of an interim date if anticipation or deferral would not be appropriate at the end of the enterprise's financial year.

29.3.7 **Costs** incurred unevenly during the financial year should be anticipated or deferred for interim reporting purposes only if it is also appropriate to anticipate or defer the costs at the end of the financial year. To illustrate, the cost of a planned major periodic maintenance that is expected to occur late in the year is not anticipated for interim reporting purposes unless the enterprise has a legal or constructive obligation.

29.3.8 While measurements in both annual and interim financial reports are often based on reasonable estimates, the preparation of interim financial reports generally will require a greater **use of estimation methods** than annual financial reports. For example, full stocktaking and valuation procedures may not be required for inventories at interim dates, although it may be done at financial year-end.

29.3.9 A change in accounting policy should be reflected by **restating** the financial statements of prior interim periods of the current financial year **and** the comparable interim periods of prior years in terms of IAS 8 (if practicable).

29.4 DISCLOSURE

29.4.1 INTERIM FINANCIAL REPORT

Selected explanatory notes are intended to provide an update since the last annual financial statements. The following should be included as a **minimum:**

- Statement that accounting policies have been applied consistently or a description of any subsequent changes.
- Explanatory comments about seasonality or cyclicality of operations.
- Nature and amount of items affecting assets, liabilities, equity, net income, or cash flows that are unusual because of their nature, size, or incidence.
- Changes in estimates of amounts reported in prior interim periods of the current year or amounts reported in prior years.
- Changes in outstanding debt or equity, including uncorrected defaults or breaches of a debt covenant.
- Dividends paid.
- Revenue and result of business segments or geographical segments, whichever is the primary format of segment reporting.
- Events occurring after the balance sheet date.

29.3.3 Pour décider comment comptabiliser, évaluer, classer ou fournir une information relative à un élément pour les besoins de l'information financière intermédiaire, **l'importance relative** s'apprécie par rapport aux données financières de la période intermédiaire, et non par rapport aux données annuelles prévisionnelles.

29.3.4 Dans son rapport financier intermédiaire, une entreprise doit appliquer les mêmes **méthodes comptables** que dans ses états financiers annuels les plus récents, à l'exception des changements de méthodes intervenus depuis.

29.3.5 La fréquence des rapports financiers intermédiaires (par exemple, semestrielle ou trimestrielle) ne doit pas affecter **l'évaluation** des résultats annuels de l'entreprise. Les évaluations effectuées doivent être faites sur une base cumulée depuis le début de l'exercice jusqu'à la date intermédiaire.

29.3.6 Les **produits** perçus de façon saisonnière, cyclique ou occasionnelle (par exemple, des dividendes reçus, des redevances et des subventions publiques) ne doivent être ni anticipés ni différés à une date intermédiaire s'il n'est pas approprié de les anticiper ou de les différer à la fin de l'exercice.

29.3.7 Les **coûts** encourus par une entreprise de façon inégale durant l'exercice doivent être anticipés ou différés à une date intermédiaire si, et seulement si, il est approprié d'anticiper ou de différer ce type de coûts à la fin de l'exercice. Par exemple, le coût d'un vaste entretien de maintenance périodique prévu entre la date du rapport intermédiaire et la fin de l'exercice ne doit pas être anticipé sauf si l'entreprise a une obligation légale ou implicite.

29.3.8 Alors que les évaluations effectuées tant dans les rapports annuels que dans les rapports intermédiaires reposent souvent sur des estimations raisonnables, la préparation des rapports financiers intermédiaires impose en général de recourir davantage à des **méthodes d'estimation** que celle des rapports financiers annuels. Par exemple : l'application complète des procédures d'inventaire et d'évaluation des stocks n'est pas forcément nécessaire en fin de période intermédiaire, alors qu'elle l'est en fin d'exercice.

29.3.9 Un changement dans les méthodes comptables doit être traduit en **retraitant** les états financiers des périodes intermédiaires précédentes de l'exercice **et** des périodes intermédiaires comparables d'exercices antérieurs conformément à la norme IAS 8 (si cela est possible).

29.4 INFORMATIONS A FOURNIR

29.4.1 RAPPORT FINANCIER INTERMÉDIAIRE

Les notes explicatives sélectionnées doivent fournir une mise à jour depuis les derniers rapports financiers annuels. Les points suivants doivent au **minimum** y figurer :

- une déclaration attestant que les mêmes méthodes comptables ont été appliquées avec une description de tout changement significatif ;
- des commentaires expliquant le caractère saisonnier ou cyclique des activités de la période intermédiaire ;
- la nature et le montant des éléments inhabituels du fait de leur nature, de leur importance ou de leur incidence, affectant les actifs, les passifs, les capitaux propres, le résultat net ou les flux de trésorerie ;
- les changements dans les estimations des montants présentés lors des précédentes périodes intermédiaires de l'exercice en cours ou lors d'exercices antérieurs ;
- les émissions, rachats et remboursements de titres d'emprunts et de capitaux propres, y compris les défaillances non corrigées ou la non-exécution d'une clause restrictive ;
- les dividendes payés ;
- les produits et résultats par secteur d'activité ou secteur géographique, selon le premier niveau d'information sectorielle de l'entreprise ;
- les événements significatifs survenus après la date de clôture de la période intermédiaire ;

- Purchases or disposals of subsidiaries and long-tern investments, restructurings, and discontinued operations.
- Changes in contingent liabilities or assets.
- The fact that the interim financial report complies with the IAS.

29.4.2 Annual financial statements

If an estimate of an amount reported in an interim period is changed significantly during the **final interim period** of the financial year but a separate financial report is not published for that final interim period, the nature and amount should be disclosed in a note to the annual financial statements.

- les regroupements d'entreprises, l'acquisition ou la cession de filiales et de participations, les restructurations et les abandons d'activités ;
- les changements ayant affecté les passifs éventuels ou les actifs éventuels ;
- le fait que le rapport financier intermédiaire soit établi en conformité avec la Norme IAS.

29.4.2 ÉTATS FINANCIERS ANNUELS

Si une estimation d'un montant présenté dans le rapport financier intermédiaire a subi un changement significatif pendant la **période intermédiaire finale** de l'exercice mais qu'un rapport financier séparé n'est pas publié pour cette période finale, alors la nature et le montant de ce changement doivent être indiqués dans une note des états financiers annuels.

CASE STUDY

INTERIM FINANCIAL REPORTING

The following three basic recognition and measurement principles are stated in IAS 34:

A. An enterprise should apply the same accounting policies in its interim financial statements as are applied in its annual financial statements, except for accounting policy changes made after the date of the most recent annual financial statements that are to be reflected in the next annual financial statements. However, the frequency of an enterprise's reporting (annual, half-yearly, or quarterly) should not affect the measurement of its annual results. To achieve that objective, measurements for interim reporting purposes should be made on a year-to-date basis.

B. Revenues that are received seasonally, cyclically, or occasionally within a financial year should not be anticipated or deferred as of an interim date if anticipation or deferral would not be appropriate at the end of the enterprise's financial year.

C. Costs that are incurred unevenly during an enterprise's financial year should be anticipated or deferred for interim reporting purposes if, and only if, it is also appropriate to anticipate or defer that type of cost at the end of the financial year.

The following table illustrates the practical application of the above-mentioned recognition and measurement principles:

PRINCIPLES AND ISSUES	PRACTICAL APPLICATION
A. Same accounting policies as for annual financial statements	
An unexpected devaluation in the reporting currency against other currencies occurred just before the end of the first quarter of the year. This necessitated the recognition of foreign exchange losses on the restatement of unhedged liabilities which are repayable in foreign currencies. Indications are that the reporting currency will regain its position against the other currencies by the end of the second quarter of the year. Management is reluctant to recognise these losses as expenses in the interim financial report and wants to defer it based on the expectation about the reporting currency. They hope that the losses will be neutralized by the end of the next quarter, in order to smooth the earnings rather than recognizing losses in one quarter and profits in the following.	In the annual financial statements, these losses would have to be recognized as expenses in terms of IAS 21, had the devaluation in the currency have happened before balance sheet date. IAS 34, par. 30(b) also states that a cost that does not meet the definition of an asset at the end of an interim period is not deferred on the balance sheet either to await future information as to whether it has met the definition of an asset or to smooth earnings over interim periods within a financial year. The losses will have to be recognized as expenses on a year-to-date basis to achieve the objective of applying the same accounting policies for both the interim and annual financial statements.

ÉTUDE DE CAS

INFORMATION FINANCIÈRE INTERMÉDIAIRE

Les trois principes de comptabilisation et d'évaluation suivants ont été présentés dans la Norme IAS 34 :

A. Dans son rapport financier intermédiaire, une entreprise doit appliquer les mêmes méthodes comptables que dans ses états financiers annuels, à l'exception des changements de méthodes intervenus après les derniers états financiers annuels qui doivent être présentés dans les prochains états financiers annuels. Cependant, la fréquence des rapports d'une entreprise (annuelle, semestrielle ou trimestrielle) ne doit pas affecter l'évaluation de ses résultats annuels. Pour atteindre cet objectif, les évaluations des rapports financiers intermédiaires doivent être faites sur une base cumulée depuis le début de l'exercice jusqu'à une date intermédiaire.

B. Les produits perçus de façon saisonnière, cyclique ou occasionnelle ne doivent être ni anticipés ni différés à une date intermédiaire s'il n'est pas approprié de les anticiper ou de les différer à la fin de l'exercice.

C. Les coûts qu'une entreprise encourt de façon inégale durant l'exercice doivent être anticipés ou différés à une date intermédiaire si, et seulement si, il est approprié d'anticiper ou de différer ce type de coûts à la fin de l'exercice.

Le tableau suivant illustre l'application pratique de ces principes de comptabilisation et d'évaluation :

PRINCIPES ET PROBLÉMATIQUES	APPLICATION PRATIQUE
A. Utilisation des mêmes méthodes comptables que dans les états financiers annuels	
Une dévaluation imprévue de la monnaie du rapport par rapport aux autres monnaies a eu lieu juste avant la fin du premier trimestre. Cela a nécessité la comptabilisation d'une perte de change sur les passifs non couverts qui sont à rembourser dans ces monnaies étrangères. Selon les prévisions, la monnaie de présentation va regagner de la valeur par rapport aux autres monnaies à la fin du second trimestre. La direction hésite à comptabiliser ces pertes comme des charges dans les rapports financiers intermédiaires et préfère les différer sur la base des prévisions sur la monnaie de présentation. Elle espère qu'à la fin du prochain trimestre, cette perte sera neutralisée et ainsi lisser le résultat plutôt que de comptabiliser une perte dans un trimestre et un produit dans le trimestre suivant.	Dans les rapports financiers annuels, d'après la Norme IAS 21, de telles pertes doivent être comptabilisées lorsque la dévaluation a lieu avant la date de la clôture. La Norme IAS 34, paragraphe 30(b) indique aussi qu'un coût qui ne correspond pas à la définition d'un actif à la fin d'une période intermédiaire n'est pas différé au bilan soit dans l'attente d'une information future établissant s'il rentre ou non dans la définition d'un actif, soit pour lisser les résultats sur les périodes intermédiaires d'un exercice. Ces pertes doivent être comptabilisées en charges sur la base cumulée afin de respecter le principe d'utilisation de méthodes comptables identiques pour les rapports financiers intermédiaires et annuels.

CASE STUDY

INTERIM FINANCIAL REPORTING

CONTINUED

PRINCIPLES AND ISSUES	PRACTICAL APPLICATION
B. Deferral of revenues An ice cream manufacturing corporation recently had its shares listed on the local stock exchange. Management is worried about publishing the first quarter's interim results because the enterprise normally earns most of its profits in the third and fourth quarters (during the summer months). Statistics show that the revenue pattern is more or less as follows: 1st quarter = 10% of total annual revenue 2nd quarter = 15% of total annual revenue 3rd quarter = 40% of total annual revenue 4th quarter = 35% of total annual revenue During the first quarter of the current year total revenue amounted to $254,000. However, management plans to report 1/4 of the projected annual revenue in its interim financial report, calculated as follows: $254,000 ÷ 0,10 × 1/4 = $635,000	It is a phenomenon in the business world that some enterprises consistently earn more revenues in certain interim periods of a financial year than in other interim periods, for example, seasonal revenues of retailers. IAS 34 requires that such revenues be recognized when they occur, because anticipation or deferral would not be appropriate at the balance sheet date. Revenue of $254,000 will therefore have to be reported in the first quarter.
C. Deferral of expenses An enterprise that reports quarterly has an operating loss carryforward of $10,000 for income tax purposes at the start of the current financial year, for which a deferred tax asset has not been recognized. The enterprise earns $10,000 in the first quarter of the current year and expects to earn $10,000 in each of the three remaining quarters. Excluding the carryforward, the estimated average annual income tax rate is expected to be 40%. Tax expense for the year would be calculated as follows: 40% × (40,000 – 10,000 tax loss) = $12,000 The effective tax rate based on the annual earnings would then be 30% (12,000 ÷ 40,000).	According to IAS 34, par. 3(c) the interim period income tax expense is accrued using the tax rate that would be applicable to expected total annual earnings, that is, the weighted average annual **effective** income tax rate applied to the pre-tax income of the interim period. This is consistent with the basic concept set out in IAS 34, par. 28 that the same accounting recognition and measurement principles should be applied in an interim financial report as are applied in annual financial statements. Income taxes are assessed on an annual basis. Interim period income tax expense is calculated by applying to an interim period's pre-tax income the tax rate that would be applicable to expected total annual earnings, that is, the weighted average annual **effective** income tax rate.

ÉTUDE DE CAS

INFORMATION FINANCIÈRE INTERMÉDIAIRE

SUITE

PRINCIPES ET PROBLÉMATIQUES	APPLICATION PRATIQUE
B. Produits différés Une entreprise de fabrication de glace vient d'introduire ses actions à la bourse locale. La direction s'inquiète de la publication du rapport financier intermédiaire du 1er trimestre car normalement l'entreprise réalise l'essentiel de son profit pendant le 3e et le 4e trimestre (pendant les mois d'été). Les statistiques montrent que le chiffre d'affaires suit plus ou moins la courbe suivante : 1er trimestre = 10 % du chiffre d'affaires annuel 2e trimestre = 15 % du chiffre d'affaires annuel 3e trimestre = 40 % du chiffre d'affaires annuel 4e trimestre = 35 % du chiffre d'affaires annuel Pendant le premier trimestre de l'année en cours, le chiffre d'affaires total s'élève à \$ 254 000. Cependant, la direction envisage de présenter 1/4 du chiffre d'affaires annuel prévu dans le rapport financier intermédiaire calculé ainsi : $\$ 254\ 000/0{,}10 \times 1/4 = \$ 635\ 000$	Il est possible qu'une entreprise réalise plus de chiffre d'affaires pendant une période de l'exercice que pendant d'autres périodes (par exemple : les ventes saisonnières dans la distribution). La Norme IAS 34 précise que de tels produits doivent être comptabilisés au moment de leur réalisation car une anticipation ou un report ne seraient pas appropriés à la date de clôture. Le chiffre d'affaires de \$ 254 000 doit donc figurer dans le rapport intermédiaire du 1er trimestre.
C. Charges différées Une entreprise qui publie trimestriellement ses informations financières a au début de l'exercice un report déficitaire (fiscal) d'un montant de \$ 10 000 pour lequel un crédit d'impôt différé n'a pas été comptabilisé. L'entreprise a gagné \$ 10 000 durant le premier trimestre de l'exercice en cours et espère gagner \$ 10 000 à chacun des trois trimestres restant. Si l'on exclut le déficit reportable, le taux moyen d'impôt sur le résultat est prévu à 40 %. La charge d'impôt de l'exercice sera calculée de la façon suivante : 40 % × (40 000 – 10 000 pertes fiscales) = \$ 12 000 Le taux effectif d'impôt de l'exercice sera donc de 30 % (12 000/40 000).	Selon la Norme IAS 34 paragraphe 3(c), la charge d'impôt sur le résultat au titre de la période intermédiaire est calculée au moyen du taux d'impôt sur le résultat qui serait applicable au résultat total prévu de l'exercice, c'est-à-dire en appliquant au résultat avant impôt de la période intermédiaire le taux **effectif** moyen estimé pour l'exercice. Cette pratique est cohérente avec le concept de base énoncé par la Norme IAS 34, selon laquelle les mêmes principes de comptabilisation et d'évaluation doivent être appliqués pour les rapports financiers intermédiaires comme pour les états financiers annuels. L'impôt sur le résultat est évalué sur une base annuelle. La charge d'impôt sur le résultat des périodes intermédiaires est calculée en appliquant au résultat avant impôt de la période le

CASE STUDY

INTERIM FINANCIAL REPORTING

CONTINUED

PRINCIPLES AND ISSUES	PRACTICAL APPLICATION
The question is whether the tax charge for interim financial reporting should be based on actual or effective annual rates, which are illustrated below:	This rate would reflect a blend of the progressive tax rate structure expected to be applicable to the full year's earnings.

	Income tax payable	
Quarter	**Actual rate**	**Effective rate**
First	nil*	3,000
Second	4,000	3,000
Third	4,000	3,000
Fourth	4,000	3,000
	$12,000	$12,000

* *The full benefit of the tax loss carried forward, is used in the first quarter.*

ÉTUDE DE CAS

INFORMATION FINANCIÈRE INTERMÉDIAIRE

SUITE

PRINCIPES ET PROBLÉMATIQUES	APPLICATION PRATIQUE
La question est de savoir si la charge d'impôt pour la période intermédiaire doit être basée sur les taux annuels actuels ou effectifs qui sont illustrés ci-dessous :	taux qui serait applicable au résultat total prévu de l'exercice, c'est-à-dire, le taux d'impôt annuel **effectif** moyen pondéré. Ce taux doit refléter une combinaison des structures de taux d'impôt progressifs qui seraient applicables au résultat total de l'exercice.

L'impôt sur le résultat à payer

Trimestre	Taux actuel	Taux effectif
Premier	Zéro*	3 000
Second	4 000	3 000
Troisième	4 000	3 000
Quatrième	4 000	3 000
	$ 12 000	$ 12 000

** La totalité du déficit reportable est utilisée pendant le 1er trimestre.*

CHAPTER 30

DISCONTINUING OPERATIONS (IAS 35)

30.1 PROBLEMS ADDRESSED

A basis for segregating information about discontinuing operations from information about continuing operations is established and minimum disclosures are specified.

30.2 SCOPE OF THE STANDARD

This standard applies to all discontinuing operations of all enterprises. It focuses on presentation and disclosure requirements.

30.3 ACCOUNTING TREATMENT

30.3.1 A **discontinuing operation** is a relatively large component:

- that the enterprise, in terms of an overall plan, is either disposing of substantially in its entirety, or is terminating through abandonment, or piecemeal sale,
- which presents a separate major line of business or geographical area of operation, **and**
- that can be distinguished operationally as well as for financial reporting purposes.

30.3.2 A discontinuing operation is based on a single plan within the **control of management** and although discontinuing operations are expected to occur relatively infrequently, income and expense relating to a discontinuing operation should not be presented as an extraordinary item.

30.3.3 The standard requires that disclosure about a discontinuing operation begins as soon as the initial **disclosure event** occurs, i.e., after the occurrence of one of the following, whichever is earlier:

- an enterprise has entered into an agreement to sell substantially all of the assets of the discontinuing operation, or
- its board of directors or other similar governing body has **both** approved a detailed formal plan of discontinuance and made an announcement of the plan.

30.3.4 The standard does not establish specific recognition and measurement criteria. Rather it requires the application of principles set out in other standards. The most relevant standards are those dealing with:

- Provisions and contingencies (IAS 37).
- Impairment of assets (IAS 36).

30.3.5 A discontinuance is completed when the plan is substantially completed or abandoned, though payments from the buyer(s) to the seller may not yet be completed.

30.4 DISCLOSURE

Disclosures are presented separately for **each** discontinuing operation:

CHAPITRE 30

ABANDON D'ACTIVITÉS (IAS 35)

30.1 OBJECTIFS

L'objectif de la présente Norme est de permettre d'isoler les informations relatives à une activité principale que l'entreprise abandonne en les séparant des informations relatives aux activités que l'entreprise poursuit.

30.2 CHAMP D'APPLICATION

La présente Norme s'applique à tout abandon d'activité de toute entreprise. Elle se focalise sur la présentation et les informations à fournir.

30.3 TRAITEMENT COMPTABLE

30.3.1 Un **abandon d'activité** est une composante relativement large :

- dont l'entreprise, agissant en vertu d'un plan unique, se sépare en quasi-totalité ou cesse de l'exercer par abandon ou vente par lot ;
- qui représente une ligne d'activité ou une région géographique principale et distincte **et,**
- qui peut être distinguée sur le plan opérationnel et pour la communication d'informations financières.

30.3.2 Un abandon d'activité est fondé sur un plan unique décidé par **les dirigeants de l'entreprise.** Bien que les abandons d'activités soient peu fréquents, les produits et les charges relatifs à ces abandons d'activité ne doivent pas être présentés comme des éléments extraordinaires.

30.3.3 En ce qui concerne un abandon d'activité, le **fait générateur** de l'information à fournir est la survenance de l'un des deux événements suivants, quel que soit celui qui se produit en premier :

- la conclusion par l'entreprise d'un accord de vente portant sur la quasi-totalité des actifs imputables à l'activité qu'elle abandonne ; ou
- le conseil d'administration de l'entreprise ou tout autre organe de direction similaire a **à la fois** approuvé un plan formalisé et détaillé du processus d'abandon et, annoncé ce plan.

30.3.4 La présente Norme n'établit aucun critère de comptabilisation et d'évaluation. Elle impose que les entreprises suivent les principes de comptabilisation et d'évaluation établis dans d'autres Normes. Les Normes les plus pertinentes sont celles qui traitent des :

- provisions, passifs éventuels et actifs éventuels (IAS 37) ;
- dépréciation d'actifs (IAS 36).

30.3.5 Un processus d'abandon d'activité est achevé lorsque le plan est pour l'essentiel arrivé à son terme ou lorsque l'entreprise y a renoncé, même si les paiements du (ou des) acheteur(s) au vendeur ne sont pas encore effectifs.

30.4 INFORMATIONS A FOURNIR

Les informations à fournir sont présentées séparément pour **chaque** abandon d'activité :

Income statement and/or notes

- The amounts of revenue, expenses, and pre-tax profit or loss attributable to the discontinuing operation and the related income tax expense.
- The amount of any gain or loss that is recognized on the disposal of assets or settlement of liabilities attributable to the discontinuing operation and the related income tax expense.

Cash flow statement

- The net cash flows attributable to the operating, investing, and financing activities of the discontinuing operation.

Notes to the financial statements

- A description of the discontinuing operation.
- The business or geographical segment(s) in which it is reported in accordance with IAS 14.
- The date and nature of the initial disclosure event.
- Expected date or period of completion of discontinuance.
- The carrying amounts (as of the balance sheet date) of the total assets and the total liabilities to be disposed of.
- The fact and its effect to be disclosed if an enterprise abandons or withdraws from a plan that was previously reported as a discontinuing operation.
- The net selling prices received or expected from the sale of those net assets for which the enterprise has entered into one or more binding sale agreements, the expected timing thereof, and the carrying amounts of those net assets.
- Financial statements for periods after initial disclosure must update those disclosures, including a description of any significant changes in the amount or timing of cash flows relating to the assets and liabilities to be disposed of or settled and the causes of those changes.
- Comparative information for prior periods, presented in financial statements prepared after initial disclosure, must be restated to segregate the continuing and discontinuing assets, liabilities, income, expenses, and cash flows.
- If an initial disclosure event occurs after the end of an enterprise's financial reporting period but before the financial statements for that period are authorized for issue, those financial statements should include the disclosures above.

Interim financial reports

- Any significant activities or events since the end of the most recent annual reporting report relating to a discontinuing operation and any significant changes in the amount or timing of cash flows relating to the assets and liabilities to be disposed of or settled.

Compte de résultat et / ou annexes

- montants des produits des activités ordinaires, des charges et du résultat avant impôt attribuable à l'activité que l'entreprise abandonne et la charge d'impôt sur le résultat correspondante ;
- le montant de tout profit ou perte comptabilisé lors de la sortie d'actifs ou du règlement des passifs attribuables à l'activité qu'elle abandonne, et de la charge d'impôt sur le résultat correspondante.

Tableau des flux de trésorerie

- les montants des flux de trésorerie nets de l'exercice attribuables aux activités opérationnelles, d'investissement et de financement de l'activité que l'entreprise abandonne.

Annexes des états financiers

- une description de l'activité abandonnée ;
- le(s) secteur(s) d'activité ou secteur(s) géographique(s) au(x)quel(s) l'activité appartient conformément à la Norme IAS 14 ;
- la date et la nature du fait générateur de l'information initiale à fournir ;
- la date à laquelle, ou l'exercice au cours duquel, l'achèvement de l'abandon d'activité est attendu ;
- les valeurs comptables (à la clôture de l'exercice) du total des actifs et du total des passifs qui vont être sortis du bilan ;
- si une entreprise renonce à un plan antérieurement identifié comme un abandon d'activité, elle doit mentionner ce fait et son effet ;
- le prix de vente net perçu ou attendu de la vente des actifs nets compris pour lesquels l'entreprise a conclu un ou plusieurs accords de vente irrévocables, l'échéancier prévu et la valeur comptable de ces actifs nets ;
- les états financiers des exercices postérieurs à l'information initiale doivent mettre à jour ces informations y compris les changements significatifs dans les montants ou l'échéancier des flux de trésorerie relatifs aux actifs à sortir et passifs à régler, et les causes de ces changements ;
- les informations comparatives relatives aux exercices antérieurs, présentées dans des états financiers établis après l'information initiale, doivent être retraitées pour distinguer les actifs, les passifs, les produits, les charges et les flux de trésorerie relatifs aux activités poursuivies de ceux relatifs aux abandons d'activité ;
- si le fait générateur de l'information initiale se produit après la fin de l'exercice de l'entreprise mais avant l'approbation des états financiers de cette période par le conseil d'administration ou tout organe de direction assimilé, ces états financiers doivent inclure les informations ci-dessus.

Les rapports financiers intermédiaires

- toutes activités ou événements importants survenus depuis le dernier rapport annuel qui concerne l'abandon d'une activité ainsi que tout changement important dans le montant ou l'échéancier des flux de trésorerie relatifs aux actifs à sortir et passifs à régler.

CASE STUDY

DISCONTINUING OPERATIONS

Outback Inc. specializes in camping and outdoor products and operates in three divisions, namely food, clothes, and equipment. Due to the high cost of local labor, the food division has incurred significant operating losses. Management has decided to close down the division and draw up a plan of discontinuance.

On 1 May 20x2, the board of directors approved the formal plan and it was immediately announced. The following data was obtained from the accounting records for the current and prior year ending 30 June (the numbers are shown in $'000):

	20x2			20x1		
	Food	**Clothes**	**Equip.**	**Food**	**Clothes**	**Equip.**
Revenue	470	1,600	1,540	500	1,270	1,230
Cost of sales	350	500	510	400	400	500
Distribution costs	40	195	178	20	185	130
Administrative expenses	70	325	297	50	310	200
Other operating expenses	30	130	119	20	125	80
Taxation expenses/(benefit)	(6)	137	124	3	80	90

There were no extraordinary items reported in either of the periods.

The following additional costs, which are directly related to the decision to discontinue, are not included in the table above.

Incurred between 1 May and 30 June 20x2

- Severance pay provision $85,000 (These costs are not tax deductible)

Budgeted for the year ending 30 June 20x3

- Other direct costs $73,000
- Severance pay $12,000
- Bad debts $4,000

A proper evaluation of the recoverability of the assets in the food division, in terms of IAS 36, led to the recognition of an impairment loss of $19,000, which is included in the other operating expenses above and are fully tax deductible.

ÉTUDE DE CAS

ABANDON D'ACTIVITÉ

La société Outback Inc., spécialisée dans le camping et les produits d'activités de plein air, a trois divisions : nourriture, vêtement et équipement. À cause du coût élevé de la main-d'œuvre locale, la division nourriture a subi une perte opérationnelle significative. La direction a décidé de fermer cette division et de lancer un plan d'abandon.

Le 1er mai 20x2, le conseil d'administration a approuvé le plan formalisé qui a été immédiatement annoncé. Les données suivantes viennent des écritures comptables de l'exercice en cours et de l'exercice précédent clôturant le 30 juin (les chiffres sont en milliers de dollars) :

		20x2			**20x1**	
	Nourrit.	**Vêt.**	**Équip.**	**Nourrit.**	**Vêt.**	**Équip.**
Produit	470	1 600	1 540	500	1 270	1 230
Coûts des ventes	350	500	510	400	400	500
Coûts de distribution	40	195	178	20	185	130
Charges administratives	70	325	297	50	310	200
Autres charges opérationnelles	30	130	119	20	125	80
Charge / Crédit d'impôts	(6)	137	124	3	80	90

Il n'y a pas d'éléments extraordinaires dans aucune de ces périodes.

Les charges supplémentaires suivantes, directement liées à la décision d'abandon, ne sont pas incluses dans le tableau ci-dessus.

Entre 1er mai et 30 juin 20x2

- Provisions pour indemnité de licenciement $ 85 000 (ces charges ne sont pas déductibles fiscalement)

Planifié pour l'exercice clôturant le 30 juin 20x3

- Autres coûts directs $ 73 000
- Indemnités de licenciement $ 12 000
- Créances irrécouvrables $ 4 000

Une évaluation de la recouvrabilité des actifs de la division nourriture, selon la Norme IAS 36, a conduit à la comptabilisation d'une perte de valeur de $ 19 000 qui est incluse dans les charges opérationnelles ci-dessus et est totalement déductible fiscalement.

CASE STUDY

DISCONTINUING OPERATIONS

CONTINUED

Apart from other information required to be disclosed elsewhere in the financial statements, the income statement for the year ending 30 June 20x2 could be presented as follows:

OUTBACK INC.

INCOME STATEMENT FOR THE YEAR ENDED 30 JUNE 20x2

	20x2 $'000	**20x1** $'000
Continuing operations (Clothes & Equipment)		
Revenue	3,140	2,500
Cost of sales	(1,010)	(900)
Gross profit	2,130	1,600
Distribution costs	(373)	(315)
Administrative expenses	(622)	(510)
Other operating expenses	(249)	(205)
Profit before tax	886	570
Income tax expense	(261)	(170)
Net profit for the period	625	400
Discontinuing operation (Food)		
Revenue	470	500
Cost of sales	(350)	(400)
Gross profit	120	100
Distribution costs	(40)	(20)
Administrative expenses	(70)	(50)
Other operating expenses (30 – 19)	(11)	(20)
Impairment loss	(19)	–
Severance pay	(85)	–
(Loss)/Profit before tax	(105)	10
Income tax benefit/(expense)	6	(3)
Net (loss)/profit for the period	(99)	7
Total enterprise net profit for the period	**526**	**407**

ÉTUDE DE CAS

ABANDON D'ACTIVITÉ

SUITE

Sans tenir compte des autres informations qui doivent être fournies ailleurs dans les états financiers, le compte de résultat de l'exercice clôturant le 30 juin 20x2 peut être présenté de la façon suivante :

OUTBACK INC.

COMPTE DE RÉSULTAT POUR L'EXERCICE CLÔTURANT LE 30 JUIN 20x2

	20x2 $'000	**20x1** $'000
Activités poursuivies (Vêtement & Équipement)		
Produits des ventes	3 140	2 500
Coûts des ventes	(1 010)	(900)
Marge brute	2 130	1 600
Coûts de distribution	(373)	(315)
Charges administratives	(622)	(510)
Autres charges opérationnelles	(249)	(205)
Résultat avant impôt	886	570
Charge d'impôt sur le résultat	(261)	(170)
Résultat après impôt	625	400
Abandon d'activité (Nourriture)		
Produits des ventes	470	500
Coûts des ventes	(350)	(400)
Marge brute	120	100
Coûts de distribution	(40)	(20)
Charges administratives	(70)	(50)
Autres charges opérationnelles (30 – 19)	(11)	(20)
Perte de valeur	(19)	–
Indemnités de licenciement	(85)	–
Résultat avant impôt	(105)	10
Charge d'impôt sur le résultat	6	(3)
Résultat après impôt	(99)	7
Résultat net de l'entreprise pour l'exercice	**526**	**407**

CHAPTER 31

IMPAIRMENT OF ASSETS (IAS 36)

31.1 PROBLEMS ADDRESSED

The IAS prescribes:

- The procedures that an enterprise applies to ensure that its assets are not overstated; i.e., if its carrying amount exceeds the amount to be recovered through use or sale.
- When an enterprise would account for an identified impairment loss as well as a reversal of an impairment loss.
- Disclosures for impaired assets.

The objective of the standard is to provide detailed guidance on how to exercise **prudence** in measuring the amounts at which assets are shown on the balance sheet.

31.2 SCOPE OF THE STANDARD

This standard covers most assets. It also covers investments in subsidiaries, associates, and joint ventures.

31.3 ACCOUNTING TREATMENT

31.3.1 The recoverable amount of an asset should be estimated if, at the balance sheet date, there is an indication that the asset may be **impaired.** The enterprise should consider, as a minimum, the following:

- **External indicators,** e.g., decline in market value and changes that have an adverse effect on the enterprise.
- **Internal indicators,** e.g., evidence of obsolescence or evidence indicating an asset is performing worse than expected.

31.3.2 The **recoverable amount** of an asset is measured at the **higher** of its net selling price and value in use:

- **Net selling price** is the amount obtainable from the sale of an asset in an arm's length transaction between knowledgeable, willing parties after deducting any direct incremental disposal costs.
- **Value in use** is the present value of estimated future cash flows expected to arise from the continuing use of an asset and its disposal at the end of its useful life. In determining an asset's value in use, an enterprise should use, among other things:
  - cash flow projections (before income taxes and finance costs, but including overheads directly attributable to the use of the asset) based on reasonable and supportable assumptions that reflect the asset in its current condition and represent management's best estimate of the economic conditions that will exist over the remaining useful life of the asset, and
  - a pre-tax discount rate that reflects current market assessments of the time value of money and the risks specific to the asset. The discount rate should not reflect risks for which future cash flows have been adjusted.

CHAPITRE 31

DÉPRÉCIATION D'ACTIFS (IAS 36)

31.1 OBJECTIFS

La présente Norme IAS prescrit :

- les procédures qu'une entreprise applique pour s'assurer que ses actifs ne sont pas surévalués ; c'est-à-dire qu'ils sont comptabilisés pour une valeur qui n'excède pas le montant qui sera recouvré par leur utilisation ou leur vente ;
- dans quels cas une entreprise doit comptabiliser une perte de valeur identifiée ou une reprise d'une perte de valeur ;
- les informations à fournir pour les actifs dépréciés.

L'objectif de la Norme est d'établir un guide détaillé expliquant comment appliquer le principe de **prudence** dans le cadre de l'évaluation du montant des actifs figurant au bilan.

31.2 CHAMP D'APPLICATION

Cette Norme couvre la plupart des actifs dont les participations dans les filiales, les entreprises associées et les coentreprises.

31.3 TRAITEMENT COMPTABLE

31.3.1 Une estimation de la valeur recouvrable d'un actif doit être effectuée si, à la date de clôture du bilan, il existe un indice montrant qu'un actif a pu **perdre de la valeur.** L'entreprise doit au moins considérer :

- les **sources d'information externes,** par exemple le déclin de la valeur de marché et les changements qui ont un effet défavorable sur l'entreprise ;
- les **sources d'information internes,** par exemple un indice d'obsolescence ou un indice indiquant qu'un actif ne réalise pas les performances attendues.

31.3.2 La **valeur recouvrable** d'un actif est évaluée à la valeur **la plus élevée** entre son prix de vente net et sa valeur d'utilité :

- le **prix de vente net** est le montant qui peut être obtenu de la vente d'un actif lors d'une transaction dans des conditions de concurrence normale entre des parties bien informées et consentantes après déduction des coûts de sortie ;
- la **valeur d'utilité** est la valeur actualisée de l'estimation des flux de trésorerie futurs attendus de l'utilisation d'un actif et de sa cession à la fin de sa durée d'utilité. Pour déterminer la valeur d'utilité d'un actif, une entreprise doit utiliser, entre autres :
  - des prévisions de flux de trésorerie (avant l'impôt sur le revenu et les frais financiers, mais incluant les frais généraux directement imputables à l'utilisation de l'actif) basées sur des hypothèses raisonnables et justifiables qui présentent l'actif dans son état actuel et représentent la meilleure estimation par la direction de l'entreprise des conditions économiques qui existeront pendant la durée d'utilité de l'actif restant à courir, et
  - un taux d'actualisation avant impôt qui reflète les évaluations actuelles du marché de la valeur temps de l'argent et des risques spécifiques à l'actif. Le taux d'actualisation ne doit pas refléter les risques dont il a été tenu compte lors de l'estimation des flux de trésorerie futurs.

31.3.3 An **impairment loss** exists whenever the carrying amount of an asset exceeds its recoverable amount. If either the net selling price or the value in use of an asset exceeds its carrying amount, the asset is not impaired. An impairment loss should be recognized in the **income statement** for assets carried at cost and treated as a **revaluation decrease** for assets carried at a revalued amount (according to IAS 16). After recognition of the impairment loss, the depreciation charge is accordingly adjusted and based on the revised carrying amount.

31.3.4 Recoverable amount should be estimated for an individual asset. If it is not possible to do so, an enterprise determines the recoverable amount for the **cash-generating unit** to which the asset belongs. A cash-generating unit is the smallest identifiable group of assets that generates cash inflows from continuing use, which are largely independent of the cash inflows from other assets or groups of assets.

31.3.5 Principles for **recognizing and measuring** impairment losses for a cash-generating unit are the same as those for an individual asset. In testing a cash-generating unit for impairment, goodwill and corporate assets (such as head office assets) that relate to the cash-generating unit should be considered. If there is an indication that goodwill or a corporate asset may be impaired, the recoverable amount is determined for the cash-generating unit to which they belong. IAS 36 specifies how to determine the carrying amount of a cash-generating unit and how to allocate an impairment loss between the assets of the unit.

31.3.6 An impairment loss recognized in prior years should be **reversed** if, and only if, there has been a change in the estimates used to determine recoverable amount since the last impairment loss was recognized. It is reversed only to the extent that it does not increase the carrying amount of an asset above the carrying amount that would have been determined for the asset (net of amortization or depreciation) had no impairment loss been recognized in prior years. A reversal of an impairment loss should be recognized as **income** for assets carried at cost and treated as a **revaluation increase** for assets carried at revalued amounts.

31.3.7 An impairment loss for goodwill should not be reversed unless:

- the impairment loss was caused by a specific external event of an exceptional nature that is not expected to recur, and
- subsequent external events have reversed the effect of that event.

31.3.8 On first adoption of this standard, it should be applied on a prospective basis, i.e. without restating comparative information.

31.4 DISCLOSURE

The following should be disclosed for **each** class of assets and for **each** reportable segment based on the enterprise's primary format (if IAS 14 is applicable):

- Amount recognized in the income statement for:
  - Impairment losses.
  - Reversals of impairment losses.
- Amount recognized directly in equity for:
  - Impairment losses.
  - Reversals of impairment losses.

31.3.3 Une **dépréciation** est constatée à chaque fois que la valeur comptable d'un actif est supérieure à sa valeur recouvrable. Si le prix de vente net ou la valeur d'utilité d'un actif est plus élevé que la valeur comptable, l'actif n'est pas déprécié. Une perte de valeur doit être comptabilisée dans le **compte de résultat** pour les actifs comptabilisés au coût et traitée comme une **réévaluation négative** pour les actifs comptabilisés à leur montant réévalué (d'après la Norme IAS 16). Après constatation d'une perte de valeur, la dotation aux amortissements est ajustée en conséquence en se basant sur la nouvelle valeur comptable.

31.3.4 La valeur recouvrable doit être estimée pour chaque actif isolément. Si cela n'est pas possible, une entreprise détermine la valeur recouvrable de **l'unité génératrice de trésorerie** à laquelle l'actif appartient. Une unité génératrice de trésorerie est le plus petit groupe identifiable d'actifs dont l'utilisation continue génère des entrées de trésorerie qui sont largement indépendantes des entrées de trésorerie d'autres actifs ou groupes d'actifs.

31.3.5 Les principes de **comptabilisation et d'évaluation** des pertes de valeur d'une unité génératrice de trésorerie sont les mêmes que ceux utilisés pour un actif isolé. Pour tester la dépréciation d'une unité génératrice de trésorerie, on doit prendre en compte la part de goodwill et d'actifs de support (tels que les actifs du siège social) affecté à l'unité génératrice de trésorerie. S'il y a un indice que l'écart d'évaluation ou qu'un actif de la société a pu perdre de la valeur, la valeur recouvrable est déterminée pour l'unité génératrice de trésorerie à laquelle il appartient. La Norme IAS 36 précise comment déterminer la valeur comptable d'une unité génératrice de trésorerie et comment répartir une perte de valeur entre les différents actifs de cette unité.

31.3.6 Une perte de valeur comptabilisée au cours d'exercices antérieurs doit être **reprise** si et seulement s'il y a eu un changement dans les estimations utilisées pour déterminer la valeur recouvrable depuis la dernière comptabilisation d'une perte de valeur. Elle n'est reprise que dans la mesure où elle ne conduit pas à constater une valeur comptable d'un actif supérieure à celle qui aurait été déterminée pour cet actif (nette de l'amortissement) si aucune perte de valeur n'avait été comptabilisée au cours d'exercices antérieurs. Une reprise d'une perte de valeur doit être comptabilisée en **produit** pour les actifs comptabilisés au coût et traitée comme une **réévaluation positive** pour les actifs comptabilisés à leur montant réévalué.

31.3.7 Une perte de valeur comptabilisée pour un goodwill ne doit pas être reprise à moins que :

- la perte de valeur n'ait été provoquée par un événement externe spécifique de nature exceptionnelle et qui ne devrait pas se reproduire, et
- des événements externes ultérieurs n'aient annulé l'effet de cet événement.

31.3.8 Lors de la première application de cette Norme, elle doit être appliquée de façon prospective, c'est-à-dire sans information comparative retraitée.

31.4 INFORMATIONS A FOURNIR

Les informations suivantes doivent être fournies pour **chaque** catégorie d'actifs et pour **chaque** secteur basé sur le premier niveau d'information sectorielle de l'entreprise (si l'entreprise applique la Norme IAS 14) :

- le montant comptabilisé dans le compte de résultat pour :
  - les pertes de valeur ;
  - les reprises de pertes de valeur ;
- le montant comptabilisé directement dans les capitaux propres pour :
  - les pertes de valeur ;
  - les reprises de pertes de valeur.

If an impairment loss for an individual asset or a cash-generating unit is recognized or reversed and is **material** to the financial statements, disclose the following:

- Events and that led to the loss recognized or reversed.
- Amount recognized or reversed.
- Details about the nature of the asset or the cash-generating unit and the reportable segments involved.
- Whether the recoverable amount is the net selling price or value in use.
- The basis used to determine the net selling price **or** the discount rate used to determine value in use, and any previous value in use.

If impairment losses recognized (reversed) during the period are **material in aggregate** to the financial statements as a whole, disclose a brief description of:

- The main classes of assets affected.
- The main events and circumstances that led to the losses recognized or reversed.

Si une perte de valeur pour un actif isolé ou une unité génératrice de trésorerie est comptabilisée ou reprise et si son **montant est significatif** pour les états financiers, l'entreprise doit fournir les informations suivantes :

- les événements et circonstances qui ont conduit à comptabiliser ou reprendre la perte de valeur ;
- le montant comptabilisé ou repris ;
- les détails de la nature de l'actif ou de l'unité génératrice de trésorerie et les secteurs impliqués ;
- si la valeur recouvrable prise en considération est le prix de vente net ou la valeur d'utilité ;
- la base utilisée pour déterminer le prix de vente net **ou** le taux d'actualisation utilisé pour déterminer la valeur d'utilité actuelle, et, s'il y a lieu, antérieure.

Si les pertes de valeur comptabilisées (reprises) au cours de l'exercice sont **globalement d'un montant significatif** pour les états financiers dans leur ensemble, l'entreprise doit fournir une brève description :

- les principales catégories d'actifs affectés ;
- les principaux événements et circonstances qui ont conduit à comptabiliser ou reprendre ces pertes de valeur.

CASE STUDY

IMPAIRMENT OF ASSETS

The following information relates to individual equipment items of an enterprise at a balance sheet date:

	Carrying Amount $	Net selling price $	Value in use $
Item #1	119,000	121,000	114,000
Item #2 (note 1)	237,000	207,000	205,000
Item #3 (note 1)	115,000	117,000	123,000
Item #4	83,000	75,000	79,000
Item #5 (note 2)	31,000	26,000	–

Further information:

1. Items #2 and #3 are carried at revalued amounts and the revaluation surplus for the items are $12,000 and $6,000 respectively. Both items represent manufacturing equipment.
2. Item #5 is a bus used for transporting employees in the mornings and evenings. It is not possible to determine the value in use because the bus does not generate cash inflows from continuing use.

The **major** issues related to the possible impairment of the above-mentioned items can be analyzed as follows:

Item #1 – The recoverable amount is defined as the **higher** of an asset's net selling price and its value in use. No impairment loss is recognized because the recoverable amount of $121,000 is higher than the carrying value of $119,000.

Items #2 & #3 – Item #2 is definitely impaired and item #3 is not. The question is how the impairment loss should be recognized. First, it should be calculated as to the difference between $237,000 and the higher of $207,000 and $205,000 = $30,000. According to IAS 36 (par. 59), the loss should be treated as a revaluation decrease.

The question arises whether the revaluation surplus of $6,000 relating to item #3 may also be used because both these items belong to the same class of assets. IAS 36 (par. 60) forbids this treatment; the impairment loss may be recognized against a revaluation surplus only to the extent that the impairment loss does not exceed the amount held in the revaluation surplus for **that same asset.** Accordingly, an amount of $12,000 is recognized against the revaluation surplus relating to item #2 and the resulting $18,000 is recognized as a loss in the income statement.

Item #4 – An impairment loss of $4,000 (the difference between $83,000 and the higher of $75,000 and $79,000) is immediately recognized as an expense in the income statement.

Item #5 – The recoverable amount of the bus cannot be determined in terms of IAS 36 (par. 66), because the asset's value in use cannot be estimated to be close to its net selling price, and it does not generate cash inflows from continuing use that are largely independent of those from other assets.

In this case, management will have to identify the cash-generating unit to which the bus belongs and estimate the recoverable amount of this unit as a whole.

ÉTUDE DE CAS

DÉPRÉCIATION D'ACTIFS

Les informations suivantes concernent des articles d'équipement individuel à la date de clôture d'un bilan :

	Valeur comptable $	Prix de vente net $	Valeur d'utilité $
Article n° 1	119 000	121 000	114 000
Article n° 2 (note 1)	237 000	207 000	205 000
Article n° 3 (note 1)	115 000	117 000	123 000
Article n° 4	83 000	75 000	79 000
Article n° 5 (note 2)	31 000	26 000	–

Informations complémentaires

1. Les articles n° 1 et n° 2 sont comptabilisés à leur montant réévalué et les écarts de réévaluation pour ces articles sont respectivement de $ 12 000 et $ 6 000. Les deux articles représentent de l'équipement industriel.
2. L'article n° 5 est un bus destiné au transport des employés le matin et le soir. Il n'est pas possible de déterminer sa valeur d'utilité parce que l'utilisation régulière du bus ne génère pas d'entrée de trésorerie.

Les **principaux** problèmes relatifs à la possible dépréciation des articles ci-dessus peuvent être analysés de la façon suivante :

Article n° 1 – La valeur recouvrable est définie par le montant **le plus grand** entre le prix de vente net d'un actif et sa valeur d'utilité. Aucune perte de valeur n'est comptabilisée parce que la valeur recouvrable de $ 121 000 est plus élevée que la valeur comptable de $ 119 000.

Articles n°s 2 & 3 – L'article n° 2 est certainement déprécié et l'article n° 3 ne l'est pas. Le problème est de savoir comment la dépréciation doit être comptabilisée. Tout d'abord, elle doit être calculée comme étant la différence entre $ 237 000 et le plus grand de $ 207 000 et $ 205 000, soit $ 30 000. D'après la Norme IAS 36 (paragraphe 59), la perte doit être traitée comme une réévaluation négative.

La question se pose de savoir si l'écart de réévaluation de $ 6 000 relatif à l'article n° 3 pourrait aussi être utilisé parce que ces deux articles appartiennent à la même catégorie d'actifs. La Norme IAS 36 (paragraphe 60) interdit ce traitement ; la perte de valeur ne pourrait être comptabilisée contre un écart de réévaluation que dans la mesure où la perte de valeur ne dépasse pas la valeur comptabilisée dans l'écart de réévaluation pour **ce même actif.** En conséquence, un montant de $ 12 000 est comptabilisé en contrepartie de l'écart de réévaluation relatif à l'objet n° 2 et les $ 18 000 résultants sont comptabilisés dans le compte de résultat en tant que perte.

Article n° 4 – Une perte de valeur de $ 4 000 (la différence entre $ 83 000 et le plus grand de $ 75 000 et $ 79 000) est immédiatement comptabilisée dans le compte de résultat en une charge.

Article n° 5 – La valeur recouvrable du bus ne peut pas être déterminée suivant les termes de la Norme IAS 36 (paragraphe 66), parce que la valeur d'utilité de l'actif ne peut pas être estimée comme étant proche du prix de vente net, et son utilisation régulière ne génère pas d'entrée de trésorerie largement indépendante de celles d'autres actifs.

Dans ce cas, la direction de l'entreprise devra identifier l'unité génératrice de trésorerie à laquelle le bus appartient et estimer la valeur recouvrable de cette unité dans son ensemble.

CHAPTER 32

PROVISIONS, CONTINGENT LIABILITIES, AND CONTINGENT ASSETS (IAS 37)

32.1 PROBLEMS ADDRESSED

The IAS prescribes the appropriate accounting treatment as well as the disclosure requirements for all provisions, contingent liabilities, and contingent assets to enable users to understand their nature, timing, and amount.

- It sets out the conditions that must be fulfilled for a provision to be recognized. These conditions should assist enterprises to achieve **consistency** and **comparability** in their treatment of provisions, such as decommissioning and other environmental costs, restructurings, and year 2000 costs.
- It guides the preparers of financial statements to decide when they should, in respect of a specific obligation:
  - provide for it (record),
  - disclose information only, or
  - disclose nothing.

32.2 SCOPE OF THE STANDARD

The standard is applicable to all enterprises in accounting for provisions and contingent liabilities/assets, except those resulting from:

- financial instruments carried at fair value,
- executory contracts (e.g., contracts under which both parties have partially performed their obligations to an equal extent),
- insurance contracts with policy holders, and
- events or transactions covered by another IAS (e.g., income taxes and lease obligations).

32.3 ACCOUNTING TREATMENT

32.3.1 The standard distinguishes between other liabilities, provisions, and contingent liabilities as follows:

- A **provision** is a liability of uncertain **timing** or **amount.**
- A **liability** is a **present obligation** of the enterprise arising from past events, the settlement of which is expected to result in an outflow from the enterprise of resources embodying economic benefits, in terms of the Framework (see paragraph 2.3.6).
- A **contingent liability** is either:
  - a **possible obligation,** as it has yet to be confirmed whether the enterprise has a present obligation that could lead to an outflow of resources embodying economic benefits, or
  - a **present obligation** that does not meet the recognition criteria, either because it is not probable that an outflow of resources embodying economic benefits will be required to settle the obligation, or a sufficiently reliable estimate of the amount of the obligation cannot be made.

Chapitre 32

Provisions, Passifs Éventuels et Actifs Éventuels (IAS 37)

32.1 OBJECTIFS

La présente Norme IAS prescrit la comptabilisation et les informations à fournir pour toutes les provisions, les actifs et passifs éventuels pour permettre aux utilisateurs de cette information de comprendre leur nature, leur échéance et leur montant.

- Il fixe les conditions qui doivent être remplies pour qu'une provision soit comptabilisée. Ces conditions doivent aider les entreprises à obtenir une **uniformité** et une **comparabilité** dans le traitement de leurs provisions, telles que celles enregistrées pour les coûts liés au démantèlement d'installations, à l'environnement, aux restructurations et au passage à l'an 2000.
- Il guide les préparateurs des états financiers pour décider quand, face à un engagement spécifique, ils doivent :
  - le comptabiliser ;
  - communiquer l'information uniquement ;
  - ne rien communiquer.

32.2 CHAMP D'APPLICATION

Cette Norme doit être appliquée à toutes les entreprises pour la comptabilisation des provisions et des actifs et passifs éventuels, à l'exception de ceux qui résultent :

- des instruments financiers comptabilisés à leur juste valeur ;
- des contrats non (entièrement) exécutés (c'est-à-dire les contrats pour lesquels les deux parties ont partiellement accompli leurs obligations, à un niveau équivalent) ;
- des contrats d'assurance passés avec les assurés dans les entreprises d'assurances ;
- des événements et des transactions couvertes par une autre Norme IAS (par exemple, les impôts sur le résultat et les locations).

32.3 TRAITEMENT COMPTABLE

32.3.1 La Norme effectue une distinction entre les provisions, les passifs éventuels et les autres passifs de la façon suivante :

- une **provision** est un passif dont le **montant** ou l'**échéance** est incertain ;
- un **passif** est une **obligation actuelle** d'une entreprise, résultant d'événements passés, dont l'extinction devrait se traduire pour l'entreprise par une sortie de ressources représentatives d'avantages économiques, selon les termes du Cadre pour la préparation et la présentation des états financiers (voir le paragraphe 2.3.6) ;
- un **passif éventuel** est soit :
  - une **obligation potentielle** lorsque l'existence pour l'entreprise d'une obligation actuelle qui pourrait conduire à une sortie de ressources représentatives d'avantages économiques reste à confirmer, ou
  - une **obligation actuelle** qui ne répond pas aux critères de comptabilisation, soit parce qu'il n'est pas probable qu'une sortie de ressources représentatives d'avantages économiques sera nécessaire pour éteindre l'obligation, soit parce qu'une estimation suffisamment fiable du montant de l'obligation ne peut être faite.

32.3.2 Provisions can be distinguished from other liabilities such as trade payables and accruals because there is uncertainty about the **timing** or **amount** of the future expenditure required in settlement.

32.3.3 Generally, all provisions are contingent because they are uncertain in timing or amount. However, within this standard the term 'contingent' is used for liabilities and assets that are **not recognized** because:

- their existence will be confirmed by uncontrollable and uncertain future events(s), or
- they do not meet the recognition criteria.

PROVISIONS

32.3.4 A provision should be recognized only when:

- an enterprise has a present obligation (legal or constructive) as a result of a past event (obligating event),
- it is probable that an outflow of resources embodying economic benefits will be required to settle the obligation, and
- a reliable estimate can been made of the amount of the obligation.

32.3.5 In rare cases (e.g., in a law suit), it may not be clear whether an enterprise has a present obligation. In these cases, a past event is deemed to give rise to a present obligation if it is more likely than not that a present obligation exists at balance sheet date.

32.3.6 A **legal** obligation normally arises from a contract or legislation. A **constructive** obligation arises only when **both** of the following conditions are present:

- The enterprise has indicated to other parties, by an established pattern of past practice, published policies or a sufficiently specific current statement, that it will accept certain responsibilities.
- As a result, the enterprise has created a valid expectation on the part of those other parties that it will discharge those responsibilities.

32.3.7 The amount recognized as a provision should be the best estimate of the expenditure required to settle the present obligation at the balance sheet date.

32.3.8 Some or all of the expenditure required to settle a provision may be expected to be reimbursed by another party (e.g., through insurance claims, indemnity clauses, or supplier's warranties). These reimbursement are treated as follows:

- Recognize a reimbursement when it is virtually certain that reimbursement will be received if the enterprise settles the obligation. The amount recognized for the reimbursement should not exceed the amount of the provision.
- Treat the reimbursement as a separate asset.
- The expense relating to a provision may be presented net of the amount recognized for a reimbursement in the income statement.

32.3.9 Provisions should be reviewed at each balance sheet date and adjusted to reflect the current best estimate.

32.3.10 A provision should be used only for expenditures for which the provision was originally recognized.

32.3.11 The IAS provides guidance on the application of the recognition and measurement principles in three specific cases, namely future operating losses, onerous contracts, and restructurings:

32.3.2 Les provisions peuvent être distinguées des autres passifs tels que les dettes fournisseurs et les charges à payer car il y a une incertitude quant à **l'échéance** ou au **montant** des dépenses futures qu'impliquera leur règlement.

32.3.3 Généralement, toutes les provisions ont un caractère éventuel car il y a une incertitude quant au montant ou à l'échéance. Cependant, selon la présente Norme, le terme « éventuel » est utilisé pour les passifs et les actifs **non comptabilisés** parce que :

- leur existence ne sera confirmée que par la survenance d'événements futurs incertains qui ne sont pas sous le contrôle de l'entité ou
- ils ne satisfont pas aux critères de comptabilisation.

PROVISIONS

32.3.4 Une provision doit être comptabilisée uniquement lorsque :

- une entreprise a une obligation actuelle (juridique ou implicite), résultant d'un événement passé (fait générateur d'obligation),
- il est probable qu'une sortie de ressources représentative d'avantages économiques sera nécessaire pour éteindre cette obligation, et
- une estimation fiable du montant de l'obligation peut être faite.

32.3.5 Dans de rares cas (par exemple, lors d'un procès), l'existence d'une obligation n'apparaît pas clairement. Dans ces cas, un événement passé est considéré créer une obligation actuelle s'il est plus probable qu'improbable qu'une obligation actuelle existe à la date de clôture.

32.3.6 Une obligation **juridique** résulte normalement d'un contrat ou d'une réglementation. Une obligation **implicite** se présente seulement quand **les deux** conditions suivantes sont remplies :

- l'entreprise a indiqué aux tiers, par ses pratiques passées, par sa politique affichée ou par une déclaration récente suffisamment explicite, qu'elle assumera certaines responsabilités ;
- en conséquence, l'entreprise a créé chez ces tiers une attente fondée qu'elle assumera ces responsabilités.

32.3.7 Le montant comptabilisé en provision doit être la meilleure estimation de la dépense nécessaire à l'extinction de l'obligation actuelle à la date de clôture.

32.3.8 Il arrive parfois qu'une entreprise puisse se retourner vers une autre partie pour obtenir le paiement de tout ou partie de la dépense à engager pour éteindre la provision (par exemple par des indemnités d'assurance, des clauses d'indemnités ou les garanties du fournisseur).

Ces remboursements sont traités comme suit :

- comptabilisation du remboursement quand il est pratiquement certain qu'un remboursement sera reçu si l'entreprise remplit son obligation. Le montant comptabilisé au titre du remboursement ne devra pas excéder le montant de la provision ;
- traiter le remboursement comme un actif séparé ;
- dans le compte de résultat, la charge correspondant à la provision peut être présentée nette du montant comptabilisé au titre d'un remboursement.

32.3.9 Les provisions doivent être revues à chaque date de clôture et ajustées pour refléter la meilleure estimation à cette date.

32.3.10 Une provision doit être utilisée uniquement pour les dépenses pour lesquelles elle a été comptabilisée à l'origine.

32.3.11 La Norme IAS fournit des conseils sur l'application de la comptabilisation et les principes de mesure dans trois cas spécifiques, à savoir les pertes opérationnelles futures, les contrats déficitaires et les restructurations :

- Provisions should not be recognized for **future operating losses.** An expectation of future operating losses is an indication that certain assets of the operation may be impaired – IAS 36, *Impairment of Assets,* would then be applicable.
- The present obligation under an **onerous contract** should be recognized and measured as a provision. An onerous contract is one in which the unavoidable costs of meeting the contract obligations exceed the economic benefits expected to be received under it.
- A **restructuring** is a program planned and controlled by management that materially changes either the scope of business or the manner in which that business is conducted. A provision for restructuring costs is recognized when the normal recognition criteria for provisions are met. A constructive obligation to restructure arises only when an enterprise:
  - has a detailed formal plan for the restructuring, **and**
  - has raised a valid expectation in those affected that it will carry out the restructuring by starting to implement that plan or announcing its main features to those affected by it.

Where a restructuring involves the sale of an operation, no obligation arises for the sale until the enterprise is committed by a binding sale agreement.

CONTINGENT LIABILITIES

32.3.12 An enterprise should not recognize a **contingent liability.** An enterprise should disclose a contingent liability unless the possibility of an outflow of resources embodying economic benefits is remote.

32.3.13 Contingent liabilities are assessed continually to determine whether an outflow of resources embodying economic benefits has become probable. When it becomes probable for an item previously dealt with as a contingent liability, a provision is recognized.

CONTINGENT ASSETS

32.3.14 A **contingent asset** is a possible asset that arises from past events and whose existence will be confirmed only by the occurrence or non-occurrence of one or more uncertain future events not wholly within the control of the enterprise (e.g., an insurance claim that an enterprise is pursuing has an uncertain outcome).

32.3.15 An enterprise should not recognize a contingent asset. A contingent asset should be disclosed where an inflow of economic benefits is probable. When the realization of income is virtually certain, then the related asset is not a contingent asset and its recognition is appropriate in terms of the Framework.

32.4 DISCLOSURE

32.4.1 PROVISIONS

Disclose the following for **each** class separately:

- A detailed itemized reconciliation of the carrying amount at the beginning and end of the accounting period; *comparatives are not required.*
- A brief description of the nature of the obligation and the expected timing of any resulting outflows of economic benefits.
- An indication of the uncertainties about the amount or timing of those outflows.
- The amount of any expected reimbursement, stating the amount of any asset that has been recognized for that expected reimbursement.

- les provisions ne doivent pas être comptabilisées pour les **pertes opérationnelles futures.** S'attendre à des pertes opérationnelles futures indique que certains actifs de l'activité ont pu subir une perte de valeur. La Norme IAS 36, *Dépréciation d'actifs,* sera alors applicable ;
- l'obligation actuelle résultant d'un **contrat déficitaire** sera comptabilisée et évaluée comme une provision. Un contrat déficitaire est un contrat dans lequel les coûts inévitables liés à l'accomplissement des obligations du contrat excèdent les avantages économiques attendus ;
- une **restructuration** est un programme planifié et contrôlé par la direction qui modifie de façon significative soit le champ d'activité de l'entreprise, soit la façon dont l'entreprise est gérée. Une provision pour coûts de restructuration est constituée quand les critères généraux pour la constitution d'une provision sont réunis. Une obligation implicite de restructurer survient uniquement quand une entreprise :
  - a un plan détaillé et formalisé de la restructuration, **et**
  - a créé chez les personnes concernées une attente fondée qu'elle mettra en œuvre la restructuration soit en commençant à exécuter le plan, soit en annonçant ses principales caractéristiques.

Quand une restructuration implique la vente d'une activité, il n'y a aucune obligation de vendre jusqu'à ce que l'entreprise soit engagée par un accord de vente irrévocable.

Passifs éventuels

32.3.12 Une entreprise ne doit pas comptabiliser un **passif éventuel.** Elle doit en donner l'information en note, à moins que la possibilité d'une sortie de ressources représentatives d'avantages économiques ne soit que peu probable.

32.3.13 Les passifs éventuels sont évalués de façon continue pour déterminer si une sortie de ressources représentant des avantages économiques est devenu probable. Quand c'est le cas pour un élément qui auparavant était traité comme un passif éventuel, une provision est constituée.

Actifs éventuels

32.3.14 Un **actif éventuel** est un actif potentiel qui est la conséquence d'événements passés et dont l'existence sera confirmée uniquement par l'occurence ou non d'un ou de plusieurs événements qui ne sont pas sous le contrôle de l'entreprise (par exemple, une indemnité d'assurance qu'une entreprise revendique dans un avenir incertain).

32.3.15 Une entreprise ne doit pas comptabiliser un actif éventuel. Elle doit en donner l'information en notes annexes quand une entrée d'avantages économiques est probable. Quand la réalisation du produit est pratiquement certaine, alors l'actif relatif n'est plus un actif éventuel et sa comptabilisation est possible selon les termes du Cadre pour la préparation et la présentation des états financiers.

32.4 INFORMATIONS A FOURNIR

32.4.1 Provisions

Pour **chaque** catégorie de provision, l'entreprise doit fournir les informations suivantes :

- un rapprochement individuel de la valeur comptable à l'ouverture et à la clôture de l'exercice *(les chiffres comparatifs ne sont pas nécessaires) ;*
- une brève description de la nature de l'obligation et de l'échéance attendue des sorties d'avantages économiques en résultant ;
- une indication du degré d'incertitude relative au montant ou à l'échéance de ces sorties ;
- le montant de tout remboursement attendu, en indiquant le montant de tout actif qui a été comptabilisé pour ce remboursement attendu.

32.4.2 CONTINGENT LIABILITIES

Disclose the following for **each** class separately:

- Brief description of the nature.
- Estimate of the financial effect.
- Indication of uncertainties relating to the amount or timing of any outflow.
- The possibility of any reimbursement.

32.4.3 CONTINGENT ASSETS

Disclose the following for **each** class separately:

- Brief description of the nature.
- Estimate of the financial effect.

32.4.4 EXCEPTIONS

- Where any information required for contingent liabilities/assets is not disclosed because it is not practicable to do so, it should be stated.
- In extremely rare cases, disclosure of some or all of the information required can be expected to prejudice seriously the position of the enterprise in a dispute with other parties regarding the provision, contingent liability, or contingent asset. In such cases, the information need not be disclosed; however, the general nature of the dispute should be disclosed, along with an explanation why the information had not been disclosed.

DECISION TREE

This diagram summarizes the main requirements of the standard

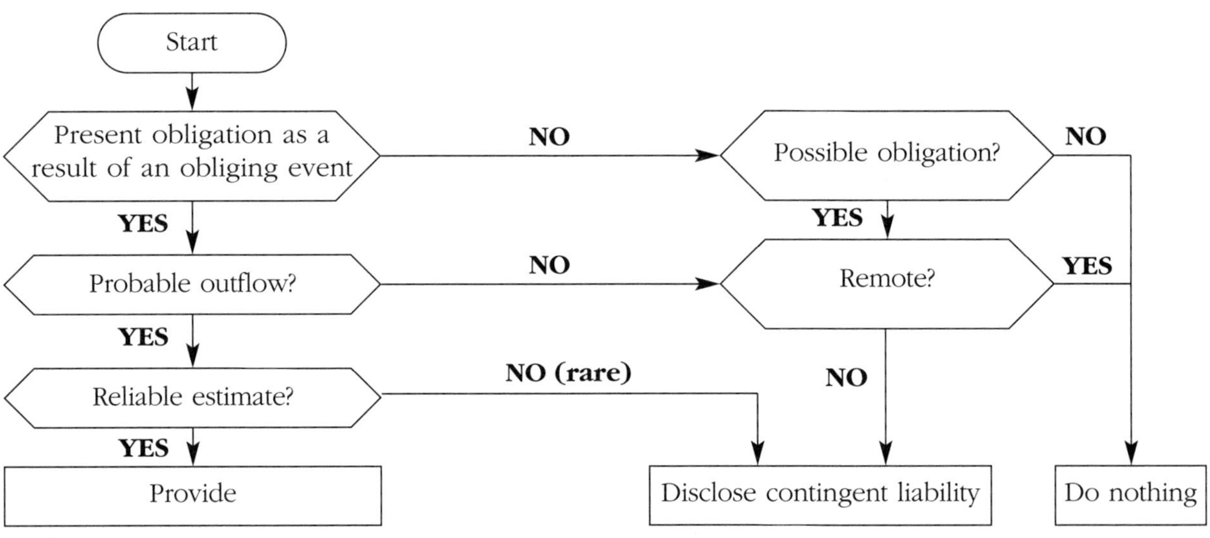

32.4.2 PASSIFS ÉVENTUELS

Pour **chaque** catégorie de passif éventuel, l'entreprise doit fournir les informations suivantes :

- une brève description de leur nature ;
- une estimation des répercussions financières ;
- une indication du degré d'incertitude relative au montant ou à l'échéance de toute sortie ;
- la possibilité de tout remboursement.

32.4.3 ACTIFS ÉVENTUELS

Pour **chaque** catégorie d'actif éventuel, l'entreprise doit fournir les informations suivantes :

- une brève description de leur nature ;
- une estimation de leurs effets financiers.

32.4.4 EXCEPTIONS

- Quand une information requise pour un actif / passif éventuel n'est pas publiée parce qu'il n'est pas possible en pratique de le faire, il doit en être fait mention.
- Dans des cas extrêmement rares, on peut considérer que la publication de certaines ou de toutes les informations requises peut porter un préjudice sérieux à l'entreprise, engagée dans un différend avec des tiers sur le sujet faisant l'objet de la provision, l'actif éventuel ou le passif éventuel. Dans de tels cas, l'information n'a pas à être publiée. Cependant, l'entreprise doit indiquer la nature générale du litige, ainsi que les raisons pour lesquelles ces informations n'ont pas été divulguées.

ARBRE DÉCISIONNEL

Ce schéma résume les principaux éléments requis par la Norme

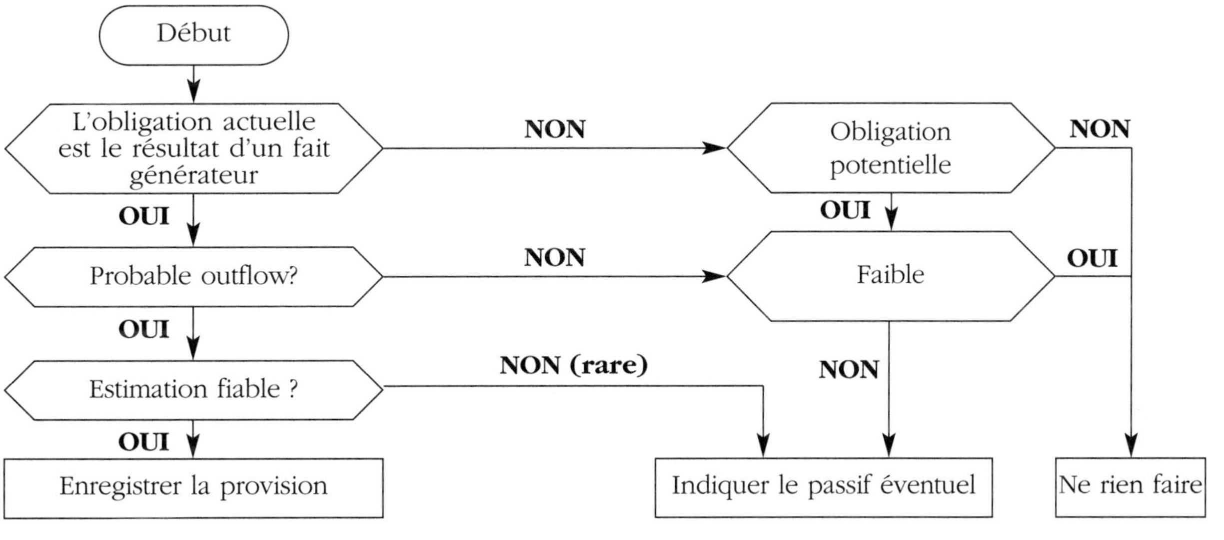

CASE STUDY

PROVISIONS, CONTINGENT LIABILITIES, AND CONTINGENT ASSETS

The following scenarios relate to provisions and contingencies:

A. The Mighty Mouse Trap Company has just started to export mouse traps to the USA. The advertising slogan for the mouse traps is: "A girl's best friend." The Californian Liberation Movement is claiming $800,000 from the company because the advertising slogan allegedly compromises the dignity of women. The company's legal representatives are of the opinion that the success of the claim will depend on the judge who presides over the case. They estimate, however, that there is a 70% probability that the claim will be thrown out and a 30% probability that it will succeed.

B. Boss Ltd. specializes in the design and manufacture of an exclusive sports car. During the current financial year 90 sports cars have been completed and sold. During the testing of the sports car, a serious defect was found in its steering mechanism.

   All 90 clients were informed by way of a letter of the defect and were required to bring their cars back to have the defect repaired at no charge. All the clients have indicated that this is the only arrangement that they require. The estimated cost of the recall will amount to $900,000.

   The manufacturer of the steering mechanism, a listed company with sufficient funds, has accepted responsibility for the defect, and has undertaken to reimburse Boss Ltd. for all costs that it may incur in this regard.

The matters above will be treated as follows for accounting purposes:

A. **Present obligation as a result of a past event:** The available evidence provided by the experts indicates that it is more likely that no present obligation exists at balance sheet date; there is a 70% probability that the claim will be thrown out. No obligating event has taken place.

   Conclusion: No provision is recognized. The matter is disclosed as a contingent liability unless the 30% probability is regarded as being remote.

B. **Present obligation as a result of a past event:** The constructive obligation derives from the enterprise's letters as well as the valid expectations on the part of the clients that the defects will be repaired.

   Outflow of economic benefits: The outflow is beyond any reasonable doubt.

   Conclusion: A provision is recognized. However, it is virtually certain that all of the expenditures will be reimbursed by the supplier of the steering mechanism. A separate asset is recognized in the balance sheet. In the income statement, the expense relating to the provision may be shown net of the amount recognized for the reimbursement.

ÉTUDE DE CAS

PROVISIONS, PASSIFS ÉVENTUELS ET ACTIFS ÉVENTUELS

Les scénarios suivants concernent les provisions et les éventualités :

A. L'entreprise Piège-à-Souris commence juste à exporter des pièges à souris vers les États-Unis. Le slogan publicitaire pour ces pièges est « le meilleur ami des filles ». Le Mouvement de Libération des Femmes (MLF) californien réclame $ 800 000 à l'entreprise car ce slogan porte atteinte à la dignité des femmes. Les représentants officiels de la compagnie estiment que le succès de la plainte dépend du juge qui sera chargé de l'affaire. Ils estiment cependant qu'il y a 70 % de chances que la plainte soit rejetée et 30 % qu'elle soit prise en compte.

B. La société Boss Ltd. est spécialisée dans le design et la production de voitures de sports de petite série. Durant l'exercice en cours, 90 voitures de sports ont été fabriquées et vendues. Pendant la période de tests des voitures, une défaillance grave a été constatée dans le système de direction.

Les 90 clients ont été informés par courrier du défaut et ont été priés de rapporter leur voiture pour la réparer gratuitement. Tous les clients avaient indiqué que c'était le seul arrangement qu'ils exigeaient. Le coût estimé du rappel se monte à $ 900 000.

Le fournisseur du mécanisme de direction, une compagnie cotée en bourse disposant de suffisamment de fonds, a accepté sa responsabilité pour le défaut, et a décidé de rembourser à Boss Ltd. tous les coûts engendrés par ce défaut.

Les affaires présentées ci-dessus seront traitées ainsi en termes comptables :

A. **Obligation actuelle résultant d'un événement passé :** les preuves disponibles fournies par les experts indiquent qu'il est fortement probable qu'aucune obligation n'existe à la date de clôture des comptes ; il y a en effet 70 % de chances que la plainte soit rejetée. Aucune obligation n'est donc créée.

Conclusion : Aucune provision n'est constituée. Ceci ne donnera lieu qu'à une information pour le passif éventuel à moins que les 30 % de probabilité soient considérés comme faibles.

B. **Obligation actuelle résultant d'un événement passé :** l'obligation implicite provient du courrier de l'entreprise ainsi que des attentes raisonnables de la part des clients concernant la réparation du défaut.

Sortie d'avantages économiques : la sortie est supérieure à tout doute raisonnable.

Conclusion : une provision est constituée. Cependant, il est presque certain que toutes les dépenses seront remboursées par le fournisseur du mécanisme de direction. Un actif séparé est comptabilisé au bilan. Dans le compte de résultat, la dotation aux provisions sera comptabilisée pour un montant après déduction du remboursement attendu.

CHAPTER 33

INTANGIBLE ASSETS (IAS 38)

33.1 PROBLEMS ADDRESSED

The following major aspects of accounting for intangible assets are prescribed:

- Recognition as an asset.
- Determination of the carrying value.
- Determination and the treatment of impairment losses.
- Disclosure requirements.

33.2 SCOPE OF THE STANDARD

IAS 38 applies to all intangible assets that are not specifically dealt with in another IAS. Examples include brand names, computer software, licenses, franchises, and intangibles under development.

33.3 ACCOUNTING TREATMENT

33.3.1 An intangible asset is an identifiable, non-monetary asset without physical substance, held for use in the production or supply of goods or services, for rental to others, or for administrative purposes. Such an asset is controlled and clearly distinguishable from an enterprise's goodwill.

33.3.2 An intangible asset is recognized as an asset (in terms of the Framework) if:

- it is **probable** that the future economic benefits attributable to the asset will flow to the enterprise, and
- the cost of the asset can be **measured reliably.**

All other expenses related to intangible assets are expensed (e.g., research, training, advertising, and start-up costs).

33.3.3 Internally generated goodwill, brands, mastheads, publishing titles, customer lists and items similar in substance should not be recognized as assets.

33.3.4 On **initial** measurement an intangible asset is recognized at **cost** whether it is acquired externally or generated internally. Subsequent expenditure on intangibles are recognized as expenses if it restores the performance standard. These expenditures are capitalized when it is probable that economic benefits in excess of original standard of performance will flow to the enterprise.

33.3.5 Intangible assets **subsequently** may be recorded at either of the following bases:

- Costs less accumulated amortization; i.e., carrying amount/book value **(benchmark treatment)**, subject to a write-down to recoverable amount for an impairment loss.

CHAPITRE 33

IMMOBILISATIONS INCORPORELLES (IAS 38)

33.1 OBJECTIFS

La Norme couvre les principaux aspects suivants de la comptabilisation des immobilisations incorporelles :

- comptabilisation à l'actif ;
- détermination de la valeur comptable ;
- détermination et traitement de la perte de valeur (dépréciation) ;
- informations à fournir.

33.2 CHAMP D'APPLICATION

La Norme IAS 38 s'applique à toutes les immobilisations incorporelles qui ne sont pas spécifiquement traitées par une autre Norme IAS. À titre d'exemple, cette Norme ne traite pas les marques, les logiciels informatiques, les licences, les franchises et plus généralement les dépenses liées aux immobilisations incorporelles en cours.

33.3 TRAITEMENT COMPTABLE

33.3.1 Une immobilisation incorporelle est un actif non monétaire identifiable, sans substance physique, détenu en vue d'une utilisation pour la production ou la fourniture de biens ou de services, pour la location à des tiers ou à des fins administratives. Cet actif est contrôlé et est clairement distingué du goodwill.

33.3.2 Une immobilisation incorporelle est comptabilisée en actif (selon les termes du Cadre pour la préparation et la présentation des états financiers) si :

- il est **probable** que les avantages économiques futurs attribuables à cet actif iront à l'entreprise et
- le coût de cet actif peut être **évalué de façon fiable.**

Toutes les autres dépenses relatives à des immobilisations incorporelles doivent être comptabilisées en charge (par exemple, les frais de recherche, les coûts de formation, de publicité et de lancement).

33.3.3 Les goodwill générés en interne, les marques, les titres de journaux et de magazines, les listes de clients et les éléments similaires en substance ne doivent pas être comptabilisés comme des actifs.

33.3.4 Une immobilisation incorporelle doit être évaluée **initialement** à son **coût,** qu'elle ait été acquise de manière externe ou générée en interne. Les dépenses ultérieures au titre d'une immobilisation incorporelle doivent être comptabilisées en charge si elles n'augmentent pas le niveau de performance d'origine. Sil est probable que ces dépenses permettront à l'actif de générer des avantages économiques futurs au-delà du niveau de performance défini à l'origine, elles doivent être ajoutées au coût de l'immobilisation incorporelle.

33.3.5 Après leur comptabilisation initiale, les immobilisations incorporelles doivent, **en conséquence,** être comptabilisées selon l'une des deux bases suivantes :

- les coûts diminués du cumul des amortissements ; c'est-à-dire la valeur comptable **(traitement de référence)** moins le cumul des pertes de valeur ;

- Revalued amount **(allowed alternative),** being its fair value less accumulated amortization, subject to a write-down to recoverable amount for an impairment loss.

33.3.6 For any internal project to create an intangible asset, the research phase and development phase should be distinguished from one another. Research expenditure is treated as an expense. Development expenditure is recognized as an intangible asset if **all** of the following can be demonstrated:

- The technical feasibility of completing the intangible asset so that it will be available for use or sale.
- The intention to complete the intangible asset and use or sell it.
- The ability to use or sell the intangible asset.
- How the intangible asset will generate probable future economic benefits.
- The availability of adequate technical, financial, and other resources to complete the development and to use or sell the intangible asset.
- The ability to measure the expenditure.

33.3.7 An intangible asset is amortized on a systematic basis over the best estimate of its useful life. There is a rebuttable presumption that the useful life of an intangible asset will not exceed 20 years from the date when the asset is available for use.

33.3.8 The amortization method used should reflect the pattern in which the asset's economic benefits are consumed by the enterprise. If that pattern cannot be determined reliably, the straight-line method should be adopted.

33.3.9 If the 20 years presumption is rebutted, the intangible should be tested for impairment annually and the reason(s) for rebutting the presumption is disclosed.

33.3.10 To assess whether an intangible asset may be impaired, an enterprise should apply IAS 36, *Impairment of Assets*. Also, the standard requires an enterprise to estimate the recoverable amount of an intangible asset that is not yet available for use, at least annually.

33.3.11 In the case of a business combination, expenditure on an intangible item that does not meet both the definition and recognition criteria for an intangible asset should form part of the amount attributed to goodwill.

33.3.12 In certain jurisdictions, the annual amortization charge for an intangible asset would differ from the deduction allowed by the taxation authorities. Deferred taxation should therefore be provided on this difference in terms of IAS 12.

33.3.13 The IAS prescribes different transitional provisions based on the manner in which the reporting enterprise has recognized intangibles in the past.

33.4 DISCLOSURE

33.4.1 The disclosure requirements for **each** class of intangible assets, distinguishing between **internally generated** and **other** intangibles, are as follows:

Accounting policies

- Measurement bases.
- Amortization methods.
- Useful lives or amortization rates.

- le montant réévalué **(alternative autorisée)**, c'est-à-dire sa juste valeur, diminué du cumul des amortissements et du cumul des pertes de valeur.

33.3.6 Pour tout projet interne de création d'une immobilisation incorporelle, la phase de recherche et la phase de développement doivent être distinguées l'une de l'autre. Les frais de recherche sont comptabilisés en charges. Les frais de développement sont comptabilisés en immobilisation incorporelle si **tous** les points suivants sont vérifiés :

- la faisabilité technique nécessaire à l'achèvement de l'immobilisation incorporelle en vue de sa mise en service ou de sa vente ;
- l'intention d'achever l'immobilisation incorporelle et de l'utiliser ou de la vendre ;
- la capacité à utiliser ou vendre l'immobilisation incorporelle ;
- la façon dont l'immobilisation incorporelle va générer des avantages économiques probables et futurs ;
- la disponibilité des ressources techniques, financières et autres pour achever le développement et utiliser ou vendre l'immobilisation incorporelle ;
- la capacité à évaluer les dépenses.

33.3.7 Le montant amortissable d'une immobilisation incorporelle doit être réparti de façon systématique sur la meilleure estimation de sa durée d'utilité. Il existe une présomption, qui peut être réfutée, que la durée d'utilité de l'immobilisation incorporelle n'excédera pas 20 ans à compter de la date à laquelle l'actif sera prêt à être mis en service.

33.3.8 Le mode d'amortissement utilisé doit refléter le rythme de consommation par l'entreprise des avantages économiques de l'immobilisation. Si ce rythme ne peut être déterminé de façon fiable, le mode linéaire doit être adopté.

33.3.9 Si la présomption d'une durée d'utilité de 20 ans est réfutée, la valeur recouvrable de l'immobilisation incorporelle doit être estimée annuellement pour identifier toute perte de valeur et les raisons de la réfutation de la présomption indiquées.

33.3.10 Pour déterminer si une immobilisation incorporelle a perdu de sa valeur, l'entreprise doit appliquer la Norme IAS 36, *Dépréciation d'actifs*. Par ailleurs, l'entreprise doit estimer au moins une fois par an la valeur recouvrable d'une immobilisation incorporelle, non encore prête à être mise en service.

33.3.11 Dans le cadre d'un rapprochement d'entreprises, les coûts liés à un élément incorporel qui ne satisfait pas à la fois les critères de définition et les critères de comptabilisation d'une immobilisation incorporelle doivent être intégrés au goodwill.

33.3.12 Dans certaines législations, les dotations aux amortissements annuelles des immobilisations incorporelles diffèrent des déductions autorisées par les autorités fiscales. Une imposition différée devra donc être prévue pour cette différence en suivant la Norme IAS 12.

33.3.13 Cette Norme IAS prescrit, également, différentes dispositions transitoires selon la façon dont l'entreprise a comptabilisé les immobilisations incorporelles dans le passé.

33.4 INFORMATIONS A FOURNIR

33.4.1 Pour **chaque** catégorie d'immobilisations incorporelles, les états financiers doivent fournir les informations suivantes, en distinguant celles **générées en interne des autres :**

Méthodes comptables

- base de calcul ;
- mode d'amortissement ;
- durée d'utilité ou taux d'amortissement.

Income statement and notes

- Amortization charge for each class of asset indicating the line item in which it is included.
- Total amount of research and development costs recognized as an expense.

Balance sheet and notes

- Gross carrying amount (book value) less accumulated depreciation for **each** class of asset at the beginning and the end of the period.
- Detailed itemized reconciliation of movements in the carrying amount during the period *(Comparatives are not required)*.
- If an intangible asset is amortized over more than 20 years, the evidence that rebuts the presumption that the useful life will not exceed 20 years.
- Carrying amount of intangibles pledged as security.
- Carrying amount of intangibles whose title is restricted.
- Capital commitments for the acquisition of intangibles.
- A description, the carrying amount, and remaining amortization period of any intangible that is material to the financial statements of the enterprise as a whole.
- For intangible assets acquired by way of a government grant and initially recognized at fair value:
  - The fair value initially recognized for these assets.
  - Their carrying amount.
  - Whether they are measured at the benchmark or allowed alternative treatment.

33.4.2 **Additional** disclosures required for revalued amounts are as follows:

- The effective date of the revaluation.
- Carrying amount of **each** class of intangibles had it been carried in the financial statements on the historical cost basis.
- Amount as well as a detailed reconciliation of the balance of the revaluation surplus.
- Any restrictions on the distribution of the revaluation surplus.

Compte de résultat et notes

- dotations aux amortissements pour chaque catégorie d'actifs en indiquant le poste dans lequel elles sont incluses ;
- montant total des frais de recherche et de développement enregistrés en charge.

Bilan et notes

- valeur comptable brute diminuée du cumul des amortissements pour **chaque** classe d'actifs au début et à la fin de l'exercice ;
- rapprochement détaillé et par rubrique des mouvements dans la valeur comptable pendant l'exercice *(Les chiffres comparatifs ne sont pas imposés)* ;
- si une immobilisation incorporelle est amortie sur une durée supérieure à vingt ans, donner les raisons pour lesquelles la présomption selon laquelle la durée d'utilité n'excède pas vingt ans est réfutée ;
- valeurs comptables des immobilisations incorporelles données en nantissement de dettes ;
- valeurs comptables des immobilisations incorporelles dont la propriété est soumise à restrictions ;
- montant des engagements pour l'acquisition d'immobilisations incorporelles ;
- une description de toute immobilisation incorporelle significative pour les états financiers de l'entreprise pris dans leur ensemble, ainsi que sa valeur comptable et sa durée d'amortissement restant à courir ;
- pour les immobilisations incorporelles acquises grâce à une subvention publique et initialement comptabilisées à leur juste valeur :
  - la juste valeur comptabilisée initialement pour ces actifs ;
  - la valeur comptable ; et
  - si elles sont évaluées selon le traitement de référence ou le traitement alternatif autorisé.

33.4.2 D'autres informations doivent être fournies concernant les montants réévalués :

- la date de réévaluation ;
- la valeur comptable de **chaque** catégorie d'immobilisations corporelles si elles avaient figuré au bilan au coût historique ;
- montant de l'écart de réévaluation (se rapportant aux immobilisations incorporelles à l'ouverture et à la clôture de l'exercice) ainsi que le détail des changements survenus au cours de l'exercice ;
- toute restriction frappant la distribution aux actionnaires de l'écart de réévaluation.

CASE STUDY

INTANGIBLE ASSETS

Alpha Inc., a motor vehicle manufacturer, has a research division that worked on the following projects during the year:

Project 1: The design of a steering mechanism that does not operate like the conventional steering wheel, but react to the impulses from the driver's fingers.

Project 2: The design of a welding apparatus that is controlled electronically rather than mechanically.

The following is a summary of the expenses of the particular department:

	General	**Project 1**	**Project 2**
	$'000	$'000	$'000
Material and services	128	935	620
Labor			
• Direct labor	–	620	320
• Department head salary	400	–	–
• Administrative personnel	725	–	–
Overheads			
• Direct	–	340	410
• Indirect	270	110	60

The departmental head spent 15% of his time on project 1 and 10% on project 2.

The capitalization of development costs for the book year would be as follows:

	$'000
Project 1: The activity is classified as research and all costs are recognized as expenses	–
Project 2: (620 + 320 + 10% × 400 + 410 + 60)	1,450
	1,450

ÉTUDE DE CAS

IMMOBILISATIONS INCORPORELLES

La société Alpha Inc, fabricant de véhicules à moteur, a une division recherche qui travaille pendant l'année sur les projets suivants :

Projet 1 : conception d'une boîte de direction qui ne fonctionne pas comme les directions normales mais réagit aux impulsions du conducteur ;

Projet 2 : conception d'un appareil de soudure contrôlé électroniquement plutôt que mécaniquement.

Le tableau suivant est le détail des charges de ce département :

	Général	**Projet 1**	**Projet 2**
	$' 000	$' 000	$' 000
Matériaux et services	128	935	620
Main-d'œuvre			
• Main-d'œuvre directe	–	620	320
• Salaire du chef de service	400	–	–
• Personnel administratif	725	–	–
Frais généraux			
• Directs	–	340	410
• Indirects	270	110	60

Le département direction passe 15 % de son temps sur le projet 1 et 10 % sur le projet 2.

La capitalisation des frais de développement dans le bilan sera la suivante (en milliers de dollars) :

	$' 000
Projet 1 : l'activité est classée comme recherche et tous les coûts sont considérés comme des charges	–
Projet 2 : (620 + 320 + 10 % × 400 + 410 + 60)	1 450
	1 450

CHAPTER 34

FINANCIAL INSTRUMENTS: RECOGNITION AND MEASUREMENT (IAS 39)

IAS 32 and 39 were issued as separate standards but are applied in practice as a unit because they deal with exactly the same accounting phenomenon. IAS 39, which deals with the Recognition and Measurement issues of financial instruments, also contains some supplementary disclosures to those required by IAS 32. These requirements are included under Chapter 27.

34.1 PROBLEMS ADDRESSED

The standard establishes principles for recognizing, measuring, and disclosing information about financial instruments in the financial statements. IAS 39 significantly increases the use of **fair value** in accounting for financial instruments, particularly on the asset side of the balance sheet.

34.2 SCOPE OF THE STANDARD

IAS 39 should be applied to all financial instruments as per 34.3.6, except:

- Subsidiaries, associates, and joint ventures.
- Rights and obligations under leases.
- Employee benefit plan assets and liabilities.
- Rights/obligations under insurance contracts.
- Equity instruments issued by the reporting entity.
- Financial guarantee contracts related to failure by a debtor to make payments when due.
- Contingent consideration in a business combination.
- Contracts based on physical variables, e.g. climate.

34.3 ACCOUNTING TREATMENT

INITIAL RECOGNITION

34.3.1 All financial assets and financial liabilities (including derivatives) should be recognized when the enterprise becomes a party to the contractual provisions of an instrument. For the purchase or sale of **financial assets** where market convention determines a fixed period between trade and settlement dates, the trade **or** settlement date may be used for recognition (paragraphs 30-31). Interest is not normally accrued between trade and settlement dates (paragraph 32).

DERECOGNITION

34.3.2 A financial asset, or portion thereof, is derecognized when the enterprise loses control of the contractual rights that comprise the financial asset – through realization, expiry, or surrender of those rights.

34.3.3 When a financial asset is derecognized, the difference between the proceeds and the carrying amount is included in the profit or loss for the period. Any prior revaluation surplus/shortfall is also included in the profit or loss for the period. When a part of a financial asset is derecognized, the carrying amount is allocated proportionally to the part sold

CHAPITRE 34

INSTRUMENTS FINANCIERS : COMPTABILISATION ET ÉVALUATION (IAS 39)

Les Normes IAS 32 et IAS 39 ont été émises séparément, mais, en pratique, elles forment un tout car elles concernent exactement les mêmes opérations comptables. L'IAS 39, qui s'attache aux questions de comptabilisation et d'évaluation des instruments financiers, comprend aussi certaines dispositions qui complètent celles prévues par l'IAS 32. Ces dispositions sont présentées dans le chapitre 27.

34.1 OBJECTIFS

La Norme établit les principes de comptabilisation, d'évaluation et les informations à fournir concernant les instruments financiers. La Norme IAS 39 accroît sensiblement l'utilisation de la **juste valeur** dans la comptabilisation des instruments financiers, particulièrement en ce qui concerne les éléments d'actif du bilan.

34.2 CHAMP D'APPLICATION

La Norme IAS 39 doit être appliquée à tous les instruments financiers conformément au paragraphe 34.3.6, excepté :

- les participations dans des filiales, sociétés affiliées, et co-entreprises ;
- les droits et obligations générés par des contrats de location en crédit-bail ;
- les actifs et passifs détenus dans le cadre de plans d'avantages au personnel ;
- les droits/obligations découlant de contrats d'assurance ;
- les instruments de capitaux propres émis par l'entité qui présente les états financiers ;
- les contrats de garantie financière couvrant le cas de défaillance du débiteur à la date d'exigibilité d'un paiement ;
- les contrats au titre d'une contrepartie éventuelle dans un regroupement d'entreprises ;
- les contrats fondés sur des variables physiques, comme le climat, par exemple.

34.3 TRAITEMENT COMPTABLE

COMPTABILISATION INITIALE

34.3.1 Tous les actifs et passifs financiers (produits dérivés inclus) doivent être comptabilisés lorsque la société devient partie aux dispositions contractuelles de l'instrument financier concerné. Pour l'achat ou la vente d'**actifs financiers,** où la convention du marché prévoit un délai entre les dates de transaction et de règlement, la date de transaction **ou** la date de règlement peuvent être utilisées pour la comptabilisation. En règle générale, il n'y a pas lieu à comptabilisation d'intérêt entre la date de la transaction et la date de règlement.

DÉCOMPTABILISATION

34.3.2 Un actif financier, ou une partie de cet actif, est décomptabilisé lorsque la société perd le contrôle des droits contractuels attachés à l'actif financier – que ce soit par la réalisation de ces droits, leur expiration ou leur abandon.

34.3.3 Lorsqu'un actif financier est décomptabilisé, la différence entre le produit reçu et la valeur comptable de cet actif est incluse dans le résultat net de l'exercice. Tout écart, positif ou négatif, résultant d'un ajustement antérieur est également inclus dans le résultat net de l'exercice. Dans le cas d'une décomptabilisation d'une partie d'actif financier, la valeur

using fair value at date of sale and the resulting gain or loss is included in the profit or loss for the period.

34.3.4 A financial liability is derecognized when it is extinguished, i.e. when the obligation discharged, cancelled, or expires.

INITIAL MEASUREMENT

34.3.5 Financial assets and financial liabilities are recognized initially at their cost – the fair value of the consideration given or received. Transaction costs as well as certain hedging gains/losses are also included.

SUBSEQUENT MEASUREMENT

Balance sheet

34.3.6 Subsequent measurement of financial assets and liabilities can be summarized as follows:

MEASURE AT FAIR VALUE	MEASURE AT AMORTIZED COST
Financial Assets	**Financial Assets**
Derivatives whether stand-alone or imbedded in non-derivative instruments	Unlisted instruments (fair value not reliably measurable)
Financial assets held for trading	Held-to-maturity investments
Available-for-sale financial assets	Loans and receivables originated by the entity
Non-derivative instruments (including financial assets) with fair value exposures ***hedged*** by derivatives	
Financial Liabilities	**Financial Liabilities**
Derivatives	All other liabilities
Financial liabilities held for trading	
Non-derivative instruments (including financial liabilities) with fair value exposures ***hedged*** by derivatives	

Gains or losses

34.3.7 Gains or losses on remeasurement to fair value of financial assets and financial liabilities are in general included in net profit or loss for the period. However there are **two exceptions to this rule:**

- Gains/losses on an available-for-sale (non-trading) financial asset may also be recognized in equity until it is sold, when the cumulative amount is transferred to net profit or loss for the period.
- When financial assets and financial liabilities (carried at amortized cost) are being hedged by a hedging instrument, special hedging rules in IAS 39 apply.

IMPAIRMENT OF FINANCIAL ASSETS – GAINS OR LOSSES

34.3.8 An enterprise should assess, at each balance sheet date, whether financial assets may be impaired.

comptable de cet actif doit être ventilée entre la partie conservée et la partie vendue sur la base de leur juste valeur respective à la date de la vente. Un profit ou une perte doit être comptabilisé sur la base des produits relatifs à la partie vendue.

34.3.4 Un passif financier est décomptabilisé lorsqu'il est éteint, c'est-à-dire lorsque l'obligation correspondante a été exécutée, annulée ou est arrivée à expiration.

ÉVALUATION INITIALE

34.3.5 Les actifs et passifs financiers sont initialement comptabilisés à leur coût qui est la juste valeur de la contrepartie donnée ou reçue en échange. Les coûts de transaction ainsi que certains profits ou pertes de couverture sont aussi inclus dans cette évaluation initiale.

ÉVALUATION ULTÉRIEURE

Bilan

34.3.6 L'évaluation d'un actif ou passif financier postérieurement à sa comptabilisation initiale peut être résumée comme suit :

ÉVALUATION À LA JUSTE VALEUR	ÉVALUATION AU COÛT AMORTI
Actifs financiers	**Actifs financiers**
Instruments dérivés, qu'ils soient autonomes ou incorporés à des instruments non-dérivés	Actifs financiers non cotés sur un marché actif (dont la juste valeur ne peut pas être évaluée de façon fiable)
Actifs financiers détenus à des fins de transaction	Placements détenus jusqu'à leur échéance
Actifs financiers disponibles à la vente	Prêts et créances émis par l'entité
Instruments non-dérivés (actifs financiers inclus), avec exposition à la juste valeur, ***couverts*** par des produits dérivés	
Passifs financiers	**Passifs financiers**
Dérivés	Tous les autres passifs
Passifs financiers détenus à des fins de transactions	
Instruments des produits non-dérivés (passifs financiers inclus), avec exposition à la juste valeur, ***couverts*** par des produits dérivés	

Pertes et profits

34.3.7 Les pertes et profits de réévaluation à la juste valeur des actifs et passifs financiers sont en général inclus dans le résultat net de l'exercice. Cependant, il existe **deux exceptions à cette règle :**

- Les pertes/profits sur un actif financier disponible à la vente (non détenus à des fins de transaction) peuvent aussi être enregistrés directement en capitaux propres jusqu'à ce que l'actif soit vendu ; les pertes/profits cumulés préalablement comptabilisés en capitaux propres doivent alors être transférés dans le résultat net de l'exercice.
- Lorsque des actifs et passifs financiers (comptabilisés au coût amorti) sont désignés en tant qu'éléments couverts, les dispositions de la Norme IAS 39 en matière de comptabilité de couverture sont applicables.

DÉPRÉCIATION D'ACTIFS FINANCIERS – PERTES ET PROFITS

34.3.8 À chaque date de clôture, une entreprise doit constater, s'il y a lieu, une dépréciation d'actifs financiers.

34.3.9 All impairment losses are included in net profit or loss for the period irrespective of the category of financial assets. However, when impairment losses occur for available-for-sale financial assets, for which fair value remeasurements are recognized in equity, an amount should be transferred from equity to net profit or loss for the period.

34.3.10 An impairment loss may be reversed in future periods but the reversal may not exceed the amortized cost for those assets that are not remeasured at fair value.

HEDGE ACCOUNTING

34.3.11 Hedging means designating a derivative or non-derivative financial instrument as an offset to the change in fair value or cash flows of a hedged item. A hedging relationship qualifies for special hedge accounting if the following criteria apply:

- At the inception of the hedge there is formal documentation setting out the hedge details.
- The hedge is expected to be highly effective.
- In the case of a forecasted transaction, the transaction must be highly probable.
- The effectiveness of the hedge is reliably measured.
- The hedge was effective throughout the period.

34.3.12 Hedge accounting recognizes symmetrically the offsetting effects on net profit or loss of changes in the fair values of the hedging instrument and the related item being hedged. Hedging relationships are of three types:

- **Fair value hedge:** Hedges the exposure of a recognized asset or liability (e.g., changes in the fair value of fixed rate bonds as a result of changes in market interest rates).
- **Cash flow hedge:** Hedges the exposure of cash flows related to:
  - a recognized asset or liability (e.g., future interest payments on a bond),
  - a forecasted transaction (e.g., an anticipated purchase or sale of inventories), **or**
  - a firm commitment (e.g., a contract entered into to buy or sell an asset at a fixed price in the enterprise's reporting currency).
- **Hedge of a net investment in a foreign entity:** Hedges the exposure related to changes in foreign exchange rates.

34.3.13 For fair value hedges the gain or loss from revaluing the hedging instrument should be recognized in net profit or loss, and the loss or the gain from adjusting the carrying amount of the hedged items should be recognized in net profit or loss. This applies even if the hedged item is accounted for at cost.

34.3.14 The following rules apply to cash flow hedges:

- The portion of the gain or loss on the hedging instrument deemed to be an effective hedge is recognized directly in equity through the changes in equity statement. The ineffective portion is reported in net profit or loss.
- If the hedged firm commitment or forecasted transaction results in the recognition of an asset or liability, the associated gain or loss previously recognized in equity should be removed and entered into the initial measurement of the acquisition cost of the asset or liability.

34.3.9 Toutes les pertes de valeur sont incluses dans le résultat net de l'exercice sans tenir compte de la catégorie d'actifs financiers concernée. Cependant, lorsque ces pertes de valeur concernent des actifs financiers disponibles à la vente, pour lesquelles des ajustements à la juste valeur ont été comptabilisés en capitaux propres, les profits ou les pertes cumulés figurant en capitaux propres doivent être transférés dans les résultats de l'exercice.

34.3.10 Une perte de valeur peut faire l'objet d'une reprise au cours des exercices ultérieurs, mais cette reprise ne doit pas aboutir à une valeur comptable de l'actif financier concerné supérieure à son coût d'acquisition amorti.

COMPTABILISATION DE LA COUVERTURE

34.3.11 Couvrir signifie désigner un instrument financier dérivé ou non-dérivé comme couverture de l'exposition aux variations de juste valeur ou de flux de trésorerie d'un élément couvert. Une relation de couverture est qualifiée pour l'application de la comptabilité spéciale de couverture si les conditions suivantes sont réunies :

- à l'origine de la couverture, il existe des documents formalisés décrivant la relation de couverture ;
- on s'attend à ce que la couverture soit hautement efficace ;
- dans le cas d'une transaction prévue, la transaction doit avoir une forte probabilité de se réaliser ;
- l'efficacité de la couverture peut être évaluée de façon fiable ;
- la couverture a été efficace durant tout l'exercice.

34.3.12 Une comptabilité de couverture comptabilise de manière symétrique les effets de sens inverse sur le résultat net des variations de justes valeurs de l'instrument de couverture et de l'élément couvert qui lui est lié. Il existe trois types de relations de couverture :

- **Couverture de juste valeur :** elle couvre l'exposition aux variations de la juste valeur d'un actif ou d'un passif comptabilisé (par exemple, variation de la juste valeur d'obligations à taux fixe suite aux variations des taux d'intérêt du marché).
- **Couverture des flux de trésorerie :** elle couvre l'exposition aux variations de flux de trésorerie associés à :
  - un actif ou un passif comptabilisé (par exemple, les paiements d'intérêts futurs sur une dette à taux variable),
  - une transaction prévue (par exemple, un achat ou une vente attendu),
  - un engagement ferme (par exemple, un contrat passé en vue d'acheter ou de vendre un actif pour un prix fixé dans la monnaie de présentation des états financiers de l'entité).
- **Couverture d'un investissement net dans une entité étrangère :** elle couvre l'exposition liée aux effets des variations des cours des monnaies étrangères.

34.3.13 Pour les couvertures de juste valeur, les pertes ou les profits résultant de la réévaluation de l'instrument de couverture à sa juste valeur doivent être comptabilisés en résultat net ; les profits ou les pertes correspondant à l'ajustement de la valeur comptable de l'élément couvert doivent être comptabilisés en résultat net. Cette règle s'applique même si l'élément couvert est évalué au coût.

34.3.14 Les règles suivantes s'appliquent aux couvertures de flux de trésorerie :

- La partie de la perte ou du profit réalisée sur l'instrument de couverture considéré comme efficace est comptabilisée directement en capitaux propres via le tableau de variation des capitaux propres. La partie inefficace est comptabilisée en résultat net.
- Si l'engagement couvert, ou la transaction prévue couverte, conduit à comptabiliser un actif ou un passif, les pertes ou les profits associés, antérieurement comptabilisés en capitaux propres, doivent être sortis des capitaux propres et intégrés dans l'évaluation initiale du coût d'acquisition de l'actif ou du passif.

- For cash flow hedges that do not result in an asset or liability, the gain or loss in equity should be taken to profit or loss when the transaction occurs.

34.3.15 For hedges of a net investment in a foreign entity, the portion of the gain or loss on the hedging instrument deemed to be an effective hedge is recognized directly in equity through the changes in equity statement. The ineffective portion is reported in net profit or loss.

The accounting rules for hedge accounting are summarized in the following table.

Hedge accounting rules

	Recognize in income statement	Recognize directly in equity	Recognize in initial measurement of asset/liability
Fair value hedge	All adjustments on hedging instrument & hedged item		
Cash flow hedge	Gain/loss on ineffective[2] portion of hedging instrument Gain/loss previously recognized in equity when hedge does not result in asset/liability	Gain/loss on the effective[1] portion of hedging instrument	Gain/loss previously recognized in equity
Hedge of net investment in foreign entity	Gain/loss on ineffective[2] portion of hedging instrument	Gain/loss on the effective[1] portion of hedging instrument	

1. *A hedge is normally regarded to be highly effective if, at inception* ***and throughout the life*** *of the hedge, the enterprise can expect changes in the fair values or cash flows of the hedged item to be almost fully offset by the changes in the hedging instrument, and actual results are in the range of 80% to 125%. For example, if the loss on a financial liability is 56 and the profit on the hedging instrument is 63, the hedge is regarded to be effective: 63 ÷ 56 = 112.5%.*

2. *An ineffective hedge would be one where actual results of offset are outside the range mentioned above. Further, a hedge would not be fully effective if the hedging instrument and the hedged item are denominated in different currencies and the two do not move in tandem. Also, a hedge of interest rate risk using a derivative would not be fully effective if part of the change in the fair value of the derivative is due to the counterparty's credit risk.*

34.4 DISCLOSURE

Refer to Chapter 27.

- Pour les couvertures de flux de trésorerie qui n'entraînent pas la comptabilisation d'un actif ou d'un passif, les montants comptabilisés en capitaux propres doivent être repris en résultat net de l'exercice de dénouement de l'opération couverte.

34.3.15 Pour les couvertures d'un investissement net dans une entité étrangère, la partie de la perte ou du profit sur l'instrument de couverture considérée comme efficace est comptabilisée directement en fonds propres via le tableau de variation des capitaux propres. La partie inefficace est comptabilisée en résultat net.

Les règles comptables concernant les couvertures comptables sont résumées dans le tableau suivant.

Règles comptables de couverture

	Comptabilisation dans le compte de résultat	Comptabilisation directe en capitaux propres	Comptabilisation dans l'évaluation initiale de l'actif/du passif
Couverture de juste valeur	Tous les ajustements sur l'instrument de couverture comme sur l'élément couvert		
Couverture des flux de trésorerie	Profit/perte sur la partie inefficace[2] de l'instrument de couverture Perte/profit antérieurement comptabilisé en capitaux propres quand la couverture ne génère pas un actif ou un passif	Perte/profit sur la partie efficace[1] de l'instrument de couverture	Perte/profit antérieurement comptabilisé en capitaux propres
Couverture de l'investissement net dans une entité étrangère	Perte/profit sur la partie inefficace[2] de l'instrument de couverture	Perte/profit sur la partie efficace[1] de l'instrument de couverture	

1. *Une couverture est normalement considérée comme hautement efficace si, au début de la couverture et **durant toute sa durée** la société peut s'attendre à ce que les variations de juste valeur ou de flux de trésorerie des éléments couverts sont presque intégralement compensés par les variations de l'instrument de couverture, et si les résultats réels se situent dans un intervalle compris entre 80 % et 125 %. Par exemple, si la perte d'un passif financier est de 56 et le profit sur l'instrument de couverture est de 63, la couverture est considérée comme efficace : 63 ÷ 56 = 112,5 %.*

2. *Une couverture inefficace serait celle pour laquelle les résultats réels de compensation se trouvent hors de l'intervalle mentionnée ci-dessus. De plus, une couverture ne serait pas totalement efficace si l'instrument de couverture et l'élément couvert étaient donnés dans des monnaies différentes et si les deux n'évoluaient pas de concert. Aussi, une couverture sur risque de taux qui utiliserait un produit dérivé ne serait pas totalement efficace si une partie de la variation de la juste valeur du produit dérivé est liée au risque crédit de la contrepartie.*

34.4 INFORMATIONS A FOURNIR

Voir Chapitre 27.

CASE STUDY

FINANCIAL INSTRUMENTS: RECOGNITION AND MEASUREMENT

The following example illustrates the accounting treatment of a hedge (refer to the table on the previous page) of the exposure to variability in cash flows (cash flow hedge) that is attributable to a forecasted transaction.

The Milling Co. is reviewing their maize purchases for the coming season. They anticipate purchasing 1,000 tons of maize after two months. Currently, the two-month maize futures are selling at price of $600 per ton, and they will be satisfied with purchasing their maize inventory at this price by the end of May.

As renewed drought is staring the farmers in the face, they are afraid that the maize price might increase. They therefore hedge their anticipated purchase against this possible increase in the maize price by going long (buying) on two-month maize futures at $600 per ton for 1,000 tons. The transaction requires The Milling Co. to pay an initial margin of $30,000 into their margin account. Margin accounts are updated twice every month.

The following market prices are applicable:

Date	**Futures price (per ton)**
1 April	$600
15 April	$590
30 April	$585
15 May	$605
31 May	$620 (spot)

The maize price in fact did undergo an increase because of the drought, and The Milling Co. purchases the projected 1,000 tons of maize at the market (spot) price of $620 per ton on 31 May.

Calculation of variation margins

15 April (600 – 590) × 1,000 tons = $10,000

30 April (590 – 585) × 1,000 tons = $5,000

15 May (605 – 585) × 1,000 tons = $20,000

31 May (620 – 605) × 1,000 tons = $15,000

The accounting entries will be as follows:

	Dr	**Cr**
1 April		
Initial margin account (B/S)	$30,000	
Cash		$30,000
(Settlement of initial margin)		
15 April		
Hedging reserve (Equity)	10,000	
Cash		10,000
(Account for the loss on the futures contract – cash flow hedge)		

ÉTUDE DE CAS

INSTRUMENTS FINANCIERS : COMPTABILISATION ET ÉVALUATION

L'exemple suivant illustre le traitement comptable d'une couverture (voir tableau sur la page précédente) exposée aux variations dans les flux de trésorerie (couverture de flux de trésorerie) imputables à une transaction prévue.

La société Milling revoit ses achats de maïs pour la saison à venir. Elle projette d'acheter 1 000 tonnes de maïs dans deux mois. Actuellement, les futures de maïs à deux mois sont vendus au prix de $ 600 par tonne, et l'entreprise sera satisfaite de l'achat de son stock de maïs à ce prix à la fin du mois de mai.

Comme la sécheresse prend les fermiers de plein fouet, ceux-ci s'inquiètent d'une éventuelle hausse du prix du maïs. C'est pourquoi ils couvrent leur achat prévu contre cette hausse éventuelle du prix du maïs en achetant des futures de maïs pour deux mois à $ 600 la tonne pour 1 000 tonnes. La transaction nécessite que la société Milling verse un dépôt de garantie de $ 30 000 sur son compte de garantie. Les comptes de garantie sont mis à jour deux fois par mois.

Les prix du marché sont les suivants :

Date	Prix des futures (par tonne)
1er avril	$ 600
15 avril	$ 590
30 avril	$ 585
15 mai	$ 605
31 mai	$ 620 (spot)

Le prix du maïs a en fait subi une hausse à cause de la sécheresse et la société Milling achète le 31 mai les 1 000 tonnes de maïs au prix du marché de $ 620 par tonne.

Calcul des variations de garantie

15 avril (600 – 590) × 1 000 tonnes	=	$ 10 000
30 avril (590 – 585) × 1 000 tonnes	=	$ 5 000
15 mai (605 – 585) × 1 000 tonnes	=	$ 20 000
31 mai (620 – 605) × 1 000 tonnes	=	$ 15 000

Les entrées comptables sont les suivantes :

1er avril	**D**	**C**
Compte de garantie initial (bilan)	$ 30 000	
Trésorerie		$ 30 000
(règlement du dépôt initial)		
15 avril		
Couverture de réserve (capitaux propres)	10 000	
Cash		10 000
(Account for the loss on the futures contract – cash-flow hedge)		

CASE STUDY

FINANCIAL INSTRUMENTS: RECOGNITION AND MEASUREMENT

CONTINUED

	Dr	Cr
30 April		
Hedging reserve (Equity)	5,000	
Cash		$5,000
(Account for the loss on the futures contract – cash flow hedge)		
15 May		
Cash	20,000	
Hedging reserve (Equity)		20,000
(Account for the profit on the futures contract – cash flow hedge)		
31 May		
Cash	15,000	
Hedging reserve (Equity)		15,000
(Account for the profit on the futures contract – cash flow hedge)		
31 May		
Inventory	620,000	
Creditor		620,000
(Purchase the inventory at spot – 1,000 tons @ $620 per ton)		
31 May		
Cash	30,000	
Margin account		30,000
(Receive initial margin deposited)		
31 May		
Hedging reserve (Equity)	20,000	
Inventory		20,000
(Remove the gain or loss on the cash flow hedge from equity and adjust the value of the underlying asset recognized)		

It is clear from this example that the value of the inventory is adjusted with the gain on the hedging instrument, resulting in the inventory being accounted for at the hedged price/futures price.

If the futures contract did not expire or was not closed out on 31 May, the gains or losses calculated on the futures contract thereafter would be accounted for in the income statement as the cash flow hedge relationship no longer exists.

ÉTUDE DE CAS

INSTRUMENTS FINANCIERS : COMPTABILISATION ET ÉVALUATION

SUITE

	D	C
30 Avril		
Réserve de couverture (capitaux propres)	5 000	
Trésorerie		5 000
(Comptabilisation de la perte sur les contrats « futures » – couverture de flux de trésorerie)		
15 Mai		
Trésorerie	20 000	
Réserve de couverture (capitaux propres)		20 000
(Comptabilisation du profit sur les contrats « futures » – couverture de flux de trésorerie)		
31 Mai		
Trésorerie	15 000	
(capitaux propres)		15 000
(Comptabilisation du profit sur les contrats « futures » – couverture de flux de trésorerie)		
31 Mai		
Stock	620 000	
Fournisseur		620 000
(Achat de matière au comptant – 1 000 tonnes à $ 620 par tonne)		
31 Mai		
Trésorerie	30 000	
Compte de garantie		30 000
(Reçoit le dépôt de garantie initial)		
31 Mai		
Couverture de réserve (capitaux propres)	20 000	
Stock		20 000
(Retirer des capitaux propres le gain ou la perte sur la couverture de flux de trésorerie et ajuster la valeur de l'actif sous-jacent comptabilisé)		

Il est clair à partir de cet exemple que la valeur du stock est ajustée avec le gain de l'instrument de couverture, qui résulte dans le stock comptabilisé du prix de couverture/prix des futures.

Si le contrat « futures » n'a pas expiré ou n'a pas été clos au 31 mai, les pertes ou les gains calculés à partir du contrat « futures » peuvent être par conséquent comptabilisés dans le compte de résultat dans la mesure où la couverture de flux de trésorerie n'existe plus.

CHAPTER 35

INVESTMENT PROPERTY (IAS 40)

35.1 PROBLEMS ADDRESSED

The following major aspects of accounting for investment property are prescribed:

- Classification as investment property.
- Recognition as an asset.
- Determination of the carrying amount at:
  - Initial measurement.
  - Subsequent measurement.
- Disclosure requirements.

35.2 SCOPE OF THE STANDARD

IAS 40 replaces previous requirements in IAS 25. The standard applies to investment property, being property that is held (by the owner or the lessee under a finance lease) to earn rentals, or for capital appreciation, or both. "Property" includes land and buildings or part of a building or both. It **excludes** owner-occupied property (PPE – see IAS 16), property held for sale (Inventory – see IAS 2), property being constructed or developed (Construction Contracts – see IAS 11), property held by a lessee under an operating lease (Leases – see IAS 17), regenerative natural resources (Biological Assets), and mining and exploration activities.

35.3 ACCOUNTING TREATMENT

35.3.1 Judgement is required when an investment is classified as investment property. A good guideline to use is that an investment property should generate cash flows that are largely independent of the other assets held by the enterprise. Enterprises should develop their own criteria to ensure consistent classification between investment and owner-occupied properties.

35.3.2 An investment property is recognized as an asset (in terms of the IAS Framework) if:

- it is **probable** that the future economic benefits attributable to the asset will flow to the enterprise, and
- the cost of the asset can be **measured reliably.**

35.3.3 On **initial measurement** investment property is recognized at its cost, comprising the purchase price and directly attributable transaction costs (e.g., legal services, transfer taxes, and other transaction costs). However, general administrative expenses as well as start-up costs are excluded.

CHAPITRE 35

IMMEUBLES DE PLACEMENT (IAS 40)

33.1 OBJECTIFS

La Norme couvre les principaux aspects suivants de la comptabilisation des immeubles de placement :

- Classification en immeuble de placement ;
- Comptabilisation à l'actif ;
- Détermination de la valeur comptable :
  - Évaluation initiale ;
  - Évaluation postérieure à la comptabilisation initiale
- Informations à fournir.

35.2 CHAMP D'APPLICATION

La Norme IAS 40 remplace les recommandations précédentes de la Norme IAS 25. La Norme s'applique aux immeubles de placement, à savoir les biens immobiliers détenus (par le propriétaire ou par le preneur dans le cadre d'un contrat de location-financement) pour en retirer des loyers, ou pour valoriser le capital, ou bien les deux. Le terme « immeuble de placement » englobe les terres et les bâtiments ou une partie des bâtiments ou bien les deux. Il **exclut** les biens immobiliers occupés par leurs propriétaires (Immobilisations corporelles – voir IAS 16), les biens immobiliers détenus en vue de leurs ventes (Stocks – voir IAS 2), les biens immobiliers en cours de construction ou d'aménagement (Contrats de construction – voir IAS 11), les participations détenues dans des biens immobiliers par le preneur dans le cadre d'un contrat de location simple (Contrats de location – voir IAS 17), les forêts et ressources naturelles renouvelables similaires (Actifs biologiques), les droits miniers et les activités de prospection et d'extraction des sols.

35.3 TRAITEMENT COMPTABLE

35.3.1 Pour déterminer si un bien immobilier est un immeuble de placement, il faut exercer un jugement. Pour faciliter cette identification, il faut noter qu'un immeuble de placement génère des flux de trésorerie qui sont largement indépendants des autres actifs détenus par l'entreprise. Les entreprises doivent développer leurs propres critères pour assurer une classification sûre entre les immeubles de placement et les biens occupés par leurs propriétaires.

35.3.2 Un immeuble de placement est comptabilisé à l'actif (selon le cadre conceptuel des Normes IAS) si :

- Il est **probable** que les avantages économiques futurs associés à cet actif iront à l'entreprise, et que ;
- Le coût de l'actif peut être **évalué de façon fiable.**

35.3.3 Un immeuble de placement doit être **évalué initialement** à son coût, qui comprend le prix d'achat et les coûts de transaction directement imputables (par exemple, les services juridiques, les droits de mutations, et les autres coûts de transaction). Cependant les dépenses administratives générales aussi bien que les coûts de démarrage sont exclus.

35.3.4 An enterprise may choose to **subsequently** measure all of its investment property, using either of the following:

- **Cost model:** Measures investment property at cost less accumulated depreciation and impairment losses (the benchmark treatment in IAS 16 for PPE).
- **Fair value model:** All investment properties are valued at fair value. Gains and losses from changes in the fair value are recognized in the income statement as they arise. The fair value model differs from the revaluation model in as far as the gains and losses from changes in the value are recognized in the income statement rather than directly in equity.

35.3.5 The following principles are applied to determine the **fair value** for investment property:

- Where an active market on similar property exists, this may be a reliable indicator of fair value, provided the differences in the nature, condition, and location of the properties are considered and amended, where necessary.
- Other more pragmatic valuation approaches are also allowed when an active market is not available.
- In exceptional circumstances, where it is clear when the investment property is first acquired and that the enterprise will not be able to determine its fair value, such property is measured using the benchmark treatment in IAS 16 until its disposal date. The enterprise measures all of its other investment property at fair value.

35.3.6 **Transfers** to or from investment property should be made when there is a change in use. Special provisions apply for determining the carrying value at date of such transfers.

35.3.7 Subsequent expenditures on investment property are recognized as expenses if they restore the performance standard. These expenditures are capitalized when it is probable that economic benefits **in excess** of the original standard of performance will flow to the enterprise.

35.4 DISCLOSURE

The **main** disclosure requirements include:

Accounting policies

- Criteria to distinguish investment property from owner-occupied property.
- Methods and significant assumptions applied in determining **fair value.**
- Extent to which fair value has been determined by an external independent valuer.
- Measurement bases, depreciation methods, and rates for investment property valued according to the **cost model.**
- The existence and amounts of restrictions on the investment property.
- Material contractual obligations to purchase, construct, or develop investment property or for repairs or enhancement to the property.

Income statement and notes

- Rental income.
- Direct operating expenses arising from an investment property that generated rental income.
- Direct operating expenses from an investment property that did not generate rental income.

35.3.4 Une entreprise peut choisir d'évaluer **par la suite** tous ses immeubles de placement, en utilisant l'une des méthodes suivantes :

- **Modèle du coût :** l'entreprise évalue les immeubles de placement à leurs coûts diminués du cumul des amortissements et du cumul des pertes de valeur (le traitement de référence de la Norme IAS 16, Immobilisations corporelles).
- **Modèle de la juste valeur :** Tous les immeubles de placement sont évalués à leurs justes valeurs. Les pertes et les profits nés des variations de la juste valeur sont comptabilisés dans le compte de résultat au fur et à mesure. Le modèle de la juste valeur diffère de la réévaluation dans la mesure où les pertes et les profits issus des changements de valeur sont comptabilisés dans le compte de résultat plutôt que directement dans les capitaux propres.

35.3.5 Pour déterminer **la juste valeur** des immeubles de placement, les principes suivants s'appliquent :

- Quand un marché actif d'un bien immobilier similaire existe, cela peut constituer un indicateur fiable de la juste valeur, sauf si des différences dans la nature, l'état, et la localisation du bien immobilier sont identifiées et corrigées pour refléter ces différences.
- D'autres approches d'évaluation plus pragmatiques sont aussi autorisées lorsqu'un marché actif n'existe pas.
- Dans des cas exceptionnels, il apparaît clairement lorsque l'entreprise fait l'acquisition initiale d'un immeuble de placement et que l'entreprise ne peut déterminer sa juste valeur, ce bien est évalué en utilisant le traitement de référence de la Norme IAS 16 jusqu'à la date de sa cession. La société évalue tous ses autres immeubles de placement à la juste valeur.

35.3.6 **Des transferts,** entrées ou sorties, de la catégorie immeubles de placement doivent être effectués lorsque intervient un changement dans l'utilisation de ceux-ci. Des dispositions particulières s'appliquent afin de déterminer la valeur à la date des transferts.

35.3.7 Les dépenses ultérieures relatives à un immeuble de placement sont comptabilisées en charge si elles permettent une remise en état à l'identique des lieux. Ces dépenses sont capitalisables lorsqu'il est probable que des avantages économiques futurs, **au-delà** du niveau de performance défini à l'origine, iront à l'entreprise.

35.4 INFORMATIONS A FOURNIR

Les **principales** informations à fournir comprennent :

Les méthodes comptables

- Les critères permettant de distinguer les immeubles de placement des biens immobiliers utilisés par le propriétaire.
- Les méthodes et les hypothèses importantes utilisées pour déterminer **la juste valeur.**
- Dans quelle mesure la juste valeur a été déterminée par un évaluateur externe indépendant.
- Les bases d'évaluation, les modes d'amortissement, et les taux utilisés pour les immeubles de placement évalués selon le **modèle du coût.**
- L'existence et les montants des restrictions touchant les immeubles de placement ;
- Les obligations contractuelles significatives d'achat, de construction et d'aménagement des immeubles de placement ou de réparation, de maintenance et d'améliorations des biens.

Compte de résultat et annexes

- Produits locatifs ;
- Charges opérationnelles directes occasionnées par les immeubles de placement qui ont généré des produits locatifs ;
- Charges opérationnelles directes occasionnées par les immeubles de placement qui n'ont pas généré de produits locatifs.

Balance sheet and notes

- When an enterprise applies the **fair value model:**
  - A detailed reconciliation of movements in the carrying amount during the period.
  - In exceptional cases when an investment property cannot be measured at fair value (because of a lack of fair value) the reconciliation above should be separately disclosed from other investment property shown at fair value.
- When an enterprise applies the **cost model:**
  - All the disclosure requirements of IAS 16 should be furnished.
  - The fair value of investment property is disclosed by way of a note.

DECISION TREE

This diagram summarizes the classification, recognition, and measurement issues of an investment property. The diagram is based on a decision tree adapted from IAS 40.

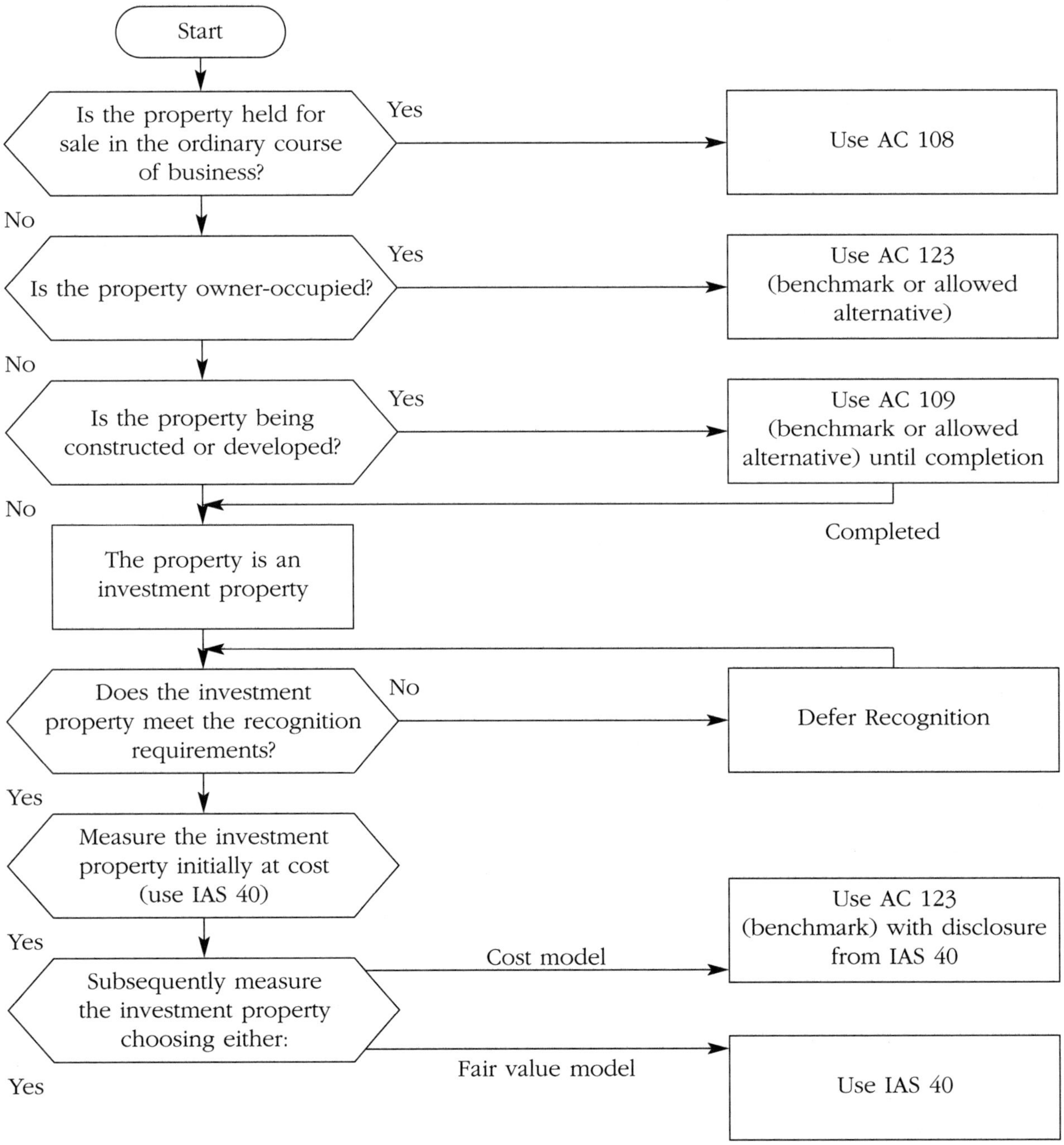

Bilan et annexes

- Quand une entreprise applique le modèle de la **juste valeur** :
  - Un rapprochement détaillé des mouvements de valeur durant la période ;
  - Dans les cas exceptionnels où un immeuble de placement ne peut être évalué à la juste valeur (du fait de l'absence d'une juste valeur fiable), le rapprochement ci-dessus doit être présenté séparément des autres immeubles de placement présentés à la juste valeur.
- Quand une entreprise applique le **modèle du coût** :
  - Toutes les informations à fournir de la Norme IAS 16 doivent être présentées ;
  - La juste valeur de l'immeuble de placement est présentée en annexe.

ARBRE DÉCISIONNEL

Ce diagramme résume les problèmes de classification, d'enregistrement et d'évaluation issues des immeubles de placement. Le diagramme se fonde sur un arbre décisionnel adapté de la Norme IAS 40.

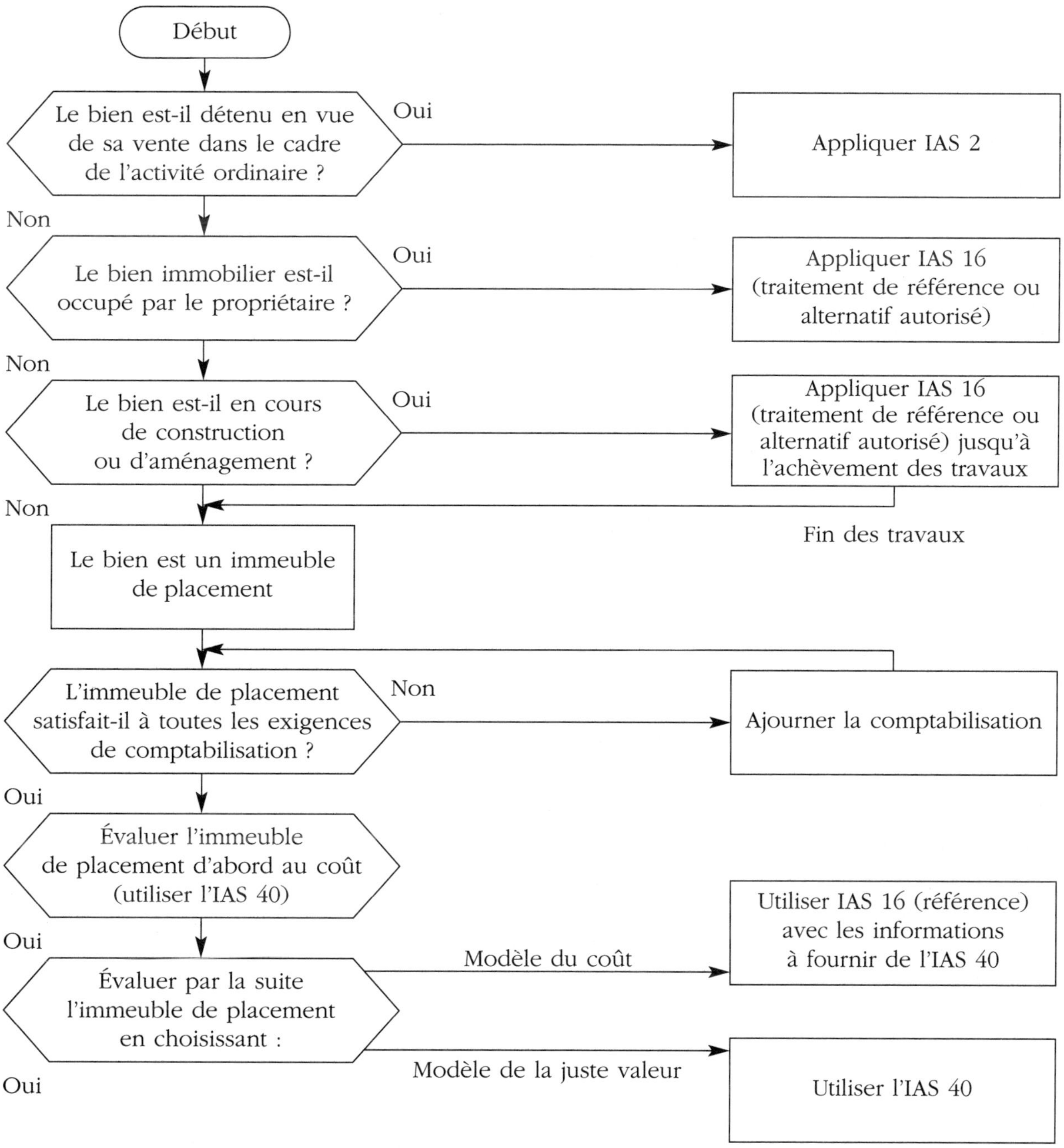

CASE STUDY

INVESTMENT PROPERTY

Matchbox Inc. is a manufacturer of toys for boys. The following information relates to fixed property owned by the company:

	$
Land Erf 181 Hatfield	800,000
Buildings thereon (acquired 30 June 20x0)	2,100,000
Improvements to the building to extend rented floor capacity	400,000
Repairs and maintenance to investment property for the year	50,000
Rentals received for the year	160,000

The property is used as the administrative head office of the company (approximately 6% of floor space). The property can only be sold as a complete unit. The remainder of the building is leased out under operating leases. The company provides lessees with security services.

The company values investment property using the fair value model. On 31 December 20x0, the balance sheet date, Mr. Carmax (a sworn appraiser) valued the property at $3,620,000.

To account for the property in the financial statements of Matchbox Inc. at 31 December 20x0, the property should first be classified as either investment property or owner-occupied property. It is classified as an **investment property** and is accounted for in terms of the fair value model in IAS 40. The motivation is that the portion occupied by the company for administrative purposes is insignificant (6%) and the portions of the property cannot be sold separately. In addition the majority of the floor space of the property is used to generate rental income and the security services rendered to lessee is insignificant.

The accounting treatment and disclosure of the property in the financial statements of Matchbox Inc. are as follows:

BALANCE SHEET AT 31 DECEMBER 20x0

	Note	$
ASSETS		
Non-current assets		
Property, plant, and equipment		Xxx,xxx
Investment property **(Calculation a)**	4	3,600,000

ACCOUNTING POLICIES

6. Investment property

Investment property is property held to earn rentals. Investment property is stated at fair value, determined at balance sheet date by an independent sworn appraiser based on market evidence of the most recent prices achieved in arms length transactions of similar properties in the same area.

ÉTUDE DE CAS

IMMEUBLES DE PLACEMENT

Matchbox Inc. est une entreprise de jouets pour garçons. Les informations suivantes concernent les immobilisations détenues par l'entreprise :

	$
Land Erf 181 Hatfield	800 000
Bâtiments (acquis le 30 Juin 20x0)	2 100 000
Améliorations des bâtiments pour agrandir la surface louée	400 000
Réparations et entretien des immeubles de placement pour l'année	50 000
Loyers reçus durant l'année	160 000

Le bien immobilier est utilisé comme siège administratif de la société (environ 6 % de la surface). Le bien peut seulement être vendu dans sa totalité. La surface non occupée par le siège est donnée en crédit-bail. La société fournit des services de sécurité aux locataires.

Pour évaluer ses immeubles de placement, la société utilise le modèle de la juste valeur. Le 31 décembre 20x0, date d'arrêté des comptes, M. Carmax (expert assermenté) évalue le bien à $ 3 620 000.

Pour inclure le bien immobilier dans les états financiers de Matchbox Inc. au 31 décembre 20x0, le bien doit d'abord être classé soit comme immeuble de placement, soit comme bien immobilier occupé par le propriétaire. Il est classé comme **immeuble de placement** et il est comptabilisé selon le modèle de la juste valeur, selon la Norme IAS 40. Le motif de cette classification est que la partie occupée par la société à des fins d'utilisation administrative est peu significative (6 %) et que les parties restantes du bien ne peuvent être vendues séparément. De plus, la majeure partie de l'espace de ce bien est utilisée pour générer des loyers et le service de sécurité offert aux locataires est peu significatif.

Le traitement comptable et les informations à fournir sur les biens dans les états financiers de la société Matchbox Inc. sont les suivants :

BILAN AU 31 DÉCEMBRE 20x0

	Annexe	$
ACTIFS		
Actifs non circulants		
Immobilisations corporelles		Xxx xxx
Immeubles de placement **(Calcul a)**	4	3 600 000

TRAITEMENT COMPTABLE

6. Immeubles de placement

Les immeubles de placement sont des biens immobiliers possédés en vue de toucher des loyers. Les immeubles de placement sont comptabilisés à la juste valeur, déterminée à la date de clôture du bilan par un expert indépendant assermenté qui s'appuie sur des exemples du marché, à savoir les prix les plus récents atteints dans les transactions pour des biens similaires dans le même quartier et fixés dans les conditions normales de concurrence.

CASE STUDY

INVESTMENT PROPERTY

CONTINUED

NOTES TO THE FINANCIAL STATEMENTS

4. Investment Property

	$
Opening balance	–
Additions	2,900,000
Improvements from subsequent expenditure	400,000
Net gain in fair value adjustments	300,000
Closing balance at fair value	3,600,000

CALCULATION

a. Carrying amount of investment property

	$
Land	800,000
Building	2,100,000
Improvements to building	400,000
	3,300,000
Fair value	(3,600,000)
Increase in value shown in income statement	(300,000)

ÉTUDE DE CAS

IMMEUBLES DE PLACEMENT

SUITE

ANNEXES AUX ÉTATS FINANCIERS

4. Immeubles de placement

	$
Bilan d'ouverture	–
Ajout	2 900 000
Rénovations à partir des dépenses subséquentes	400 000
Profit net dans les ajustements de la juste valeur	300 000
Bilan de clôture à la juste valeur	3 600 000

CALCUL

a. Valeur des immeubles de placement

	$
Terrain	800 000
Bâtiments	2 100 000
Rénovations des bâtiments	400 000
	3 300 000
Juste valeur	(3 600 000)
Hausse de la valeur présentée dans le compte de résultat	(300 000)

APPENDIX I

CURRENTLY VALID IASC STANDARDS

AS OF DECEMBER 31, 2000

	Framework for the Preparation and Presentation of Financial Statements
IAS 1	Presentation of Financial Statements (revised 1997)
IAS 2	Inventories
IAS 3	**No longer effective.** Replaced by IAS 27 and IAS 28
IAS 4	**Withdrawn.** Replaced by IAS 16, IAS 22 and IAS 38
IAS 5	**No longer effective.** Replaced by IAS 1 (revised 1997)
IAS 6	**No longer effective.** Replaced by IAS 15
IAS 7	Cash Flow Statements
IAS 8	Profit or Loss for the Period, Fundamental Errors and Changes in Accounting Policies
IAS 9	**No longer effective.** Replaced by IAS 38
IAS 10	Events After the Balance Sheet Date (revised 1999)
IAS 12	Income Taxes
IAS 13	**No longer effective.** Replaced by IAS 1 (revised 1997)
IAS 14	Segment Reporting
IAS 15	Information Reflecting the Effects of Changing Prices
IAS 16	Property, Plant and Equipment
IAS 17	Leases
IAS 18	Revenue
IAS 19	Employee Benefits
IAS 20	Accounting for Government Grants and Disclosure of Government Assistance
IAS 21	The Effects of Changes in Foreign Exchange Rates
IAS 22	Business Combinations
IAS 23	Borrowing Costs
IAS 24	Related Party Disclosures
IAS 25	**Withdrawn.** Replaced by IAS 40
IAS 26	Accounting and Reporting by Retirement Benefit Plans
IAS 27	Consolidated Financial Statements and Accounting for Investments in Subsidiaries
IAS 28	Accounting for Investments in Associates
IAS 29	Financial Reporting in Hyperinflationary Economies
IAS 30	Disclosures in the Financial Statements of Banks and Similar Financial Institutions
IAS 31	Financial Reporting of Interests in Joint Ventures
IAS 32	Financial Instruments: Disclosures and Presentation

Annexe I

Normes Comptables Internationales

à jour au 31 décembre 2000

Cadre pour la préparation et la présentation des états financiers

IAS 1 Présentation des états financiers (reformatée en 1997)

IAS 2 Stocks

IAS 3 **Annulée** et remplacée par IAS 27 et IAS 28

IAS 4 **Annulée** et remplacée par IAS 16, IAS 22 et IAS 38

IAS 5 **Annulée** et remplacée par IAS 1 (reformatée en 1997)

IAS 6 **Annulée** et remplacée par IAS 15

IAS 7 Tableau des flux de trésorerie

IAS 8 Résultats nets de l'exercice, erreurs fondamentales et changements de méthodes comptables

IAS 9 **Annulée** et remplacée par IAS 38

IAS 10 Événements survenants après la date de clôture de l'exercice (reformatée en 1999)

IAS 12 Impôts sur le résultat

IAS 13 **Annulée** et remplacée par IAS 1 (reformatée en 1997)

IAS 14 Information sectorielle

IAS 15 Information reflétant les effets des variations de prix

IAS 16 Immobilisations corporelles

IAS 17 Contrats de location

IAS 18 Produits des activités ordinaires

IAS 19 Avantages du personnel

IAS 20 Comptabilisation des subventions publiques et informations à fournir sur l'aide publique

IAS 21 Effets des variations des cours des monnaies étrangères

IAS 22 Regroupements d'entreprises

IAS 23 Coûts d'emprunts

IAS 24 Information relative aux parties liées

IAS 25 **Annulée** et remplacée par IAS 40

IAS 26 Comptabilité et rapports financiers des régimes de retraite

IAS 27 États financiers consolidés et comptabilisation des participations dans les filiales

IAS 28 Comptabilisation des participations dans des entreprises associées

IAS 29 Information financière dans les économies hyperinflationistes

IAS 30 Informations à fournir dans les états financiers des banques et les institutions financières assimilées

IAS 31 Information financière relative aux participations dans des coentreprises

IAS 32 Instruments financiers : Informations à fournir et présentation

IAS 33 Earnings Per Share

IAS 34 Interim Financial Reporting

IAS 35 Discontinuing Operations

IAS 36 Impairment of Assets

IAS 37 Provisions, Contingent Liabilities and Contingent Assets

IAS 38 Intangible Assets

IAS 39 Financial Instruments: Recognition and Measurement

IAS 40 Investment Property

IAS 33 Résultat par action

IAS 34 Information financière intermédiaire

IAS 35 Abandon d'activités

IAS 36 Dépréciation d'actifs

IAS 37 Provisions, passifs éventuels et actifs éventuels

IAS 38 Immobilisations incorporelles

IAS 39 Instruments financiers : comptabilisation et évaluation

IAS 40 Immeubles de placement

Appendix II

Currently Valid IASC Interpretations

As of 31 December 2000

SIC-1 Consistency – Different Cost Formulas for Inventories (IAS 2)

SIC-2 Consistency – Capitalisation of Borrowing Costs (IAS 23)

SIC-3 Elimination of Unrealised Profits and Losses on Transactions with Associates (IAS 28)

SIC-4 **Withdrawn**

SIC-5 Classification of Financial Instruments – Contingent Settlement Provisions (IAS 32)

SIC-6 Costs of Modifying Existing Software (Framework)

SIC-7 Introduction of the Euro (IAS 21)

SIC-8 First-Time Application of IASs as the Primary Basis of Accounting (IAS 1)

SIC-9 Business Combinations – Classification either as Acquisitions or Unitings of Interests (IAS 22)

SIC-10 Government Assistance – No Specific Relation to Operating Activities (IAS 20)

SIC-11 Foreign Exchange – Capitalisation of Losses Resulting from Severe Currency Devaluations (IAS 21)

SIC-12 Consolidation of Special Purpose Entities (IAS 27)

SIC-13 Jointly Controlled Entities – Non-Monetary Contributions by Venturers (IAS 31)

SIC-14 Property, Plant and Equipment – Compensation for the Impairment or Loss of Items (IAS 16)

SIC-15 Operating Leases – Incentives (IAS 17)

SIC-16 Share Capital – Reacquired Own Equity Instruments (Treasury Shares) (IAS 32)

SIC-17 Equity – Costs of an Equity Transaction (IAS 32)

SIC-18 Consistency – Alternative Methods (IAS 1)

SIC-19 **Withdrawn**

SIC-20 Equity Accounting Method – Recognition of Losses (IAS 28)

SIC-21 Income Taxes – Recovery of Revalued Non-Depreciable Assets (IAS 12)

SIC-22 Business Combinations – Subsequent Adjustment of Fair Values and Goodwill Initially Reported (IAS 22)

SIC-23 Property, Plant and Equipment – Major Inspection or Overhaul Costs (IAS 16)

SIC-25 Income Taxes – Changes in the Tax Status of and Enterprise or its Shareholders (IAS 12)

Annexe II

Interprétations des Normes Comptables Internationales

À jour au 31 décembre 2000

SIC-1 Cohérence des méthodes – Différentes méthodes de détermination du coût des stocks (IAS 2)

SIC-2 Cohérence des méthodes — Incorporation des coûts d'emprunts dans le coût des actifs (IAS 23)

SIC-3 Élimination des profits et pertes latents résultant de transactions avec des entreprises associées (IAS 28)

SIC-4 **Annulée**

SIC-5 Classification des instruments financiers – Clauses conditionnelles de règlement (IAS 32)

SIC-6 Coûts de modification de logiciels existants (Cadre)

SIC-7 Introduction de l'euro (IAS 21)

SIC-8 Première application des IAS en tant que référentiel comptable (IAS 1)

SIC-9 Regroupements d'entreprises – Classifications en acquisitions ou mises en commun d'intérêts (IAS 22)

SIC-10 Aide publique – Absence de relation spécifique avec des activités opérationnelles (IAS 20)

SIC-11 Opération de change – Incorporation des pertes consécutives à une forte dévaluation monétaire dans le coût des actifs (IAS 21)

SIC-12 Consolidation – Entités ad hoc (IAS 27)

SIC-13 Entités contrôlées conjointement – Apports non monétaires par des coentrepreneurs (IAS 31)

SIC-14 Immobilisations incorporelles – Indemnisation liée à la dépréciation ou à la perte de biens (IAS 16)

SIC-15 Avantages dans les contrats de location simple (IAS 17)

SIC-16 Capital social – Propres instruments de capitaux propres rachetés (actions propres) (IAS 32)

SIC-17 Capitaux propres – Coûts d'une transaction de capitaux propres (IAS 32)

SIC-18 Cohérence des méthodes – Méthodes alternatives (IAS 1)

SIC-19 **Annulée**

SIC-20 Méthode de mise en équivalence comptable – Comptabilisation des pertes (IAS 28)

SIC-21 Impôts sur le résultat – Recouvrement des actifs non-dépréciables réévalués (IAS 12)

SIC-22 Regroupements d'entreprises – Ajustement conséquent des justes valeurs et des écarts d'évaluation initialement reportés (IAS 22)

SIC-23 Immobilisations incorporelles – Vérifications principales ou coûts de dépassement (IAS 16)

SIC-25 Impôts sur le résultat – Changements du statut d'imposition d'une entreprise et de ses actionnaires (IAS 12)

BIBLIOGRAPHY

Epstein, B.J. and A.A. Mirza. 1998. *IAS 98 – Interpretation and Application of International Accounting Standards 1998*. New York: John Wiley & Sons.

Hattingh, C.P. 1998. *Financial Accounting Course – One Page Summaries*. Randburg: PC Finance Research CC.

Lewis, R. and D. Pendrill. 1994. *Advanced Financial Accounting, 4th ed*. London: Pitman Publishing.

Oppermann, H.R.B., S.F. Booysen, M. Koen, C.S. Binnekade, and J.G.I. Oberholster. 1997. *Accounting Standards, 7th ed*. Cape Town: Juta.

School of Accountancy. 1995. *The 1995 QE*. Pretoria : University of Pretoria.

Vorster, Q., M. Koen, and C. Koornhof. 2000. *Descriptive Accounting, 5th ed.* Durban: Butterworths.

Bibliographie

Epstein, B.J. and A.A. Mirza. 1998. *IAS 98 – Interpretation and Application of International Accounting Standards* 1998. New York : John Wiley & Sons.

Hattingh, C.P. 1998. *Financial Accounting Course – One Page Summaries.* Randburg : PC Finance Research CC.

Lewis, R. and D. Pendrill. 1994. *Advanced Financial Accounting, 4th ed.* London : Pitman Publishing.

Oppermann, H.R.B., S.F. Booysen, M. Koen, C.S. Binnekade, and J.G.I. Oberholster. 1997. *Accounting Standards, 7th ed.* Cape Town : Juta.

School of Accountancy. 1995. *The 1995 QE.* Pretoria : University of Pretoria.

Vorster, Q., M. Koen, and C. Koornhof. 2000. *Descriptive Accounting, 5th ed.* Durban : Butterworths.

Pour l'édition en langue française :

IASC et Conseil Supérieur de l'Ordre des Experts Comptables (français), *1999 et mise à jour 2000 – Normes Comptables Internationales.*

Louis Ménard – *Dictionnaire de la comptabilité et de la gestion financière anglais-français.*

Imprimerie Compédit Beauregard S.A.
61600 La Ferté-Macé
Dépôt légal : 1e trimestre 2003
N° d'Imprimeur : 4861